KB074403

Career Counseling

크리스천을 위한

진로상담

Career Counseling

크리스천을 위한

진로상담

오윤선 · 황인숙 저

예영 B&P

머리말

　오늘날 미국의 직장인은 한 사람 당 평생 11개의 일자리를 거치
는 것으로『유엔미래보고서 2045』는 보고하고 있고, 일자리와
일거리가 더 유연해지는 미래에는 이보다 더욱 많아질 것으로 예
상된다. 그리고 10년 후에는 보통 200~300개 이상의 프로젝트
를 거치면서 일하게 될 것이며, 한 번에 여러 가지 일을 동시에
수행하는 경우가 흔해질 것이다(박영숙·제롬 글렌, 2015). 한국의 현재
와 미래상황을 볼 때 우리 청년들도 일생 동안 3개 이상의 영역
에서, 5개 이상의 직업과 12~25개의 서로 다른 직무를 경험하게
될 것이라고 예측된다. 이제는 평생직장·종신고용의 시대는 끝
나고 소호(SOHO; Small Office Home Office)와 프리랜서가 증가하고,
수직적인 관료조직에서 수평적인 네트워크 조직으로의 변화가
증가함을 볼 수 있다. 따라서 우리 사회에도 '學歷'이 아닌 '學
力' 시대가 도래하였다고 볼 수 있다.

　한국 정부는 시대의 변화에 따라 2011년부터 진로교육 강화정

책을 시행하여 '진로와 직업'이라는 교과목을 중등학교에서 채택하고, 진로진학상담교사를 학교에 배치하여 운영하고 있다. 그리고 모든 대학에는 커리어센터가 설치되어 취업 지원과 진로상담을 하고 있다. 하지만 청년들의 취업과 진로에 대한 현실은 녹록지 않기에 '칠포세대(七抛世代: 연애, 결혼, 출산, 인간관계, 내 집 마련, 희망, 꿈을 포기한 2,30대)'와 '십장생(십대도 장차 백수가 될 가능성이 보인다)'이라는 말이 회자되고 있음을 본다.

더욱 더 안타까운 것은 한국 크리스천 청년들 또한 이러한 상황과 무관하지 않음에도 불구하고 이들을 대상으로 하는 진로상담 저서가 한 권도 출판되지 못하고 있다는 점이다. 기독교적인 세계관을 지향하는 사람이라면 자신의 인생의 가장 중요한 진로선택에 있어서 하나님의 부르심에 대한 일차적·이차적 소명을 따르는 것이 당연하다고 하겠다. 하지만 많은 크리스천 청소년들의 삶의 목표가 오로지 좋은 대학에 진학하는 것이며, 그 이후로도 안정, 명예, 물질, 권력을 가져다주는 좋은 직장에 취직하기 위해 치열한 삶을 강요당하고 있음을 본다. 크리스천의 진로선택에 있어 나침반 역할을 해주어야 하는 소명의 의미가 혼돈·희석되었을 뿐만 아니라 자신의 흥미, 적성, 능력에 맞는 진로탐색과 결정을 하지 못한 채 방황하는 청년들에 대해서 한국교회는 더 이상 방관자가 되어서는 안 될 것이다.

또한 교회는 더 이상 크리스천들의 삶을 일의 세계와 예배의 세계로 나누도록 내버려두어서도 안 되며, 직업을 통한 일을 단순한 생계유지와 경제적 부를 축적하기 위한 수단으로 바라보며 세속화라는 급류에 휩쓸리도록 놓아두어서도 안 될 것이다. 이제는 급진적으로 다변화 하는 세상에서 크리스천들이 하나님께서 허락하신 일의 본래적인 가치를 찾고, 직업 세계의 새로운 역할과 기능을 찾아가도록 해야 할 것이다. 따라서 본 저서는 이러한 시대적 상황에서 크리스천을 위한 진로상담의 첫 길라잡이 역할을 하는데 조금이나마 도움이 되고자 한다.

이 책의 구성은 크게 2부로 이루어져 있다. 1부에서는 크리스천 진로상담을 위해 성경에서 얻을 수 있는 지혜를 다루었다. 1장은 크리스천 미래세대의 진로진단을 통해 진로상담이 상실된 현시대 교회의 위기와 지향점을 개괄적으로 다루었다. 제2장은 급변하는 미래사회와 직업세계의 변화를 살펴보고 기독교 세계관과 일의 의미 및 일의 심리학적 의미를 살펴보았다. 3장은 소명의 분별 원리와 크리스천의 직업선택과 의사결정의 과정을 기술하였다. 4장은 우리에게 익숙한 성경 인물들의 진로탐색을 통해 진로여정을 살펴보았다. 그리고 5장은 크리스천의 직업소진과 회복의 원리를 기술하였다. 2부에서는 1부에서 언급한 기독교적 세계관에 입각하여 통합적 관점에서 취할 수 있는 진로상담 일반이론을 기술하였다. 6장에서는 진로지도 및 상담의 역사적 배경을, 7장에서는 진로상담의 개념, 목표, 기본원리를 기술하였다. 8장에서는 진로상담의 기초가 되는 진로발달이론을, 9장에서는 진로상담이론을 기술하였다. 10장은 일반 진로상담의 과정과 기법을 살펴보았으며, 11장은 통합적 접근을 통한 기독교 진로상담 과정을 제시하였다. 마지막으로 12장에서는 진로상담 과정에서 활용할 수 있는 다양한 진로심리검사를 기술하였다.

바라기는 본 저서를 통해서 자신의 삶을 향한 하나님의 부르심을 발견하고 점검하기 원하며 취업이라는 인생에서 중요한 결정을 앞둔 기독 청년들과 이들을 지도하는 크리스천 진로 상담자들과 교회 지도자들에게 적게나마 도움이 될 수 있기를 소망한다.

어려운 여건 속에서도 출판을 허락해주신 예영B&P 사장님과 직원들에게 깊이 감사드린다. 그리고 이 책이 나올 수 있도록 원고정리와 수정에 도움을 준 박사과정 김미숙 선생과 석사과정 서은숙 선생에게 진심으로 감사한다.

그리고 바쁜 연구 활동 때문에 충분한 시간을 함께 하지 못함에도 아무 불평 없이 이해해주고 응원해주는 사랑하는 가족들에게도 미안함과 고마움을 전한다.

2015. 8. 2

밀알관 연구실에서
저자 오윤선

추천의 글 1

‘크리스천을 위한 진로상담’ 이라는 표제로 새롭게 출판한 한국 성서대학교 오윤선 교수의 저서를 읽고 매우 기쁘게 생각하여 적극 추천을 하고자 합니다.

나의 수제자인 오윤선 교수는 남다른 학구열과 신실한 크리스천으로 미래를 예견하고 준비하는 학자입니다. 오 교수는 기독교 계통의 대학에서 25년 간 청소년 상담 및 기독교상담과 관련한 강의를 통하여 제자 양성과 더불어 대내외적으로 유능한 강사로서 수많은 대상에게 강의를 해 왔습니다. 그리고 바쁜 일정 가운데도 매년 다양한 장르의 학술적 저서를 출간하며, 논문을 발표해 왔습니다.

그 동안 그가 저술한 저서는 많은 대학에서 교재로 사용될 뿐만 아니라 그가 발표한 논문들은 높은 인용지수를 보이고 있음을 봅니다.

오 교수는 한국 현실 사회 속에서 진로상담에 관하여 아직 실시되지 못한 기독교적 입장에서 조명함으로써 매우 참신하고 의

미 있는 저서를 출간하게 되었음을 봅니다. 본 저서는 그 동안 한
국에서 정리 되지 못한 크리스천들의 진로진단과 선택 그리고 성
경의 인물들의 진로탐색까지 소상하게 제시되고 있습니다. 그리
고 진로상담에 대한 일반학문과 기독교적인 통합이론까지 매우
합리적이고 논리적으로 정리되어 있습니다.

  우리나라는 2011년 부터 진로교육 강화 정책으로 각급학교에
진로상담 교사를 배치하여 운영하게 되었습니다. 이러한 시기에
본 저서는 매우 유용한 자료로 활용될 것이며, 특히 기독교인들
에게 공감과 도전을 줄 수 있을 것으로 믿어 의심치 않습니다.

  바라기는 기독교 지도자들과 성도들이 본 저서를 앞장서서 많
이 활용하기를 바라며 이에 적극 추천합니다.

김 충 기

한국진로상담협회 회장
한국진로교육학회 창립 초대회장
건국대학교 명예교수

추천의 글 2

오윤선 교수님의 '진로상담'이 출간된 것을 기쁘게 생각합니다. 특별히 한국복음주의상담학회 회장을 역임하신 오 교수님께서 기독교상담자들을 위한 지침서를 펴내게 된 것을 더욱 기뻐하며 그 동안의 수고에 격려와 감사를 드리고자 합니다.

오 교수님은 이미 충실한 저작자로, 그리고 대중상담자로 많이 알려진 분입니다. 그가 저술한 기독교상담, 특히 청소년상담에 대한 저술은 아직도 충분한 연구가 이루어지지 않은 이 분야에서 중요한 길잡이가 되고 있으며, MBC, KBS, 극동방송 등에서의 상담자로서의 활약은 이미 그가 대중적으로 확고한 위치를 인정받고 있음을 입증하는 것입니다.

이번에 출간된 '진로상담'은 오윤선 교수님의 인간됨의 모든 면면들이 그대로 반영된 역작이 아닐 수 없습니다. 기독교 진로상담의 이론과 실제가 조화롭게 다루어지고 있을 뿐 아니라, 책의 전개에서 보여주는 반짝이는 착상과 포괄적인 안목과 논리적 일관성은 한 편의 완성된 그림을 보는 것 같습니다.

우선 이 책은 기독교적 관점에서 진로상담을 포괄적으로 논한 한국에서 나온 첫 번째 책이라는 점에서 그 가치가 크다고 하겠습니다. 이 책은 기독교 진로상담이 담아내야할 중요한 요소인 소명, 상황, 대응전략이라는 세 요소를 일반적인 논의의 차원을 넘어서 기독교적으로 바라볼 수 있도록 우리의 안목과 지평을 넓혀주는 책입니다.

또한 이 책은 기독교상담이 일반상담의 이론들을 비판적으로 수용하려는 입장인 '애굽의 전리품' 접근을 견지하면서도 성경말씀에 더욱 의존하려고 하는 모습이 매우 인상적입니다. 특히 '성경인물들의 진로탐색'은 성경에 나오는 중요 인물들의 삶의 역정 속에서 진로상담의 중요한 개념들을 찾으려는 시도로 매우 흥미로울 뿐 아니라, '기독교 진로상담의 과정'에 대한 논의는 진로상담을 수행하는 기독교상담자들에게 매우 유용한 모델을 제공하는 일임에 틀림이 없습니다.

이 책은 기독교 진로상담에 관심을 가진 입문자로부터 기독교 진로상담을 실천하는 상담자들에게 유용할 뿐 아니라, 기독교 진로상담자를 훈련시키는 현장에서 지침서와 교재로 사용하는 일에도 손색이 없으리라 확신합니다. 또한 기독교인이 아닌 진로상담의 학도들이나 실천가들에게도 진로상담이 고려해야할 중요한 '잃어버린 영역'들을 다시 한 번 생각할 수 있게 해 주는 귀한 책이 될 것입니다. 끝으로 이 책이 자라나는 우리 세대들의 '꽃'이 되고픈 꿈을 펼쳐나가는 일을 가능케 해줄 수 있기를 간절히 기대하는 바입니다.

강 용 원
고신대학교 신학대학 학장
한국복음주의상담학회 회장

추천의 글 3

　우리는 지금 혼란과 불안의 시대를 살고 있습니다. 더욱 치열해지는 삶의 경쟁 속에서 살아남기 위해서 고군분투하고 있습니다. 특히 청년실업과 조기 은퇴의 현실 속에서 내일의 희망을 찾기 어려운 하루하루를 살고 있습니다. 이러한 구조적인 불안의 시대에 더욱 필요한 영역이 진로상담입니다. 주먹구구식으로 성적에 맞추어서 전공을 정하고 자신의 특성과 기량을 무시하고 진로를 정했던 우리 사회의 잘못된 진로선택을 바꾸어야 합니다. 우리의 미래에는 우리가 상상할 수 없었던 종류의 직종들이 생겨날 것이며 동시에 전통적인 직업들은 사라질 것입니다. 그러기에 자신이 좋아하는 것과 잘하는 것을 찾아서 일평생 즐겁게 일할 수 있는 진로를 찾을 수 있도록 과학적이고 효율적인 진로상담과 진로교육이 이루어져야 합니다.

　이번에 출간되는 오윤선 교수님의 책이 이러한 목마름을 조금이나마 해소해 줄 수 있다는 기대를 가져봅니다. 특히 오 교수님의 책이 기독교적인 관점에서 진로상담을 기술하였기에 더 큰 기대를 하게 됩니다. 한국에서는 기독교적인 관점에서 쓴 진로상담이 전무한 상황에서 처음으로 좋은 시도를 해주신 오 교수님께 박수를 보냅니다. 기독교인들은 진로를 선택하는 관점이 세상 사람들과 구별됩니다. 그 이유는 우리의 신앙은 나의 세계관과 가치관을 형성하는 뿌리가 되기 때문에 진로선택을 다르게 접근하도록 합니다. 우리의 믿음은 단지 교회 안에서 뿐 아니라 우리의 진로를 포함한 삶의 전 영역에서 핵심적인 역할을 합니다. 이번 오 교수님의 책을 통해서 많은 신앙인들의 진로선택에 대한 혼란과 궁금증이 조금이나마 해소되기를 기대합니다.

김 준 수
아세아연합신학대학교 상담대학원장
한국복음주의상담학회 초대 및 9대 회장

차 례

제1부

크리스천의 진로와 직업선택

chapter 1
크리스천 미래세대의 진로진단

1. 한국 크리스천 미래세대의 진로진단

한 때 tvN에서 방영되었던 〈미생(未生: Incomplete Life)〉이라는 드라마는 신드롬을 일으키며 원작 만화가 230만부가 팔려나갔고, 출연진들은 광고대박을 터트렸으며, 국회에서는 '장그래법'을 입법화하는 계기를 마련하게 되었다. 이 드라마를 본 많은 직장인들은 자신의 이야기라며 공감을 하였고, 취업 준비생들은 미래의 자신의 모습을 비춰보며 드라마를 지켜본 것이다. 또한 이보다 1년 전에 방영된 〈응답하라 1994〉는 성적에 맞추어 대학에 진학한 후 겪어야 했던 직업적 자아정체성 혼란과, IMF라는 사회경제적 위기로 인한 실업과 취업 대위기를 그려내며 당시의 X세대뿐만 아니라 오늘날 칠포세대(七抛世代: 연애, 결혼, 출산, 인간관계, 내 집 마련, 희망, 꿈을 포기한 2,30대)들에게도 큰 공감대를 형성하며 절대적인 지지를 받았다.

최근 우리나라 15~29세 청년층 고용률은 39.5%로 경제협력개발기구(OECD) 회원국 평균(50.9%)보다 10%이상 낮은 수치를 보이고 있다. 이는 2004년 45.1%를 정점으로 최근까지 계속적으로 하락해온 수치로, 현재 청년 10명 가운데 직업을 가진 사람은 4명에 불과하다는 것을 의미한다. '이태백(이십대 태반이 백수)'을 넘어 미래의 새싹들인 청소년들까지 주눅들게 하는 '십장생(십대도 장차 백수가 될 가능성이 보인다)'이라는 자조 섞인 신조어가 새롭지 않을 만큼 청년층의 실업률은 날로 증가하며 심각한 사회 문제로 부상하고 있다.

우리나라는 2005년 이후 고등학생의 80% 이상이 대학 진학을 하고 있는데, 이는 세계 최고의 대학진학률이라고 할 수 있다. 그런데 문제는 우리나라의 상당수 대학생들이 중·고교시절 학벌주의 및 입시위주의 교육으로 인해 자신 및 직업 세계에 대해 충분히 탐색할 기회를 갖지 못하고 대학에 진학을 하게 된다는 점이다. 그리고 대학 진학 후에 점점 더 심각해지는 취업난 앞에서 뚜렷한 대안 없이 휴학을 하거나 졸업을 유예하는 자들이 점점 많아지고 있다는 것이다. 이는 자신의 적성 및 흥미와 관계없이 성적에 맞추어 대학에 입학한 상황에서 국가적 저성장과 장기적 불황까지 겹치다보니 졸업 후 미래진로에 대한 고민과 취업전쟁에 대한 부담이 몰려오면서 생기는 현상이라고 볼 수 있다.

이러한 현상은 크리스천 대학생들도 예외가 아니기에 한국교회와 교회지도자들은 이에 따른 문제 해결에 대한 대안 마련이 절실하다고 하겠다. 한국 교회 내부를 들여다보면, 유초등부터 청년대학생들에 이르기까지 믿음과 진로가 함께 가는 것이 아니라 신앙과 상관없이 믿음은 믿음대로, 진로의식과 의사결정은 세상의 가치관에 입각해서 이루어지고 있음을 본다. 이러한 현상이 계속 지속된다면, 미래의 한국교회는 유럽이나 미국과 같이 더 이상 청년들을 리드해 갈 수 있는 기능을 상실하게 될 것이다. 따라서 교회는 유초등부, 중고등부, 청년부를 지도하는 과정에서 각자 자신을 향한 하나님의 뜻을 통찰하여 미래 진로 및 직장을 탐색하고 준비하여 현장에서 그리스도의 계절이 도래할 수 있도록 교육하고 지도해야 할 것이다. 이러한 준비와 과정을 통해 이 땅에 우리를 보내신 하나님 뜻을 깨달아 구체적인 삶의 목적과 방향을 찾을 수 있으며 궁극적으로 하나님께 영광을 돌릴 수 있는 삶을 살게 될 것이다.

기독교의 미래는 교회가 청년들에 대하여 기독교적 세계관에 입각한 신앙생활과 진로지도를 어떻게 병행하느냐에 달려있다. 교회는 주일에 예배를 드리지 않더라도 학원 보충수업을 가는 기독 청소년들과 취업준비를 위해 스펙 쌓기에 열중하고 있는 기독 청년들 그리고 이를 당연시 여기는 기독 가정들에게 경종을 울려야 할 때이다. 또한 교회는 자녀의 미래를 위한 무조건적인 어머니의 기도와 예배 참석만을 강요하기 보다는 자녀들이 하나님과 인격적으로 만날 수 있는 기회를 제공해주고, 청년들이 기독교적 세계관에 입각하여 합리적으로 진로의식을 함양시키며, 계획적인 직업 준비를 할 수 있도록 지도해야 할 것이다.

이를 위해 무엇보다도 먼저 한국 교회가 중요하게 다루어야 할 것 중 하나는 기독교인들의 진로상담을 위한 정보 수집과 준비된 지도자를 양성하는 것이다. 교회의 지도자들은 직업 세계에서 발생하는 문제가 무엇인지 규명하고 대안을 모색하여 기독 청년들이 하나님의 선한 청지기로서의 역할을 잘 감당할 수 있도록 진로지도 시스템을 만들고 구체적으로 도움을 줄 수 있는 리더들을 양육해야 할 것이다. 그럼에도 불구하고 우리나라 대부분의 신학 관련 대학원에 상담전공 학과가 있으나 기독교인을 대상으로 하는 진로상담 저서가 한 권도 출판되지 못하고 있다는 것은 매우 안타까운 현상이 아닐 수 없다.

따라서 본 저서는 자신이 무엇을 좋아하는지, 무엇을 잘 하는지 아직 찾지 못하여 방황하는 기독 중고생, 자신의 삶을 향한 하나님의 부르심을 발견하고 점검하기 원하며 취업이라는 인생에서 중요한 결정을 앞둔 기독 청년대학생, 그리고 이들의 진로를 지도해야 하는 교회 지도자들과 기독 상담자들에게 영적자원과 함께 과학적으로 검증된 진로지도 및 상담의 통합적 접근을 통해서 대안을 제시하고자 시도했다는 점에서 그 의미를 두고자 한다.

2. 미래 세대들의 '꿈 위에 꿈'

현대사회의 대표 트렌드를 꼽으라고 한다면 단언 "힐링(Healing)과 행복(Happiness)"이라고 말할 수 있다. 이렇듯 인간의 보편적 염원인 행복한 삶을 살아가는데 있어서 직업은 중요한 수단이 된다. 현대사회에서 직업(職業, occupation)의 의미는 경제적 안정, 사회적 역할 분담, 개인의 자아실현을 목표로 하는 지속적인 육체적·정신적 노동이나 일이라고 할 수 있다. 사람들은 직업을 통해 경제적 소득을 올리고, 직업을 통한 사회적 역할을 수행하며, 자신의 창의성을 발휘해서 자아실현의 기회를 가지게 된다. 그리고 직업적 활동을 통해 사회에 참여하고 봉사하여 공헌하는 기회

를 가지며, 직장에서 접촉하는 많은 사람들과의 협동적인 사회관
계 속에서 많은 보람을 얻기도 한다.

  지난 5년간 우리나라에서만 800여 개의 신종직업이 새롭게 생
겨났다. 현재 전 세계의 직업의 수는 5-6만 정도 되고 우리나라
경우 2-3만 가지 정도가 된다. 그런데 우리나라 청소년들의 직업
선호도를 조사하면 대부분 292개에 국한되는 매우 협소한 직업
관을 가지고 있음을 본다. 그리고 더욱 안타까운 것은 30%의 청
소년들이 미래에 대한 꿈이 없다는 것이다. 미국 템플대학교 러
셀 코월(Russell Cowell)박사가 미국인 가운데 성공한 4,043명을 조
사한 결과 세 가지 공통점을 발견하게 되었다고 한다. 첫째는 꿈
이 선하고 분명했으며, 둘째는 꿈을 위해 과정에 최선을 다하고,
셋째는 자신의 무능을 알고 하나님께 기도하는 것이었다. 다음의
대화에서 우리는 꿈꿀 수 없었던 한 아이가 선생과의 대화를 통
해 꿈을 꾸는 모습을 살펴볼 수 있다.

– 너는 꿈이 무엇이냐?

– ……

– 너는 뭐가 되고 싶으냐? 되고 싶은 것이 없느냐?

– 한 번도 생각해 본 적이 없어서⋯. 노비도 꿈을 꿀 수 있습니까?

(그리고 며칠 뒤)

– 할 말이 있느냐?

– 꿈 말입니다. 되고 싶은 것을 찾았습니다.

– 무엇이냐?

– 저는 꽃이 되고 싶습니다.

– 꽃?

– 꽃은 어디서든 대접을 받으니까요. 잡초처럼 뽑지도 않고, 잔디처럼 밟
  지도 않고...

– 영화 〈조선명탐정 2〉에서 꿈에 대해 이야기하고 있는 장면 中 –

추구하는 삶의 목표가 뚜렷하지 않은 즉, 꿈이 없는 사람들은
주위 환경에 쉽게 동화되고 좌절하게 된다. 시각, 청각, 언어 장
애를 가지고 있었지만 작가, 교육가, 사회사업가로 활발하게 활
동했던 헬렌켈러(Helen Adams Keller, 1880-1968)는 "이 땅에 가장 불
행한 삶은 시력은 있으되 꿈이 없는 사람이다."라고 했다. 미래는
꿈꾸는 자의 것이라는 것을 헨리포드(Henry Ford)나 라이트(Wright)
형제를 통해서 알 수 있다. 헨리포드가 자동차를 만들겠다는 꿈
을 제시할 때, 사람들은 그를 미쳤다고 했다. 당시에는 자동차가
다닐 길이 없는 시대였기 때문에 길이 없는데 어떻게 가느냐는
것이었다. 그리고 라이트 형제가 비행기를 만들겠다는 꿈을 꿀
때, 가장 가까이에 있는 아버지가 미쳤다고 하며 라이트 형제의
꿈을 꺾어 버렸다. 그러나 그의 어머니는 꿈을 심어주었기 때문

에 오늘날 하늘을 나는 비행기가 있게 된 것이다.

세상이 두려워하는 세 종류의 사람이 있다고 한다. 첫째는 소유에 집착하지 않고 소유를 초월할 수 있는 사람이다. 둘째로는 죽음을 무서워하지 않는 사람이다. 그리고 마지막 세 번째는 꿈이 있는 사람이다. 꿈이 있는 사람은 희망찬 미래를 위해서 어떤 대가도 지불할 수 있는 용기가 있다. 꿈은 삶의 좌표요 방향성이다. 꿈이 고상하면 고상한 사람이 된다. 꿈의 크기에 따라서 인생의 크기도 비례한다. 꿈같은 말을 하는 사람들이 꿈같은 일을 이루어 내는 것을 볼 수 있다.

루즈벨트(Franklin Roosevelt, 1882-1945) 대통령은 소아마비, 천식, 선천적 약시로 청소년 시절 촛불을 끌만한 힘도 없었지만 하나님을 의지함으로써 약점을 강점으로 바꾸었다. 그는 미국의 가장 어두운 시절에 미국의 신화를 이루었다. 하나님의 뜻을 따라가는 믿음의 사람에게 약점은 걸림돌이 아니라 디딤돌이 된다. 하나님의 꿈을 성취하려면 고난의 대가를 지불하게 된다. 세상이 악할수록 하나님의 비전을 따라 살면 핍박이 따른다. 요셉의 삶이 그랬다. 요셉은 꿈을 이루기 위해서 비싼 대가를 지불했다. 쓸모 있는 재목은 그냥 되는 것이 아니고 모진 비바람과 눈보라의 시련과 혹독한 가뭄의 시련을 겪어서 되는 것이다. 노아가 하나님의 꿈을 실현하는데 얼마나 많은 조롱과 비난을 받았는가? 또 히브리서 11장에 나오는 믿음의 사람들은 하나같이 믿음으로 고난을 통과한 사람들이다. 믿음의 사람들은 고난의 한복판에서도 흔들리지 않은 신앙을 가지고 있었다.

우리가 야망의 세월을 살면 불행해진다. 하지만 하나님의 기대에 따라 비전 있는 삶을 살면 하나님께 영광이 되고 나를 통해서 다른 사람이 행복해지고 그들로 인해서 나 자신 또한 행복해진다. 레오나르도 다빈치(Leonardo da Vinci, 1452–1519)의 작품 모나리자의 모델이 되었던 엘리자 배타(Elisabetta)는 이 작품을 위해서 똑같은 포즈를 4년 동안 셀 수 없이 취했다고 한다. 이렇듯 명품과 명작이 되기 위해서는 현재의 고난과 인내의 과정이 요구된다.

크리스천들에게 있어서 비전은 하나님께서 각자를 통해서 이루고자 하는 계획을 의미한다. 이는 내 계획이 아닌 하나님의 계획이라는 말이다. 따라서 자신의 꿈을 하나님의 꿈인 비전과 하나가 되도록 해야 할 것이다. 그래서 하나님의 뜻이 하늘에서 이루어진 것 같이 땅에서도 이루어질 수 있도록 기도와 말씀으로 하나님 앞에 서야 할 것이다. 각자를 향하신 하나님의 꿈은 실패할 수 없다. 따라서 하나님의 꿈인 비전은 우리가 이 땅에서 숨을 쉬어야 할 이유이고 어떤 상황에서도 이루어야 할 과업이다(오윤선, 2014).

chapter 2
미래사회의 직업세계 변화와 일의 의미

1. 급변하는 미래사회와 직업세계의 변화

1차 산업시대를 살았던 사람들은 직업선택에 대해서 고민을 할
필요가 없었다. 왜냐하면 부모가 경영해온 직업을 그대로 계승하
면 되었기 때문이었다. 산업화가 시작되었던 좀 더 가까운 과거
에는 노동력을 필요로 하는 기업과 직업을 필요로 하는 근로자
즉, 공급과 수요의 원리가 원활하게 이루어지는 노동시장에서 개
인의 적성과 흥미를 찾아 직업선택이 가능하였다. 그리고 합리적
으로 진로를 선택하고 계획적인 준비단계를 거쳐 선택한 하나의
직장에서 직업을 천직으로 여기고, 안정적이고 수직적인 이동을
하며, 은퇴할 때까지 유지하였다. 그리고 이렇게 정년퇴직을 하
는 어르신들이 젊은 자녀들의 부양을 받으며 노후의 안락함을 누
리는 것이 가능한 사회였다. 하지만 현대인들이 살아가는 세상은
'평생직장'의 개념이 사라졌다. 한 사람이 일생을 살아가면서 직

업을 적게는 4-5개, 많게는 10-11가지 정도 가져야만 살아갈 수 있게 되었다. 이제는 다양한 영역 내에서 수평적, 수직적, 복합적 이동을 해야 한다. 따라서 사람들은 다른 직무 또는 다른 직종으로 이동할 수 있는 다양한 기술을 배워야 하는 시대가 되었다. 한 직장에서 근무하면서 쌓여가는 관록과 경험이 우대되기 보다는 새로운 첨단 기술에 대한 숙지를 요구받고, 끊임없이 다양한 시점에서 지속적인 보수교육을 받으며 자신의 경력을 관리해야 한다. 이처럼 사회문화의 변화는 우리의 직업세계의 구조를 근본적으로 변화시키고 있다. 따라서 본 장에서는 급변하는 미래사회와 직업세계의 변화에 대해 논의하고자 한다.

1) 정보화 시대 탄생은 직업혁명을 가져오게 되었다.

직업혁명의 중심에는 정보화 시대의 탄생이 자리하고 있다. 1994년부터 본격적으로 보급된 인터넷은 이제 개인의 삶의 일상이 되었으며, 세계적으로 모든 사람들이 공평하게 누려야 하는 자유와 같은 기본 권리라는 인식이 확산되고 있다. 새로운 형태의 문명은 전 세계적으로 정보 및 기술의 융합에서 나타나기 시작하였다. 현재 인류의 약 40%가 인터넷을 사용하고 있으며, 10년 후인 2025년에는 사실상 전 인류가 인터넷에 연결된다. 또한 현재 25억 명이 스마트폰을 사용하고 있는데 소니 에릭슨(Sony Erickson)은 2017년에는 세계 인구의 85%가 광대역 이동통신을 사용할 것으로 전망했다. 휴대전화는 컴퓨터, GPS, 전화, 카메라, 프로젝트, 연구 보조, 음악 플레이어, 신문, 영화관 그리고 TV와 결합해 개인의 전자 동반자가 되었다. 온라인 상점의 목록에는

100만 개 이상의 스마트폰 애플리케이션이 있다. 컴퓨터와 스마트폰의 가격이 계속 하락하고 용량이 커지고 사용이 쉬워짐에 따라 저개발 지역에서도 세계화에 동참할 수 있는 여건이 주어졌다. 그 밖에도 다양한 디지털 장치가 실시간 다중 네트워크 상에서 통신할 수 있도록 인간 활동의 모든 측면을 지원하고 있다.

검색 엔진은 세상의 모든 지식에 즉시 접근할 수 있도록 해주었다. 이와 같은 정보화 세계는 온갖 종류의 데이터들과 전망들, 그리고 뉴스들로 홍수를 이루며 세계를 대상으로 미래에 대한 전략을 짜거나 하루의 일을 계획하는 것이 가능하도록 하였다. 때때로 어떤 사람들은 우리 사회가 정보에 오염되었고, 데이터 홍수 속에서 익사하게 될 것이라고 말한다. 하지만 미래는 내가 검색을 하지 않아도 믿을 만한 정보가 나에게 스스로 접속해 오는 시대로 전환될 것이다. 분명한 것은 정보화 시대는 우리가 일하는 방식을 변화시켰으며, 앞으로도 변화시킬 것이라는 사실이다.

이러한 인터넷 혁신은 이 세상에 존재하지 않았던 가상세계를 만들었고, 홀로그램을 통해 향후 10년 이내에 모니터 밖으로 가상세계가 튀어나오게 될 것이다. 일본에서 가상게임 캐릭터인 하츠네 미쿠를 홀로그램으로 무대 위로 불러내 노래를 부르게 하는 콘서트가 열리고, 수천 명의 청소년이 이 가상 콘서트에 모여서 형광봉을 흔들며 열광한 것처럼 말이다. 이처럼 가상현실을 이용해 전에 없던 새로운 산업이 만들어지고 있다.

유비쿼터스 컴퓨팅 환경은 계속해서 발전하고 있으며 2020년까지 750억~800억 개의 사물에 센서를 달아 서로 소통하게 하는 사물인터넷 시대를 열 것이다. 또한 페이스북, 트위터와 같은 소셜 네트워크 서비스는 인간관계의 새로운 형태로 수백만 회원을 연결하였고, 상업적 발전에 새로운 매체가 되었다. 이처럼 발전하는 초고속 3D인터넷 네트워크 기술, 스마트 모바일, 홀로그램, 위치추적 기술, 인공지능, 가상현실, 유비쿼터스 기술들은 서로 융합되며 사람들이 일하는 방식을 변화시킬 것이다(최윤식, 2015).

2) 첨단과학 기술의 발전은 직업세계에 급격한 변화를 가져오게 된다.

현대는 발전한 IT를 중심으로 의료, 금융, 통신, 방송, 자동차, 조선, 건설, 섬유 등 전혀 다른 다양한 분야들의 접목이 활발히 이루어지고 있다. 우리 사회의 논란이 되고 있는 원격의료산업의 경우 단순한 의학 산업이 아닌 바이오, 로봇, 사이보그, 나노, IT 산업들이 융복합 되는 산업이다. 이러한 첨단기술산업의 능력을 과소평가하거나 적절하게 대응하지 못한 사람들은 직무 부적응은 물론이며 일자리를 급속하게 잃게 될 것이다. 미래학자들은 신기술이 계속해서 실업자들을 증가시킬 것이라고 예측하고 있다. 하지만 일자리가 부족해지더라도 일거리는 부족하지 않을 것으로 예측하고 있다. 미래에는 평생 한 직장에서 정규직으로 일하는 모습보다는 단기 계약직이나 시간제 근로로 매번 새로운 일에 투입되어 다양한 직장을 거치며 일하게 될 것이다. 오늘날 미국의 직장인은 평생 11개의 일자리를 거치는데 앞으로는 한 사람이 거쳐야 하는 일자리가 더 많아지고, 개인은 한 번에 여러가지 일을 동시에 수행하는 경우가 많을 것이다.

새로운 일을 수행하는 데 필요한 기술의 종류는 끝없이 늘어나고 기술의 변화 역시 급격하게 빨라질 것이다. 계속해서 재교육을 받으며 신기술을 습득해야 새로운 일거리를 얻을 수 있다. 한국직업사전을 살펴보면 2015년 현재 우리나라의 직업 수는 모두 1만 1440개이다. 2003년 7930개에 불과했던 직업 수는 12여년 만에 1.4배가 늘었다. 맥킨지 글로벌연구소는 일자리 하나가 소멸할 때마다 인터넷과 관련된 일자리가 2.6개 탄생했다고 보고하였다. 즉 과학기술 발달 등으로 소멸하는 직업들도 많지만 사라지는 직업보다 더 많은 신규 직업들이 생겨나고 있는 것이다. 2013년 말 기준으로 기록된 1만 971개와 비교해서도 한 해 동안 469여개의 새로운 직업이 생겨났다는 것을 알 수 있다. 자동화나 기술 발전으로 우리가 할 일은 여전히 남아있다.

첨단기술산업은 연구개발 의존도가 높기 때문에 정보와 기술, 인력확보 등 기술적 하부구조에서 더 크게 영향을 받게 하여 직업의 구조를 변화시킬 가능성이 높다. 어떤 직장인들은 집에서 일을 하기도 하며 또는 현장에서 모바일 장비를 갖추고 본부와 네트워크를 한다. 어떤 사람들은 과거보다 더 짧거나 더 긴 날을 일하고, 어떤 사람들은 일시불로 지급하는 계약기반에 근거한 프로젝트 단위로 일한다. 빅 데이터와 즉각적인 의사소통은 중간관리층의 일들에 변동을 초래하였고, 기존의 많은 직무들을 사라지게 하였다. 본질상 진부한 도서관조차도 적극적으로 첨단기술에 의존하게 되었다.

3) 파괴적인 기술로 인해서 일자리에 변화를 가져오게 된다.

거대하고 급속한 변화를 가져오는 기술을 파괴적 기술(distructive technology)이라고 한다. 미래학자 박영숙과 Gerome Glenn은 『유엔미래보고서 2045』에서 향후 20년 안에 등장하는 몇 가지 파괴적 기술이 수많은 일자리를 소멸시킬 것으로 예측하였다. 그 첫 번째 기술은 무인 자동차 기술이다. 이미 무인 자동차는 2007년 어번 챌린지 대회에서 교통체증을 형성하지 않고 안전하고 빠르게 달릴 수 있는 모든 기술이 증명되었으며 이제는 세계의 모든 자동차 기업이 무인자동차에 투자하고 개발 중이다. 2007년 구글이 무인자동차 개발에 뛰어들어 2014년 12월 무인자동차 시제품 사진을 공개했다. 그리고 2016년이 되면 미국 주(州)의 대부분이 주행을 승인할 것으로 예측하고 있다. 무인차량이 대중화된다면 택시, 버스, 트럭 등 각종 운전을 직업으로 하는 많은 직종이 소멸되고 교통경찰, 대리운전자, 주차장 관리인, 렌터카 회사 등의 직업들도 소멸할 것으로 보고 있다.

둘째, 무인기 드론의 등장이다. 얼마 전 공중파 뉴스와 기사를 통해 보도된 무인기 드론은 용도에 따라 다양한 크기, 형태, 재질로 구성된 제품이 등장할 것이다. 드론이 대중화되면 택배 등 배송에 가장 보편적으로 사용될 것으로 예상된다. 따라서 택배, 음식 및 우편 배달, 사진 기자, 건설현장 모니터 요원, 경비원, 환경 엔지니어, 지질학자 토지 및 현장 측량사 등 운송 및 정보수집, 정찰 관련 직업 소멸에 영향을 미칠 것이다.

셋째, 3D 프린터 기술이다. 잉크가 되는 각종 재료를 층층이 쌓아올려서 무엇이든 만들어내는 3D 프린터는 제조업 자체를 뿌리부터 뒤흔들 파괴적 기술로 주목받고 있다. 3D 프린터는 숙련된 노동자의 필요성을 없앴고 고가의 장비를 살 필요성도 없다. 결과적으로 부품제조 공장이 사라지고 그곳에서 일하는 근로자도 사라지게 되며, 최저 비용으로 각 가정에서 물건이 제조됨에 따라

생산될 물건을 소비자에게 배송할 필요도 줄어들게 된다. 이러한 기술로 인해 다양한 제조업 기술자, 배송 및 물류창고 노동자, 목수, 건축 노동자와 같은 직업 소멸에 영향을 미칠 것이다.

넷째, 인공 지능(AI) 로봇 기술은 더욱 정밀해지고 있다. 로봇 산업은 크게 셋으로 나눌 수 있다. 인간을 닮은 로봇인 휴머노이드(humanoid) 로봇 산업, 로봇의 일부를 인간에게 접목하는 사이보그 산업, 그리고 사람의 뇌를 닮은 인공지능 산업이다. 이미 로봇은 우리들의 가정과 제조업에 등장하여 우리를 대신하여 단순작업을 수행하고 있다. 그러나 미래에는 급속히 발전하는 소프트웨어로 인해 기능이 정밀해지고, 인간과 상호작용은 물론 지구상의 모든 인간의 삶을 도와주거나 대신 관여하게 될 것이다. 인공지능 로봇은 인간의 생각을 대신하며 인간 대신 글을 쓰고, 아이들에게 공부도 가르쳐주고, 책도 읽어주고, 아이들을 보호해주고, 어르신들을 부축해주며 인간의 친구가 되어 줄 것이다. 이러한 로봇 기술로 인한 전례없는 자동화의 가속화는 인류의 삶을 편리하게 만들어주겠지만 미래의 고용에 대한 심각한 위협이 될 것이다. 더 많은 일자리에 로봇과 인공지능이 투입될 것이다. 이제는 단순 작업 라인에 두뇌를 필요로 하지 않는 직업들은 정교한 로봇들에게 자리를 내어주고 있다. 로봇에게 빼앗기는 직장을 대신해 이러한 로봇을 작동시키는 컴퓨터제어, 컴퓨터 프로그래머, 컴퓨터 장비 조작, 컴퓨터 시스템 분석 등 컴퓨터 프로그램 관련 직무에 대한 교육과 훈련을 통해 축적된 기술과 자질을 가진 근로자가 필요할 것이다. 또한 세계를 시장으로 삼는 1인 기업과 같은 새로운 직업 모델도 더욱 필요해 질 것이다(박영숙, Jerome Glenn, 2015).

4) 세계경제는 불확실성과 저성장이 지속되고 불안정한 직업들은 증가하게 된다.

오늘날 세계경제의 불확실성은 기업의 지속 가능성에 대한 불안 요소로 작용하여 기업 경영자들의 불안감은 물론 고용 근로자들과 직업 환경 전체의 불안감으로 번지고 있다. 세계 경제가 일시적인 불경기가 아닌 당분간 지속되어 저상장의 국면에 접어들면서 우리나라는 물론 세계 각국은 위험인자를 최소화하고, 자국의 이해를 면밀하게 계산하고 있다. 국가마다 금융 규제와 감독이 강화되었으며, 투자를 장려하던 분위기도 사라졌다. 이러한 저성장 국면에 돌입하면서 기업은 고용을 꺼리고 채용 감소가 이루어졌으며, 청년층 실업률은 매우 심각한 수준에 이르게 되었다.

한편 우리나라 최저임금 인상은 축복과 동시에 저주가 되었다. 즉 용돈을 벌고자 하는 십대에게는 이익이지만 생계를 위해 풀타임 직업을 원하는 근로자에게는 독이 된 것이다. 지식 기반 경제 체제에서 기업 경영의 유연성은 보통 노동의 유연성으로 이어지는데, 국가가 근로자들의 고용 환경에 직접적으로 개입하지 않거나 고용주와 근로자들 간 상호 합의가 이루어지지 않으면 파트타임 근로자들과 임시직 근로자들이 증가할 수밖에 없게 된다. 이는 노동 조건의 악화로 이어져 안정적이고 숙련된 노동력은 축소되고 일시적이고 불안정한 직업들은 증가하게 된다. 따라서 회사는 근로자들을 낮은 임금으로 고용할 수 있고 해고하기도 수월해진다. 또한 이런 방식으로 생겨난 직업들은 근무 여건이 열악해지기 쉽다. 그리고 이는 최고 임금과 최저 임금의 격차를 키우는 일이 된다.

5) 근로조건에 따른 인력 이주 증가 현상이 생긴다.

세계화 시대가 되면서 다국적 기업은 근로자들에게 지불해야 할 경비를 최소화시키기 위하여 개발도상국으로 이전하였다. 오늘날에는 기업이 해외에 생산라인을 갖추지 않더라도 제3세계에서 들어온 인적 자원들을 값싼 임금으로 고용하기도 한다. 우리나라에도 현재 130만명 이상의 이주 노동자들이 거주하고 있는데, 매년 약 11%씩 꾸준히 증가하고 있음을 본다. 현재 우리나라는 고학력, 저출산·고령화 사회 그리고 저성장 시대의 소비 위축에 발맞추어 저임금 일자리에 고용할 근로자를 더 이상 자국 인력으로 충원할 수 없게 되었다.

반면 국가 발전과 경제 성장을 유지하기 위해서는 인재들이 좋은 환경과 여건에서 일할 수 있도록 해야 함에도 불구하고 우리나라의 인재들은 열악한 처우에 반하여 해외로 이주하고 있다. 미국이 영국을 제치고 세계 최고의 강국이 된 것은 유럽과 아시아에서 최고의 인재를 계속해서 받아들였기 때문이다. 미국은 외국인 이공계 학생이 석사이상 학위를 취득하면 영주권을 받는데 용이하도록 하였다. 그리고 중국은 좋은 인재를 영입하기 위해 미국 금융위기가 발발했을 때 월가에서 퇴출당한 인재들을 대거 스카우트하여 금융능력을 순식간에 향상시켰다. 그뿐만 아니라 중국은 과학기술발전을 위해 예산을 매년 20%씩 늘이고 있으며, 과학 인력의 저변도 두텁다. 현대사회는 창의적 문제해결 능력을 갖춘 인재를 필요로 한다. 사회가 필요로 하는 능력을 갖추는 근로자 그리고 규모에 맞는 노동인력을 확보하는 것은 우리나라 직업 세계의 과제라고 할 수 있다(최윤식, 2015).

6) 여성의 역할 변화와 노령화 사회로 인한 노동시장의 변화

우리나라는 2010년에 경력단절여성의 경제활동촉진법을 시행하여 여성의 사회활동을 독려하고 있다. 이제 엄마가 요리를 하며 퇴근하는 아빠를 기다리는 시절은 지나갔다고 본다. 과거 여성들의 위치는 가정이었고, 전문직에 종사하도록 권유를 받지 못했다. 하지만 현대 사회에서 여성들은 새로이 만들어지는 직업 중 2/3에 고용이 되고 있다. 또한 여성들은 경영, 행정, 관리직의 약 40%를 차지하고 있는데, 이는 20년 전과 비교했을 때 거의 두 배에 해당하는 수치라 할 수 있다.

여성의 역할변화와 더불어 식단 개선, 수입 증가 및 의료 발전으로 인해 노령화 사회가 되면서 노동시장에 변화도 오게 되었다. 현재와 같은 추세가 계속된다면, 우리나라의 인구는 2040년에 3명 중 1명이 노인이 되는 초고령화 사회가 된다. 베이비부머 세대(6.25전쟁이 끝난 1955년부터 1963년 사이에 태어난 사람들)가 중년과 노년에 이르렀지만, 건강이 양호한 60세 및 그 이상의 근로자들은 은퇴를 미루고 싶어 하며 그들의 직업이 삶의 의미와 목적, 그리고 어떤 다른 곳에서도 발견할 수 없는 정체성을 제공해줄 것이라고 믿고 있다. 이처럼 일을 하고 있는 60세 이상의 사람들로 인해 청년 노동자들의 노동 시장 접근 시기는 더 늦어질 것이다. 또한 이같은 인구구조의 변화는 청년층에 유용한 직업에 대한 집중보다 중년과 노년의 필요에 적합한 직업들이 더욱 개발되고 활성화되도록 할 것이다. 따라서 노령화 사회에서는 청년층과 노령 노동자가 함께 공존할 수 있는 일과 직업세계에서의 역할이 중대하게 다루어져야 할 것이다.

7) 갈수록 커지는 대기업의 압도적인 영향력

전국경제인연합회가 통계청(2015)자료에 의해서 발표한 '우리나라 기업생태계 분석' 보고서에 따르면, 우리나라 영리기업은 537만 7천개이며 이 중 대기업이 4,375개(0.1%), 중소기업이 537만 3천개(99.9%)로 대기업과 중소기업 비율은 0.1:99.9인 것으로 나타났다. 전체 종사자 수는 1,784만 6천명인데 이 중 대기업에 425만 1천명(23.8%), 중소기업에 1,359만 5천명(76.2%)이 근무 중이어서 대기업과 중소기업의 종사자 비율은 24:76인 것으로 분석되었다. 전체 영리기업을 종사자 규모로 보면, 1인 기업이 82.3%로 가장 많았고, 2~9인 기업(13.9%), 10~49인 기업(3.2%) 등의 순이었고, 200~299인 기업과 300인 이상 기업은 각각 0.1%였다. 즉 우리나라 기업 생태계는 49인 이하 기업이 99.3%를 차지하는 '압정형 구조'인 것이다. 1인 기업을 제외할 경우, 대기업과 중소기업 비율은 1:99이며, 대기업과 중소기업 종사자 비율은 32:68가 된다.

국가에서 소규모 자영업자를 위한 장려정책을 수립함에도 불구하고 현대 사회에서 대기업의 영향력은 합병·인수와 국제화를 통해서 커져가고 있다. 미래의 경제발전의 해답은 중소기업과 대기업의 동반성장에 있음에도 불구하고 현실은 그렇지 못하다.

예를 들어 TV, 영화, 교육, 패션·뷰티, 게임, 심지어 치킨, 제빵, 커피전문점 같은 영세업종까지 대기업 이익의 포식의 대상이 되고 있어 대기업의 비윤리적 기업 영역 확장에 대한 사회의 갈등이 우려되는 정도까지 되었다.

또한 현재의 국제경쟁은 개별 기업 간 경쟁에서 기업 네트워크

간 경쟁으로 변화되고 있고, 대기업과 중소기업의 협력관계가 네트워크 간 경쟁에서 승패를 좌우하는 산업 환경이 되었다. 그리고 기업의 사회적 책임의 관점에서도 대기업과 중소기업의 상생협력은 중요하다. 대기업과 중소기업이 상생협력을 한다면 한국 경제는 지속 가능한 성장을 실현할 수 있다. 그리고 대기업과 중소기업의 상생협력은 국가의 고용구조개선, 산업 전반에 걸친 중장기적 발전뿐만 아니라 사회통합 기능까지 수행할 수 있게 된다. 좀 더 원활한 대기업과 중소기업의 협력관계 유지를 위해서 이명박 정부시절에 「대·중소기업 상생협력 촉진에 관한 법률」을 만들고 '동반성장위원회'를 발족했지만 아직까지 구체적 실현은 이루어지지 못하고 있음을 본다.

이상에서 살펴본바와 같이 점차적으로 우리 사회는 세계화와 저성장 그리고 다양한 사회구조변화와 맞물려 불확실성의 시대로 달려가고 있다. 이에 따라 우리의 직업도 다양하고 연속적인 직업으로의 변화가 요구된다. 이러한 시대에 기독 청년들은 어떻게 자신의 진로를 계획하고, 선택하고, 적응해 나갈 것인가? 아브라함은 하나님께 부르심을 받고 유업으로 받을 땅으로 나아갈 때 갈 바를 알지 못하고 나아갔다고 하였다(창 12:1). 이러한 불확실한 과정 속에서 아브라함은 숱한 어려움을 만나고 회복되는 과정을 겪는다. 하지만 아브라함은 그의 미래 진로에 대해 아무런 확실성도 없이 곤란에 처한 사람이 '모든 것이 잘 될 거야'라고 하듯 확신 없는 소망을 고대하지 않았다. 성경은 "그가 하나님이 계획하시고 지으실 터가 있는 성을 바랐음이라(히 11:8-10)"라고 분명하게 말한다. 다시 말해 개인의 진로에 있어서 내 안에 행하시는 하나님의 기쁘신 뜻이 나의 소원이 된다면 불확실한 사회구조 속에서 약속의 말씀으로 인하여 불확실성과 모호함을 견딜 수 있는 분명한 이유와 목적을 소망가운데 가질 수 있다.

기독 청년들은 일을 단순한 생계유지와 경제적 부를 축적하기 위한 수단으로 바라보며 세속화라는 급류에 휩쓸려서는 안 된다. 예수 그리스도 안에서 일의 본래적인 가치를 찾고, 직업 세계의 새로운 역할과 기능을 찾아야 한다. 이러한 목적을 위해 크리스천을 위한 진로 및 직업 상담은 이전 어느 때보다 지금이 중요하다. 이러한 생각을 확장하기 위해서는 일의 의미와 목적을 바로 아는 것이 중요하다.

2. 기독교 세계관과 일의 의미

사람들은 일의 의미에 대해 자기 나름대로의 다양한 견해를 가지고 있기에 한마디로 정의하기는 쉽지 않다. 예를 들어 일에 대해서 사고파는 상품이라고 의미를 부여하는 자들이 있는가 하면, 일을 기본적인 인간의 권리라고 말하는 자들도 있다.

그렇다면 기독교인들은 일에 대해 어떻게 이해해야 하는 것일까? 기독교인으로서 일에 대한 하나님의 관점과 자신의 목적 그리고 동기를 명확하게 알고 자신의 소명을 깊이 묵상하며 진로를 준비하고 수행하는 것은 그 어느 것보다 중요하다고 볼 수 있다. 따라서 기독교인을 대상으로 진로지도 및 상담을 수행하는 상담자들은 내담자들이 가지고 있는 일에 대한 개인적인 견해나 철학을 이해하기에 앞서 기독교 세계관에 근거한 성경적 직업관을 바르게 정립하는 작업이 우선시되어야 할 것이다.

세계관은 세상, 현상, 사건을 해석하는 안경(glass) 혹은 창 (window)으로 정의할 수 있다(양승훈, 2003). 우리가 착용하는 안경에 색깔을 넣으면 삼라만상이 그 색깔로 보이는 것처럼 세계관의 관점에 따라 세상이 보이게 된다. 즉 인간이 스스로 인식하지 못하더라도 개인이 어떠한 세계관을 지니고 있느냐에 따라 그 세계관의 영향 아래 온갖 현상, 사건을 해석하고 그것에 따라 행동하게 되는 것이다. 이처럼 세계관은 정치, 경제, 사회, 문화, 교육 등 개인의 삶 전 영역에 영향을 미친다.

특히 기독교인들은 기독교 세계관을 지니고 살아간다. 기독교 세계관(Christian world-view)이란 기독교인이 가진 세계관(Christian's world-view)으로써 이들이 세계를 바라보는 관점과 이 세상을 이해한 내용을 의미한다(이승구, 2014). 알버트 월터스(Albert M. Wolters, 2005)는 기독교 세계관을 바르게 이해하기 위해서는 기독교 세계관이 갖는 독특성을 파악하는 것이 우선이라고 말하며, '창조 (Creation) - 타락(Fall) - 구속(Redemption)'이라는 세 가지 원리를 제시하였다. 이러한 맥락에 따라 성경 전체에 흐르는 일의 본래적 의미를 설명하면 다음과 같다.

1) 일은 축복인가? 저주인가?

첫 번째 기독교적 원리는 '창조의 원리'로 일은 하나님께서 인간에게 허락하신 축복이라 할 수 있다. 하나님께서는 창세기 1장부터 하나님의 계획 가운데 창조사역을 하셨으며 사역을 마치신 후 기뻐하셨다. 또한 자기의 형상대로 창조하신 사람에게도 복을 주시며 이르시기를 "생육하고 번성하여 충만하고, 정복하고, 다스리라"라는 통치자의 일을 부여하셨다. 하나님께서는 그리스도 예수 안에서 살아가는 그 분의 자녀들이 이 땅에서 사는 동안 일을 통하여 풍성한 삶을 누리도록 계획하셨다. 그리고 이들이 일하는 수고를 통해 얻은 열매를 가지고 자신은 물론이요 가족과 함께 먹고 마시며, 이웃에게 선을 행하며 기쁨을 누리며 살아가도록 하셨다. 전도서의 기자는 사람이 자신의 일에 수고하는 것이 최상의 즐거움이며, 하나님의 선물이라고 말한다(전 3:13; 5:18). 즉 자신의 일을 즐거워하며 수고 중에서 낙을 누리는 것이 하나님이 주신 최고의 복인 것이다. 이처럼 일(노동)은 하나님께서 계획하신 것이며 이로 말미암아 사람은 즐겁고 의미 있는 노동을 하며 인생을 기쁘게 보낼 수 있는 것이다. 그러나 하나님과의 관계를 뒤로하고 일 자체를 탐닉하여 빠져드는 것은 헛되이 바람을 잡는 무익하고 헛된 노동이 된다(전 2:11). 다시 말해서 일은 하나님의 축복이지만 일중독은 축복이 될 수 없다. 왜냐하면 일중독자(workaholic)에게 있어 일은 개인적인 성취의 부산물이지 하나님께서 원하는 일의 주요 목표가 아니기 때문이다.

두 번째 기독교적 원리는 '타락의 원리'로 일은 인간이 초래한 저주라고 할 수 있다. 창세기 3장에는 아담과 하와가 범죄함으로 말미암아 하나님으로부터 저주를 받는 사건이 기록되어 있다. 인간의 타락은 일을 고역으로 만들어버렸다. 땅은 저주를 받았고 경작은 노고와 땀을 통해서만 가능하게 되었다. 이제 인간에게 있어 일은 하나님과 관계없이 생존하기 위한 수단으로 행해야 할 고역이 된 것이다.

고대사회에서 근대에 이르기까지 노예제도 아래의 노예들도 일을 저주라고 보았다. 고대와 미국 남부에서도 노동은 고통과 동일시되는 무거운 짐이었으며 고역이고 땀이었다. 그 누가 새벽부터 어두워질 때까지 팔다리를 굽히고, 허리를 숙이며 땀 흘리는 노동이 요구되는 목화밭에서 다른 날을 고대할 수 있겠는가? 그러나 이들은 자신들의 고된 노동으로 인한 삶의 무게에도 불구하고 구원에 대한 갈망이 있었다. 이러한 관점은 현대인들에게도 일정 부분 동일하게 적용되는 현실일 것이다. 오늘날, 많은 사람들은 일하기보다는 휴일과 휴가를 기다린다. 대학생의 경우 휴강이라도 하는 날은 축제와 같은 분위기가 연출된다. 금요일은 안도와 함께 "하나님 감사합니다. 금요일입니다."라고 선언한다. 한 주에서 가장 중요한 날과 좋은 날씨를 위한 기도는 토요일과 일요일에 초점이 맞춰진다.

이처럼 일이 괴로운 것으로 인식된 이유는 대부분 고대사회에서는 노동이 육체에 속한 것으로 보았기 때문이다. 이들은 육체를 정신에 비해 열등한 것으로 여기고 모든 부정적인 것은 육체로부터 나온다고 보았다. 중세 교회의 직업관에 있어서도 헬라 철학의 이원론의 영향으로 영적이고 육체적인 것을 철저히 나누었다. 육체는 악한 것이기에 육체로 하는 노동은 생존하기 위해 반드시 해야만 하는 필요악으로 인식하였다. 따라서 농업, 상업, 공업에 종사하는 사람들은 미천하고, 군인이나 정치인은 고귀하며, 가장 거룩한 일은 종교에 종사하는 사제직으로 자연스럽게 직업의 귀천이 등급화 될 수 있었다. 이러한 중세의 직업관에 반대하여 종교 개혁자 루터(Martin Luther, 1483~1546)는 모든 직업은 하나님 앞에서 고귀하고 영적으로 하나님 앞에서 동등하다는 것을 주장하게 되었다.

다시 성경으로 돌아가, 일이 괴로워진 것은 인간의 죄 때문이다. 일이 죄 때문에 괴로운 것이라면 예수 그리스도로 말미암아 용서함을 받은 기독교인은 창조의 섭리를 따라 다시 즐거워질 수 있다. 이 것이 세 번째 기독교적 원리인 '구속의 원리'이다. 예수님은 타락된 세상을 다시 하나님과 창조의 관계와 상황으로 회복시켜 주셨다. 이에 따라 당연히 일의 목적과 의의 및 성격도 회복되었다. 일은 바로 하나님께 대한 예배와 봉사 그리고 영광의 통로이다. 따라서 성실한 마음과 자세로 일에 임하여 하나님이 주신 은사를 활용하고 이웃을 생각하여야 할 것이다(엡 6:5-6). 기독교인들은 일에 대하여 죄의 결과가 아니라 신성한 하나님의 창조법칙이요, 명령으로 인식하여야 한다. 그리고 일은 예배의 한 부분으로, 돈이나 양식을 위한 것이 아니고 인생의 의미요 가치가 됨을 인식하여야 한다. 또한 일을 통해 이웃사랑을 직 · 간접적으로 실현시켜야 한다.

다만 이 땅에 사는 동안은 일로 인한 기쁨과 괴로움이 공존할 것이다. 원칙적으로 죄사함을 받았지만 아직 우리는 죄의 영역 속에서 생활하기 때문이다. 그렇다면 기독교인들은 언제까지 일을 하는 것일까? 성경은 사람이 이 땅에 살 때에는 일이 있으나 죽고 나서는 일이 없다고 하였다(전 9:10). 즉 완전한 안식과 회복은 하나님 나라가 도래함으로 궁극적으로 실현되는 것이다.

2) 일은 소명이다.

성경적 의미에서 보면, 일은 인간의 발명품이 아니고 하나님의 부르심이다(Paul Stevens, 2012). 성경에서 의미하는 '부르심(calling)'

또는 '소명(vocation)'은 어떤 특별한 목적을 위해 하나님으로부터 부름을 받는 것을 의미한다. 과거에는 소명을 성직자나 전문적인 기독교 사역자 직분의 부르심으로 사용하였다. 그러나 현대에 이르러서는 소명은 일반화되어 개인적·사회적으로 의미 있는 일을 발견하여 그것에 헌신하는 것을 지칭하는 개념으로 설명되어지고 있다. 여기에서 우리는 소명에 대한 두 가지 견해를 명확하게 할 필요가 있다.

소명에 대한 첫 번째 견해는 소명과 일을 동일시하는 견해이다. 이러한 견해는 루터(Martin Luther)나 칼빈(John Calvin)과 같은 종교 개혁자들로부터 비롯되었다. 초창기 프로테스탄트(개신교) 이민자들에게 있어서 열심히 일하는 것과 개인의 구원은 불가분 연결되어 있었다. 루터는 직업을 하나님의 창조 사역의 계승으로 이해하였으며 자신에게 주어진 일을 수행해 나가는 것이 곧 이웃을 사랑하여 겪는 고통이라고 주장하였다(방선기, 2000). 이러한 루터의 생각은 칼빈에 이르러 더 구체화되었다. 칼빈은 달란트를 매일의 노동과 직업으로 해석하며, 노동을 하나님의 일에 참여하는 것으로 이해하였다(Andre Bieler, 1992). 이러한 신학적 관점은 게으름에 대한 도덕적인 불관용과 많은 미국인들의 일에 대한 시각을 여전히 지배하고 있다.

교회 공동체 내에서도 일에 대한 가장 우세한 견해는 일을 소명으로 보는 사상이다. 지속적인 목적을 가지고 있는 일은 소명이다. 일은 내가 매일 하는 것인 반면, 소명은 자신의 인생사와 함께 하는 것이다. 일을 소명으로 보는 견해를 지지하는 일반적인 4가지 요소는 다음과 같다.

- 한 사람의 일은 모든 사람의 이익에 공헌한다. 모든 일은 하나님이나 이웃에 대해 봉사를 위한 진입로가 된다. 모든 사람의 직업에 있어서 공공 이익의 요소가 존재한다.

- 일은 그 자체가 의미가 있다. 어떤 임무도 너무 부도덕하거나 천박하여서 가치있는 소명으로써 의미가 없다고 할 수는 없다.

- 소명은 소수의 특권이 아니라 보편적인 것이다. 인생에 있어서 어떤 위치에 있던지 인간은 그들의 일을 통해 하나님의 목적을 수행하는데 참여할 수 있다.

- 소명은 개인적이며 목적의식이 있다. 각 개인은 다음의 물음에 대답해야 한다. "내가 부름을 받은 임무는 무엇인가?", "나는 어떠한 목적으로 창조되었는가?", "하나님은 내가 어떠한 일을 하기를 바라시는가?"

일을 소명으로 받아들이는 것은 첫째, 땀 흘려 일하라고 하신 하나님의 명령에 순종하는 것(창 3:18-19), 둘째, 직업을 통해 하나님이 각자에게 주신 은사를 활용해서 사명을 감당하는 것(창 47:3), 셋째, 자신의 힘으로 양식을 구해서 생계를 유지하는 것(살후 3:12), 넷째, 빈궁해져서 수치를 당하거나 가난으로 인해 하나님께 범죄하지 않는 것(잠 30:9), 다섯째, 친히 일하시는 하나님을 본받아서 직업을 통해 기쁨을 누리는 것(전 9:7), 여섯째, 친히 수고하여 빈궁한 이웃을 도와주는 것(행 20:35), 마지막으로 자아를 실현하는 삶의 모습을 통해 전도의 기회로 삼기 위한 것이다(강경미, 2009).

소명에 대한 두 번째 견해는 소명을 직업에 국한시키지 않고 그리스도인의 삶 전체를 포괄하는 근본적인 부르심으로 보는 견해이다. 직업을 지칭하는 의미로서의 소명은 일과 소명을 동일시한 개신교적 왜곡에서 비롯된 것으로 직업을 일차적 소명으로 잘못 이해하는데서 비롯되었다. 오스 기니스(Os Guinness)는 그의 책 『The Call (소명)』에서 소명을 다음과 같이 설명한다.

> 우리는 일을 하도록 (to do) 부르심을 받기 전에, 존재하도록 (to be) 부르심을 받았는데 이 부르심 곧 예수 그리스도에 대한 믿음을 통하여 하나님과 인격적인 관계 안에 거하게 하시는 부르심이야말로 우리의 일차적 소명입니다. 소명이란 하나님이 우리를 너무나 결정적으로 부르셨기에 그 분의 소환과 은혜에 응답하여 우리의 모든 존재, 우리의 모든 행위, 우리의 모든 소유가 헌신적이고 역동적으로 그 분을 섬기는 데 투자된다는 진리입니다.
> 우리의 이차적 소명은 모든 것을 다스리시는 주권적인 하나님을 기억하고 모든 사람이, 모든 곳에서, 모든 것에서 전적으로 그 분을 위하여 생각하고, 말하고, 살고 행해야 한다는 것입니다. 따라서 우리가 가정 주부나 법조인으로 혹은 교직으로 부름받았다고 말하는 것은 이 이차적인 소명으로서 적절한 표현입니다.

즉, 일차적인 소명은 구원과 거의 동일시되는 의미이며 이차적인 소명은 일차적 소명 즉 하나님의 부르심 안에서 그 분과 인격적인 관계를 맺으며 행하는 다양한 직업과 삶의 역할들이라 할 수 있다. 하나님은 우리가 일을 통해 무엇을 생산하고 성취하느냐가 아닌 우리가 어떤 존재인지를 평가하신다(Brennfleck, 2006). 하나님이 우리에게 주신 소명에 일이 포함될 수 있겠지만, 근본적으로 소명은 직업을 포괄하는 영원한 것이다.

현대의 많은 사람들이 소명 발견을 소망하는 직업을 갖거나 좋아하는 일을 하거나 혹은 정당한 생계수단을 발견하는 일과 동일시하는 경우가 많다. 다시 말해서 소명의 본래 의미인 '하나님의 부르심'이라는 의미가 사라지고 자신의 일을 목적이나 소명이라는 의미에서 바라보도록 유도하면서 타락한 자기(self)가 하나님의 자리를 대신하고 있다. 소명에 대한 이 같은 경향은 결국 '나는 누구인가?', '나의 인생의 목적은 무엇인가?'라는 정체성에 대한 문제를 제기시킨다.

그러나 현대 사회의 더 큰 심각성은 소명에 대한 두 가지 이해에 대한 혼란을 넘어 소명이라는 개념 자체가 직업세계에서 사라져가고 있는 점이다. 현대인들은 직업이 지니고 있는 본래적 의미보다는 그 직업을 수단으로 하여 돈을 벌고 부(富)를 축적하는 의미로서 인식하고 있다. 직장에서는 물론 캠퍼스에서도 개인의 신앙고백에 기초한 소명의 영향력은 좀처럼 찾아보기 힘들다. 이러한 세속화 경향은 신앙의 영역을 개인이나 가정, 교회 공동체로 제한하고, 시간적으로는 일주일 중 주일 하루로 축소시켰다. 신앙의 영역은 세상으로부터 분리되었고, 공과 사가 이분화되었다. 그러나 후기 근대사회와 가속화되는 세계화로 인해 조성되는 불확실성의 시대는 그리스도인으로 하여금 다시 소명의 중요성을 깨닫게 하는 계기가 되고 있다.

3. 일의 심리학적 이해

일에 대한 성경 및 신학적 견해를 살펴보는 것과 더불어 일에 대한 일반 심리 욕구를 중심으로 살펴보면 다음과 같다. 심리학자 매슬로우(Abraham Maslow, 1970)는 인간행동의 동기를 '욕구'라고 보았다. 그리고 사람들이 자기 자신의 중요한 개인적인 욕구를 충족하는데 있어서 일의 역할에 대한 개념을 발전시켰다. 매슬로우는 욕구체계는 위계가 있는 사다리라고 보았다. 즉 사다리에 오를 때 두 번째 단에 오르기 위해서는 첫 번째 단에 올라야 하며, 세 번째 단에 오르기 위해서는 두 번째 단을 올라야 한다. 따라서 상위 욕구는 이전 단계의 하위 욕구가 완전히 만족되었을 때 충족될 수 있다. 구체적으로 살펴보면 생존에 대한 가장 기본적인 욕구가 충족된 후에 사다리의 두 번째 단계인 안전의 욕구와 세 번째 단계인 소속과 애정의 욕구가 생겨난다. 그리고 네 번째 단계는 자기 자신과 타인에게 존경받고 싶어하는 자기 존중에 대한 욕구, 그리고 마지막으로 자아실현의 욕구 단계가 온다.

매슬로우에 의해 개념화된 위의 다섯 욕구들 즉, 생존, 안전, 공감, 성취 그리고 자아실현과 연결시켜 직업을 설명하면 다음과 같다.

1) 직업은 생존을 위해 필요하다.

생존을 위한 원시적인 욕구는 일에서 동기 사다리의 기초를 이룬다. 이들 욕구의 충족은 기본적이고 자기중심적이기 때문에 모든 욕구들 중에서 가장 강력한 욕구이다. 생존을 위해서 직업을 필요로 하는 사람들은 생존문제가 해결될 때까지 직업발전을 저해한다. 현재 우리 사회는 저성장 시대라는 사회적 환경으로 인한 실업률이 날로 증가하면서 생존을 위해 직업을 필요로 하는 사람들이 늘어나고 있다.

다음 한 사례를 통해서 생존욕구에 대해서 설명해보고자 한다.

노숙자들을 위한 사회복지 업무를 담당하는 B씨는 직업 상담사는 아니지만 그들의 클라이언트를 향한 강한 짐을 안고 있다. 어떤 사람들은 임시 거주지에 거주하고 있고, 또 다른 사람들은 거리에서 살고 있다. B씨가 이들의 일자리를 확보하는데 있어서 직면하는 어려움들은 엄청나다. 개인 전화번호, 합법적인 주소, 정장, 개인 신분증, 신용, 안정적인 고용기록이 없는 가운데 그들의 생리적 욕구를 보장하고, 생존을 위한 직업을 찾기 위해 B씨는 필사적으로 활동한다. B씨의 직업 상담 과정의 초점은 클라이언트의 가장 기본적인 생리적 욕구를 채워줄 일자리를 알아내는 것이다.

오랜 경험을 통해 B씨는 무기력한 내담자와 동기가 부여된 내담자를 구별하는 신호를 포착하는 법을 배웠다. 실직자는 비록 전문가의 지지를 받더라도 내적 동기와 추진력이 없이는 직장을 구하는 것이 어렵다. 대부분의 취업 알선은 육체적 노동을 해야 하는 일들이다. B씨는 클라이언트들이 기본적인 이력서를 작성하는 것을 돕고 잠재 고용주들에게 이력서 사본을 보낸다. 상담 센터는 회신 전화를 받아주고, 개괄적인 심사과정이 지난 후, 한 걸음 더 나아가 클라이언트에 대한 신원보증을 해준다.

육체적, 정서적, 영적 그리고 재정적으로 어려움에 직면해 있는 노숙자들에게 직업을 얻게 하는 것이 결코 완전한 해답은 아니다. 그러나 직업을 가지지 않고는 다른 문제들에 직면하기가 어렵다. 지원 단체에 의해 직접적인 직업 알선 및 지원을 받은 직업 노숙자 절반 정도는 결국 그들의 자리에서 이탈하며, 얼마정도는 첫 번째 임금을 받은 후에 이탈한다. 하지만 일에 정착하고, 그들의 깨진 삶을 재건하기 시작하면서 진로 및 직업 상담이 인간의 존엄성을 회복하는 과정에서 중요한 역할을 할 수 있다는 것을 극적으로 증명하는 사람들도 있다. 이처럼 실업자들에게는 이들이 직업을 준비할 수 있도록 지원하고, 일할 수 있는 직장을 발견하여 안정된 삶의 터전을 마련하도록 개입하는 것이 필요하다.

2) 직업은 안전하고 보장된 미래의 삶을 제공한다.

욕구 계층구조의 두 번째 사다리는 안전과 안정성에 대한 욕구 단계이다. 생존은 항상 안전에 대한 욕구를 수반한다. 이 욕구 단계에 있는 노동자들은 안정적이고 보장된 미래를 위해 노력한다. 하지만 졸업이나 해고, 사업 실패와 같은 강요된 직업 전환 또는 재취업이나 죽음, 이혼과 같은 삶에서의 개인적인 위기를 겪는 내담자들은 많은 긴장과 갈등을 겪는 가운데에서 안전함과 안정성을 찾음으로써 둘러싼 문제들에 대해 해결점을 찾고자 고심한다.

현대 사회에서 일생동안 동일한 한 가지의 직업에 머무르는 사람은 많지 않다. 사람들이 미래사회의 변화를 좋아하든 그렇지 않든 간에 노동자들은 그들의 기술을 참신하게 유지하거나, 직업세계에서 격하·낙오되는 위험에 빠지지 않도록 관리해야할 것이다. 현대 사회는 다양한 영역 내에서 수평적·수직적·복합적 이동을 해야 한다. 따라서 사람들은 다른 직무 또는 다른 직종으로 이동할 수 있는 다양한 기술을 배워야 하는 시대가 되었다. 또한 과학기술의 변화 시대에 첨단 기술을 습득하고 끊임없이 다양한 시점에서 보수교육을 받으며 자신의 경력을 관리해야 한다. 이제 직업적 유연성은 미래의 직업적응에 있어서 중요한 키워드가 되었다.

3) 직업은 소속감을 느끼게 한다.

욕구 계층구조의 세 번째 사다리는 소속, 수용, 혹은 공감의 단계이다. 일은 우리로 하여금 공통의 목적을 향하여 연합되는 동료집단과 결합하도록 해준다. 우리는 조직체에 참가하고, 그룹목표에 공헌하고, 팀의 구성원으로 기능을 수행할 때 깊은 만족을 느낄 수 있다. 또한 직장에서는 매우 다양한 인간관계가 존재한다. 개인의 입장에서 살펴보면 위로는 상사가 있고 좌우로는 동료들이 있으며 아래로는 부하가 있는 상하좌우의 모든 방위에 위치하는 사람들과 인간관계를 맺게 되는 것이다. 이러한 직장 내 동료들 사이에서의 원만한 인간관계는 소속한 조직 및 업무에 대한 깊은 소속감과 만족도를 느끼도록 한다.

한편 일에 있어서 집단으로부터 소외되거나 구성원 간의 갈등은 개인과 직업 그리고 직장으로부터 거부감, 열등감, 위축감을 느끼게 하고 종국에는 환멸로 이끌어 직업 전환을 촉진하는 계기가 된다. 오늘날의 직업 사회는 가변적이고, 사람들은 개인주의·성취주의적으로 변해가면서 이러한 욕구를 만족시키기가 어려워지고 있다.

4) 직업은 자아 존중감을 제공한다.

소속감에 대한 욕구가 충족됨에 따라 직업에서 성취를 경험하고자하는 갈망이 욕구의 네 번째 단계에서 나타난다. 자기 존중에 대한 욕구는 자기 자신과 타인에게 존경받고 싶은 욕구로 개인은 직업에서 요구되는 과제들을 성공적으로 성취함으로써 경험하게 된다.

　조직 직업 발달 전문가인 에드거 샤인(Edgar Schein, 1978)은 직업에서 유능감을 갖기 위하여 역할에 따라 해결되어야 할 중심 수행 과제와 처리되어야 할 심리학적 문제들을 제시하였다(표1 참조). 각 단계들은 직업 유능감을 갖기 위해 해결되고 정복되어야 할 새로운 발달 과제와 이에 상응하는 심리학적 위기들을 수반한다.

〈표 1〉 직업 유능감을 갖기 위한 각 단계별 성취과제

역할	심리학적 위기	직업 능숙도 과제
학생	· 선택에 대한 개인적 책임의 수용	· 가치, 관심, 그리고 능력 발견하기 · 현명한 교육적 결심하기 · 직업적 가능성 발견하기
지원자	· 애매모호함과 불확실성에 대해 수용 · 단정적으로 자신을 제시하는 능력	· 일을 찾고, 일에 지원하고, 면접보는 방법 배우기 · 조직체나 고용 환경에 대한 정보를 평가하는 방법 배우기 · 실제적이고 유용한 직업을 선택하기
견습생 및 훈련생	· 다른 사람에게 의존하는 능력 · 현실─조직체가 실제로 어떠한가을 다루는 능력 · 불안정성 극복하기	· 조직체의 비결 배우기 · 다른 사람 돕기 · 지시 따르기 · 채용 승인 받기
동료	· 독립성 · 성공과 실패에 대한 책임 수용하기 · 균형을 이룬 생활양식 확립하기	· 독립적인 공헌자 되기 · 조직체에서 전문가로서 개인에게 적합한 분야 발견하기 · 조직체에서 새로운 자기인식과 성장 잠재력의 관점에서 본래의 진로 목표를 재평가하기

역할	심리학적 위기	직업 능숙도 과제
멘토	· 다른 사람에 대한 책임지기 · 다른 사람의 성공으로부터 만족감 얻기 · 확고한 전문가의 역할 받아들이기 · 지속적인 성장을 위한 기회 발견하기	· 다른 사람을 훈련시키고 멘토링하기 · 조직내 다른 부서와 협력하기 · 팀 프로젝트 관리하기
후원자	· 자신에 대한 우선적인 관심에서 벗어나 조직체의 복지에 대해 더 관심 갖기 · 고도의 스트레스 수준에 대한 개인의 정서적 반응 관리하기 · 일과 가정간의 균형 이루기 · 은퇴에 대한 계획세우기	· 복잡한 문제 분석하기 · 조직체의 방향 형성하기 · 조직체의 기밀 다루기 · 조직체의 정책 다루기 · 새로운 아이디어 개발하기 · 다른 사람의 창조적인 프로젝트 후원하기 · 능력과 책임 관리하기
은퇴자	· 과거의 직업 성취에 있어서 만족을 발견하기 · 개인 성장의 새로운 국면에 직면하기	· 생활수준과 생활방식에 있어서 변화에 적응하기 · 자기의 재능과 관심을 표현하기 위한 새로운 방법을 발견하기

5) 직업을 통해 자아실현을 할 수 있다.

개인의 자긍심이 꽃피기 시작할 때 사람들은 개인 욕구의 가장 높은 단계로 올라가도록 동기를 부여받는다. 사람들은 일을 통하여 자아실현을 이룬다. 자기실현이 충분히 성취된 사람은 자신과 타인 및 자연을 수용하고 정의와 진리, 질서, 조화, 아름다움을 추구하며, 문제해결 능력이 있고, 자기 주도적이며, 늘 감사하며, 정서적 반응이 풍부하며, 창조적이고, 도덕적이고, 가치의식 수준이 높다. 그리고 타인에 대해 희생적으로 헌신하는 모습을 갖게 된다. 이처럼 개인은 일을 통하여 개인의 자아실현만 이루는 것이 아니라 공동체 전체를 위하여 공헌하게 된다.

영적으로 성숙한 사람에게서도 이러한 특징이 나타난다. 영적으로 성숙한 사람들은 첫째, 자기를 포기하고 범사에 하나님을 의뢰하며 둘째, 다른 사람들도 하나님께 나아가는 것을 돕기 위해 오래참고, 친절하고 시기하지 아니하고 겸손하며, 타인 중심적이고 쉽게 노하거나 민감하지 않고, 용서하며, 불의를 싫어하고 의를 사랑하고, 상대를 지켜주고 믿으며, 바라고 인내한다(고전 13:4-7). 즉 하나님과의 수직적 관계뿐만 아니라 인간과의 수평적 관계를 위하여 공헌하는 삶을 사는 사람이다. 마지막으로 영적으로 성숙한 사람은 심리적으로도 성숙하여 그리스도 안에서 참 자기(true selves)를 발견하고 전인격적으로 하나님의 성품이 나타내어지게 된다. 따라서 그리스도인은 매일의 삶에서 성령 충만함을 받아 영적 성숙을 이루어 갈 때 주어진 직업 속에서도 하나님 나라의 선한 청지기로서의 역할을 감당할 수 있다.

chapter 3 소명의 분별 원리와 진로선택

1. 소명의 분별 원리

P는 기독교 가정에서 태어나서 성장했으나 예수 그리스도의 구원에 대한 믿음을 확신하지 못하였다. 그는 고등학교 졸업 후 명문 대학에 입학을 하였고 그곳에서 컴퓨터 프로그램 관련 전공을 이수하였다. P는 학과에서 가장 뛰어난 능력을 보였다. 그의 컴퓨터프로그래밍에의 적성, 독창성, 마케팅 능력은 동료들과 교수들의 관심을 사로잡았다. 3학년 때 P는 국가 기업의 인턴 과정을 마쳤으며, 새로운 프로그램을 개발하여 특허를 받았으며 이를 상품화하는데 일조했다. P는 졸업하고 대기업에 채용되어 세속적으로 성공대로를 달리고 있었다. 이후 P는 가족의 기도, 목사님의 권면, 가까운 친구의 격려로 마지못해 성경공부 그룹에 참여하였다. 놀랍게도 그는 성경 말씀을 들으며 주님을 영접하게 되었고 이후 그의 삶을 주님께 헌신하게 되었다. 그런데 이러한 그의 믿음은 그를 긍정적인 위기로 몰고 갔다. P가 예수님을 찬양하는

삶을 살고자하는 새로 발견된 욕구를 인식하기 시작하면서 직업의 목적에 대해 의문이 생기기 시작했다. '어떻게 기술전문가인 자신이 세속적인 회사에서 주님의 일을 할 것인가?', '내가 직업을 포기하고 나의 삶을 풀타임 목회 사역에 헌신해야 하는가?' 하는 생각들을 하며 그는 혼란스러워하게 되었다. P는 주위 사람들로부터 조언을 받았으나 여전히 갈등 상태였다. 성경조차도 그가 특정한 직업을 선택하는 일에 명확한 답을 주지 못하였다. 그래서 P는 좌절을 하게 되었다. 그의 직장 상사는 P가 직업과 신앙 사이에서 양가감정을 느끼는 것을 알아차리고 P에게 중요한 승진 기회를 제공하였다. 이는 P가 전문가적 동기부여를 다시 가질 수 있도록 새로운 도전을 그에게 제공할 의도였다. P는 결국 2주간의 휴가를 얻고 진로상담을 하게 되었다.

기독교인들의 진로는 자신을 부르신 하나님의 뜻을 따라 순종하며 그 분의 계획을 깨닫고 준비하여 실행하는 과정(process) 전반을 통해서 이루어진다고 하겠다. 이에 따른 구체적인 원리를 살펴보면 다음과 같다.

1) 나침반 원리

기독교인은 진로를 결정하는데 있어서 하나님의 인도하심을 구하는 것은 자신이나 환경에 대한 지식보다는 하나님에 대한 지식을 구하는 것으로 시작된다. 케빈 브렌플렉과 케이 마리 브렌플렉(Kevin Brennfleck & Kay Marie Brennfleck, 2006)은 이 점을 하나님의 인도하심을 찾아가는 나침반 원리로 제시한다.

(1) 나침반 원리1: 일차적 소명을 우선적으로 따르라.

브렌플렉은 하나님이 우리를 창조할 때 의도하신 모습대로 하나님께 드려질 때에야 진정한 자신의 모습이 될 수 있다며 우리로 하여금 우선적으로 일차적 소명을 따르라고 권고한다.

(2) 나침반의 원리2: 세상의 필요를 채우는데 은사를 사용하라.

기독교인은 자신의 은사를 분별할 때 하나님의 뜻을 깨달을 수 있다. 하나님이 어떤 특정한 직업으로 부르시는 일은 그 개인이 해야 할 필요가 있으며 동시에 세상이 그 개인에게 가장 필요로 하는 일이다. 프레더릭 뷰크너(Frederik Buechner, 1973)는 개인이 어떤 일을 즐거워하나 그 일이 사람들에게 도움이 되지 않거나 반대로 사람들은 개인에게 그 일을 요구하나 자신이 그 일로 인해 기쁨과 성취감을 누리지 못하고 지루함을 느끼거나 우울해 하는 것은 소명이 아니며 개인과 세상의 필요가 만나는 일, 그 일로 인해 개인이 열의를 느끼는 일이 곧 하나님이 부르신 소명이라고 설명하였다.

(3) 나침반 원리3: 은사에 대해 적극적인 청지기가 되라.

하나님은 우리에게 시간과 재능 그리고 재물 등을 맡겨 주셨다. 따라서 우리는 은사들을 사용할 수 있는 자유 및 기회에 대해 책임감을 가져야 하며 개인은 하나님께서 주신 은사에 대한 청지기로서 얼마나 잘 살고 있는지를 판단해야 한다.

2) 하나님의 인도하심을 분별하는 원리

게리 콜린스(Gary Collins, 2008)는 기독교인들의 이차적 소명인 직업에 대한 하나님의 인도하심을 분별하는 몇 가지 원리를 다음과 같이 설명하였다.

(1) 우리는 반드시 하나님의 인도하심을 원해야 한다.

하나님의 인도하심을 원한다고 하면서도 자신이 이미 결정해 놓은 계획들에 하나님의 동의를 구하는 것이 아니라 하나님의 인도하심에 기꺼이°복종하고 또한 그 인도하심을 원해야 한다. 성경은 하나님께서 태어나기 전부터 그 평생의 직업을 정해 놓은 몇 사람을 기록하고 있다. 이사야, 다윗, 예레미야, 삼손, 세례 요한, 그리고 예수님이 가장 명백한 예이다. 이에 대해 이들 자신은 물론이며 그 가족들까지도 기꺼이 하나님의 뜻에 순종하였다. 반면 요나는 하나님의 인도하심에도 불구하고 하나님의 말씀을 듣고 싶은 생각도 없었으며, 인도하시는 뜻에 순종하지도 않았다. 하나님은 기꺼이 순종하고자 하는 사람들을 인도하신다. 하지만 하나님께서는 우리가 하나님의 뜻을 알아채지 못하고, 인도하심을 원하지 않더라도 우리를 인도하시며 각 개인을 향한 하나님의 선하신 뜻을 이루신다.

(2) 우리는 반드시 하나님의 인도하심을 기대해야 한다.

우리가 하나님을 온전히 신뢰하고 거룩한 삶을 살려고 노력하며 하나님이 기뻐하시는 생각에 집중할 때 하나님은 길을 보여주신다(잠 3:5-6, 롬 12:1-2). 하나님은 고의적으로 우리들을 혼란스럽게 하시는 분이 아니다. 하나님은 그 분의 자녀들을 인도하시겠다고 약속하셨다. 따라서 우리는 기뻐함으로 하나님의 인도하심을 기대할 수 있다.

(3) 우리는 반드시 하나님의 인도하심을 추구해야 한다.

하나님의 뜻을 자동적으로 알려주는 정확한 공식은 없다. 하지만 수천년을 통해 하나님은 그분의 백성들을 성경과 성령을 통해 인도하셨다. 따라서 기독교인은 성경을 알아야하며 성령님의 감화와 내재적 인도하심에 민감해야 한다. 나아가 개인은 이성을 사용하여 심리 검사, 직업 분석, 직업 시장과 구직자의 특이성을 평가하기, 이력서 작성하기, 상담자와 상담하기, 기도 등 이용 가능한 증거들과 기회의 측면에서 하나님의 뜻을 확신하고 현명한 결정을 할 수 있다.

(4) 우리는 반드시 하나님의 인도하심에 대해 안심해야 한다.

기독교인은 직업을 선택함에 있어서 우리가 실수한다 하더라도 하나님께서는 용서하시고, 회복시키시며 다시 되돌아갈 수 있도록 도우신다는 사실을 기억해야 한다. 하나님께서는 자기 뜻대로 하려고 했던 요나를 인도하신 것처럼, 예수님을 부인했던 베드로를 인도하신 것처럼 주님에게 돌아와서 다시금 인도하심을 바라는 사람들을 회복시키신다.

한편 진정으로 하나님의 인도를 바라지만 그 방향을 찾지 못하는 사람들도 있다. 이들은 처음부터 하나님을 떠난 적이 없기 때문에 회복을 바라지는 않는다. 하지만 욥처럼 좌절감을 느낄 것이다. 이러한 경우라 할지라도 하나님은 여전히 이들의 삶을 인도하신다. 직업 선택에 있어서 분노나 걱정이 있을 때는 그 감정들을 인정하고 상담자와 상담하며 그 감정이 없어지도록 기도할 때 개인은 사도 바울처럼 어떠한 환경에서도 만족할 수 있을 것이다(빌4:11).

3) 하나님의 뜻을 분별하는데 있어 네 가지 함정

게리 프리슨(Gary Friesen, 1980)은 기독교인들이 하나님의 뜻을 발견하려 할 때 빠지기 쉬운 네 가지 함정을 다음과 같이 열거하였다.

첫째, '하나님이 내게 그 직업을 선택하라고 명령하셨다' 는 주장으로 현명치 못한 결정을 정당화 시킨다.

둘째, 나에 대한 하나님의 뜻을 분명히 깨달을 수 없다는 이유로 결정을 한없이 지연시킨다.

셋째, 두 가지 길 중에서 결정을 내리기 힘들 때에는 내가 개인적으로 더 좋아하는 직업을 일부러 피한다.

넷째, 기드온이 양털로 하나님의 뜻을 판단하듯이 환경이 선택해주는 길을 하나님의 뜻으로 여기고 받아들인다.

이 같은 함정들은 『Working Well, Living Well: Discover the Career Within You(당신 안에 잠재한 직업 발견하기)』의 저자인 카니와 웰스(Clarke Carney & Cyndy Wells, 1991)에 의해 개발된 의사결정 모델(그림1 참조)과 연결되어 있을 때 더 깊은 의미를 나타낸다. 카니와 웰스는 2X2 모델로 의사결정을 개념화한다. 가로 축은 '자기 자신에 대한 인식' 을, 세로 축은 '자신의 환경에 대한 인식' 을 나타낸다. 그 결과는 '계획적인 결정' 을 가장 효과적인 것으로 지지

하는 4개의 의사 결정 유형이 나타난다. 카니와 웰스의 결정과정 모델을 프리슨의 네 가지 함정에 비추어 기독교인들이 직업을 선택함에 있어서 나타나는 네 가지 유형을 살펴볼 수 있다.

자아

	인식하지 못힘	인식힘
환경 인식하지 못함	혼동과 마비	직관적 결정
인식함	의존적 결정	계획적 결정

〈그림 1〉 결정 과정 모델

(1) 하나님의 뜻과 의존적 의사결정 전략

의존적 의사결정 전략을 사용하는 사람들은 자아인식은 낮으나 환경에 대한 인식이 높은 사람들이다. 자기 자신에 대한 통찰력은 거의 없어 자신의 능력이나 자질, 잠재력을 알지 못한다. 따라서 주로 다른 사람이 제공하는 정보에 지나치게 의존한다. 직업선택에 있어 사람들의 전략은 간단하다. 처음에는 지체하거나 미루다가 복잡한 결정에 직면했을 때는 믿을만한 권위자가 결정해주기를 바라고 의존한다.

프리슨의 함정 중 양털 판별 방법은 의존적 의사결정 형태로 첫째, 성실하지만 잘못 인도를 받은 많은 기독교인들이 근심에 쌓인 채 하나님의 초자연적이고 특별한 신호를 기다리면서 결정을 미루고 있다. 둘째, 이들은 환경에 영적 의미를 부여하고 주어진 환경이 그들의 결정을 지시하도록 한다.

그 첫 번째 형태를 살펴보면, 성경에서는 모세(출 3장), 바울(행 9, 22, 26장), 기드온(삿 6장), 아모스(암 7:14,15), 예레미야(렘 1:4~8), 에스겔

(겔 2, 3장) 등 진로결정 과정에서 초자연적인 사건을 통해 이들의 삶이 근본적으로 바뀌는 사례를 찾아볼 수 있다. 그러나 이 사건들은 보편적인 원리라기보다는 새로운 국면의 삶과 사역이 시작되었다는 것을 상징적으로 보여주기 위한 것이다. 하나님께서는 이들이 전혀 꿈꿔보지 못했던 일을 행하라고 부르셔야 했기 때문에 초자연적으로 대면하신 것이다. 물론 하나님께서는 지금도 이처럼 특별한 방법으로 개입하실 수 있다. 그러나 더욱 많은 경우에서 몇 천 년 전이나 오늘날이나 하나님께서는 보편적인 인도하심으로 그 분의 자녀들의 진로선택에 개입하실 것이다.

기독교인의 의존적 의사결정의 두 번째 형태로 주어진 환경이 진로결정에 결정적 역할을 한다는 관점도 우리는 주의해야 한다. 프리슨은 "환경은 결정을 내리는 틀이므로 지혜롭게 분별하되 환경이 순조롭게 열리거나 그 반대로 장애가 놓이는 것에 따라 일을 결정하지는 말라"고 권고한다. 왜냐하면 아주 좋은 기회에 길이 열린다하여도 하나님의 뜻을 따르기 위해서는 거절해야 하는 경우가 발생하기 때문이다. 이러한 예로 요나를 통해 살펴볼 수 있다. 요나가 항구 욥바에 도착했을 때에 마침 다시스로 가는 배를 만날 수 있었다. 그러나 하나님의 뜻을 따르기 위해서는 그 배에 타는 것을 거절하는 것이 바람직한 결정이 될 수 있다.

반대로 장애를 극복하고 마침내 일을 성취하는 것이 주님의 뜻일 경우도 있다. 대통령이 되기까지 14번이나 길이 막혔으나 마침내 대통령이 되어 노예들을 해방했으며 연방을 보존한 아브라함 링컨(Abraham Lincoln)처럼 말이다. 환경은 결정의 맥락에서 정의하며 지혜롭게 평가해야 한다. 주어진 환경을 하나님의 독특한 뜻을 가리키는 도로 표지판처럼 읽어서는 안 된다.

또한 자신이 개인적으로 좋아하는 일을 포기하는 것이 하나님의 뜻을 따르는 것으로 오해하여 의도적으로 거부하는 것도 의존적인 결정의 예이다. 뷰크너(Frederick Buechner, 1993)는 자신이 원하는 것을 희생해야만 하나님이 기뻐하신다는 잘못된 이해와 해석에 관하여 지적하였다. 하나님의 뜻과 희생적인 행동을 혼동하는 것에 관하여 희생의 문제로써 개인의 선호를 거부하는, 신실하지만 미성숙한 크리스천의 의사결정에 있어서 무조건적으로 개인의 선호를 거부하는 것은 비생산적이며 그 결과도 부정적이라고 하였다. 하나님은 그 분의 자녀들의 희생보다는 사랑을 원하신다. 다음의 사례는 선교사와 간호사에 대한 진로문제에 직면한 A의 경우이다.

> 선교사를 지원하는 여성 A는 대담하며 활기찼다. 모든 사람이 그녀의 음악적·교육적 재능을 인정했고, 아무도 예수님에 대한 그녀의 헌신을 의심하지 않았다. 그녀는 주중에 선교사 파송을 위한 공동체 센터에서 일을 하였고 저녁에는 간호사가 되기 위해서 공부를 했다. 그러나 에너지가 넘치던 A는 어느 순간부터 모든 일에 대하여 무기력해졌으며 낮은 성적으로 인해 좌절감을 느끼다가 상담을 받게 되었다. A의 이야기는 그녀가 선교 간호사가 되겠다고 하나님께 서원한 것에서 비롯되었다. A에게 있어서 선교 간호사는 그녀가 희생적인 사람이라는 신호이며 증거였다. 그러나 그녀는 간호사 과정을 이수하고 실습하며 환자를 대하면서 통증 유발 절차의 두려움과 의료 환경의 계급적 특성에 대한 혐오감, 무엇보다 피를 보는 것에 대한 불편함에 직면해야 했다. 이러한 상황들은 도무지 A의 재능, 성격, 흥미와 간호 직무와는 어울리지 않았다. 상담사는 욕구보다는 희생에 근거한 A의 직업 결정이 책임있는 결정이 아니라는 것을 발견하였다.

진로탐색관련 분야에서 베스트셀러의 저자인 리차드 볼스 (Richard Bolles, 1991)는 소책자 『How to Find Your Mission in Life (어떻게 인생의 사명을 찾을 것인가?)』에서 의사결정 요인으로써 희생의 타당성에 대해 반박한다. 그는 하나님이 우리에게 제공해주는 환경 속에서 우리가 최상의 기쁨을 가지고 최고의 재능을 발휘하는 일을 하는 것이 하나님의 뜻에 순종하는 것이라고 주장한다.

의사결정 의존성은 자기 자신에 대한 이해가 결여된 상태에서 독립적인 선택에 대한 책임에서 벗어나야 한다는 두려움의 발현으로 사용되어 개인에게 불행한 결과를 초래할 수 있다. 예를 들어 사람들은 벽에 걸려있는 직업 게시판에 다트를 던져서 하나님의 뜻을 발견하지 않는다. 그리고 결정을 내리지 못해서 선택을 미룬다고 해서 문제에서 벗어나는 것이 아니다. 의사결정 의존성은 의사결정자의 통제밖에 있다. 결정은 좋은 결과가 될 수도 있고, 나쁜 결과가 될 수도 있다.

(2) 하나님의 뜻을 구하는데 있어 혼동되고 마비됨

혼동과 마비 모델은 자기 자신은 물론이며 환경에 대한 지식이 없는 의사결정 상황에 놓여있는 개인들의 딜레마를 설명하는 것을 도와준다. 이들 혼동되고 마비된 사람들은 어떤 것을 결정하는 것이 불가능하다. 자기 자신의 능력이나 소질 그리고 환경에 관한 정보도 모르는 상태에서 하나님의 뜻을 찾을 때 기독교인은 혼란케 된다. 다음 사례는 직업세계에서 직면한 K의 상황이다.

> K는 자기 자신은 물론 직업 세계에 대한 지식이 없는 사람이었
> 다. 그는 집을 짓거나 리모델링하는 일을 하는 숙련된 목공이었

다. 그는 어떠한 선택과 갈등도 없이 고등학교 졸업 후 바로 성
공한 하도급 업자인 그의 아버지를 따라다니며 일을 배워 목공
이 되었으며 꽤 유명해졌다. 그렇지만, 30대 후반에 K는 팔과
손목에 고통을 느끼기 시작했다. 최종 진단 결과 그의 생계를 위
협할 정도로 심각한 문제가 있음이 확인되었다. 건축은 그가 할
수 있는 유일한 직업이었다.

직업전환을 해야 하는 현실에 접하자 K는 우울해지고, 혼동되었
으며, 신체 마비증상이 왔다. 그의 친구들과 가족들은 그가 슬퍼
하고 마음을 가다듬기 위해 필요한 공간을 그에게 제공해주려고
노력했다. 그러나 K는 그의 마비가 하나님의 뜻을 알지 못함으
로 인해 발생된 것이라고 확신했다. K는 하나님의 뜻에 대한 불
확실성 때문에 직업전환 결정을 미루는 함정에 빠지게 되었다.
K는 자신이 목공 기술을 가졌다는 것 외에는 자신에 대한 지식
이 없었으며, 세상 일에 대한 제한된 지식을 가진 상태에서 하나
님의 인도함을 구하고 있었다.

성경은 특정의 직업적 선택 문제에 직접적으로 말하지 않는다.
성경 시대에 직업 결정은 가족과 환경에 의해 미리 결정되어 있
었다. 목수의 아들인 예수님은 목수가 되었다. 그 당시 젊은 유대
인에게 직업선택에 있어서 하나님의 뜻을 발견했는지 묻는다면
의아한 눈빛으로 질문자를 바라보는 것을 느끼게 될 것이다. 하
지만 오늘날은 그렇지 않다. 직업 선택은 개인적이며 선택은 거
의 제한이 없다. 프리슨은 직접 계시에 의하여 특별한 일로 불려
지지 않을 경우 직업 선택은 자유의 영역에 속한다고 하였다. 한
사람의 직업에 대한 선택은 합리적인 선택 즉 하나님의 일차적인
부르심 안에서 모든 다른 결정들과 똑같은 토대로 현명한 의사
결정 과정에 기초하여 결정된다.

믿는 자들은 그들의 적성, 능력, 재능, 소망 그리고 기회와 관련하여 하나님의 인도함을 발견할 필요가 있다. 어떤 직업이 주님에 대한 봉사에 가장 큰 잠재력을 제공하며 동시에 개인의 삶에 가장 큰 성취감을 줄 것인가? 한 사람의 직업에 관계하는 현명한 결정에 대한 명백한 전제조건은 그 사람의 욕구, 적성, 능력, 흥미 등과 같은 개인적인 자원 내에서 드러나는대로 하나님의 뜻에 대한 평가를 하는 것이다. 이러한 자기 인식은 시간과 다양한 삶의 경험, 그리고 근면함을 필요로 한다. 그리고 이들 자원들의 결합은 계획된 의사결정 전략을 요구한다(Hendricks, 1987).

(3) 하나님의 뜻과 직관력 있는 결정 전략

직관적인 결정 모델은 자기 자신에 대해서는 잘 알고 있으나 환경에 대한 정보가 없는 모델이다. 직관적 결정은 본능적인 반작용에 기초한 의사결정 과정으로 상황적이거나 관계적인 기대에 대한 지식이 없이 자기-인식의 상황에서 발생한다. 따라서 외부의 자료를 수집하거나 치밀한 계획을 세우는 대신 내부의 감정 곧 순간적인 느낌이나 예감 등을 바탕으로 결정을 내린다.

하나님의 인도함을 주장하는 프리슨의 함정에 빠지면 직관적인 의사결정을 할 위험에 처하게 된다. 기독교인이라면 하나님의 주신 감동에 민감해야 할 필요가 있지만 '하나님이 나에게 그 일을 하라고 명령했다' 라는 토대에 근거하여 현명하지 않은 결정을 정당화하는 것은 위험하다. 성령의 감동이 성경에 근거하여 이성적이고 합리적으로 고찰되었을 때 하나님의 인도하심에 대한 개인의 감수성은 더욱 성숙하게 된다. 하지만 하나님의 인도함은 때때로 직관적인 예감, 희망사항 또는 개인적인 편견과 구별하는 것이 어렵다. 더글라스 셔먼과 윌리엄 헨드릭스(Douglass Sherman & William Hendricks, 1987)는 이와 같은 직관적인 결정의 모델에 대하여 "우리들 내면에서 솟아오르는 감정이나 느낌이 잘못이라는 것은 아니지만 그것이 어디로부터 왔는지 그리고 그 의미가 무엇인지를 알아내는 것은 어렵기에 우리는 자신의 주관적인 감정에 하나님의 권위를 부여하지 않도록 조심해야 한다"라고 경고한다. 다음 사례는 일반 직업을 두고 목회자로의 부름에 대해서 고민하는 H의 경우이다.

> H는 자신의 직업에 대해 불행감을 느꼈으며 직업을 그만두고 싶었다. 그렇지만 그에게는 대학원에 간 배우자와 두 명의 10대 아이들이 있었다. H는 주일날 다니는 교회 공개 기도시간에 그는 울면서 인도해 달라고 기도했다. 그리고 목사님이 설교를 할 때 H는 목사직분의 의미와 교회 공동체의 활기참에 감명을 받았다..
> H는 마음의 눈을 통해 그는 자신이 설교단에 서서 회중을 향해 설교를 하고 있는 자신을 그려볼 수 있었다. 그 때 H의 메마른 영혼은 열정과 에너지로 채워졌다.
> 그 순간 H는 이러한 비전이 목회사역으로의 하나님의 부르심임을 믿고 그의 일생을 위한 하나님의 뜻 즉 목회사역을 하기 위해 그 이튿날 가족에게 일하는 것을 그만두겠다고 선언했다. H의 직업 전환은 그가 목회사역을 위해 공부를 해야 하기 때문에 그의 아내가 학교 교육을 미뤄야하는 것을 의미했으며, 자녀들은 사춘기의 중요한 시기에 큰 변화를 초래한다는 것을 의미했다. 가족이 그 결정에 대해 토론을 했을 때 H는 이러한 변화가 어려울 것이라는데 동의했으나, 하나님이 명확히 비전을 통해 그를 불렀다는 것을 확신했다. 그는 그들의 모든 필요를 하나님이 공급해주실 것을 믿는다고 말했다.

때때로 직관 또는 감정을 하나님의 인도함의 내부적인 신호로 간주한다. 어떤 사람들은 직관을 성령의 직접적인 목소리로 본다. 하나님께서는 어떤 것을 말씀하시기 위해 우리의 감정에 분명히 영향을 미치지만, 우리는 직관에 너무 큰 강조를 두는 것에 대해 신중해야 한다. 성경 어디에도 우리가 하나님의 뜻을 단지 내부의 감정으로 구분하도록 시도해야 한다는 구절이 없다. 직관은 사람의 무의식적 통찰에 도움을 준다. 그것은 우리의 가장 깊은 소망들을 드러내주고 우리에게 하나님이 바라시는 어떤 것에 대하여 알려줄지도 모른다. 그렇지만 우리는 모든 소망이 하나님으로부터 직접 온다고 결론지을 수는 없다. 소망은 보다 정확한 정보와 경험에 의해 영향을 받는다. 감정은 하나님의 뜻을 발견하는데 있어서 중요하다. 그러나 이러한 모든 감동함이 오류가 없는 하나님의 목소리는 아니다.

H의 경우에 있어서도, 하나의 탈출구에 대하여 그가 깊이 느끼고 있는 욕구가 하나님의 목소리를 듣고 하나님의 부르심을 따르고자하는 그의 진지한 소망과 쉽게 혼동될 수 있다. 일에 대한 성경적 견해를 연구했던 셔먼과 헨드릭스는 하나님이 어떻게든 신비적이고 내적인 설득을 하는데 전념한다는 견해에서 직업 결정을 하는 것에 대해 반대한다고 조언한다. 내적인 인상과 감정은 정상적인 반면에 근원이나 의미를 확실성을 가지고 정의를 하는 것은 불가능하다. 따라서 우리는 이들 주관적인 인상들이 신의 권위를 띠게 해서는 안 될 것이다(Peter Bloomfield, 2009).

(4) 하나님의 뜻과 계획적인 의사결정 전략

계획적인 결정 모델은 자기 자신과 환경에 대하여 충분히 알고 있는 모델이다. 결정 방법은 각 대안들에 대한 자신의 감정(직관)을 소중하게 여기고 전문인들과 주위 사람들의 이성적인 견해를 존중한다. 그리고 각 대안들과 각 대안에 따르는 보상과 치러야 할 대가를 이성적으로 평가하고 분석한다. 이 전략은 정보를 수집, 선택이후에 펼쳐질 결과 예상, 가능한 선택에 대한 검증, 노동시장 평가, 자신의 능력에 대한 객관적 평가 및 선택에 따른 보상과 기회비용에 대한 이성적인 고려를 요구한다. 의미 있는 결정은 자기, 다른 사람 그리고 환경에 대하여 가능한 한 많은 통찰을 결집시킨다.

게리 프리슨은 하나님의 인도함을 분간하기 위한 계획적인 전략이 4개의 기초적인 원리에 의해 제공된다고 말한다.

- 성경에 있어 드러난 하나님의 계획과 원리들은 지켜져야 한다.

- 성경이 명령 또는 원리를 제공하지 않는 분야에 있어서, 믿는 자는 자유롭고 성경의 대의(취지)와 조화를 이루며 자신의 행동 과정을 선택함에 있어 책임이 따른다. 하나님의 도덕적인 뜻 내에서 이루어지는 어떤 결정이든 하나님에게는 수용이 가능하다.

- 비도덕적인 결정에 있어서 크리스천의 목적은 현명한 결정을 하는 것이다.

- 모든 결정에 있어서 믿는 자는 하나님의 주권적인 뜻이 드러남에 대해 겸손히 순종한다.

2. 계획적인 진로결정 과정

패럿(Leslie Parrott & Les Parrott, 1995)은 진로결정의 8단계를 제시하면서 각각의 단계가 하나님의 뜻과 지혜에 근거한 진로를 결정하는데 중요하다고 말하고 있다. 인식-자기평가-탐색-통합-결단-수행-재평가-새로워진 인식의 8단계는 순환 단계로 진로결정이 더욱 성숙해져 가는데 필요로 하는 과정임을 제시한다.

인식 단계는 직업을 새롭게 갖거나 전환할 때 갖게 되는 감정으로 미래에 대한 두려움과 불안 그리고 기대와 흥분 등으로 인해 마음이 혼란해진다. 이 단계에서는 문제를 분명하게 파악하고 인식해야 한다. 그렇지 않으면 두려움 때문에 선택을 뒤로 미루거나 중압감으로 인해 경솔한 결정을 내릴 수 있기 때문이다. 자기평가 단계는 자신이 진정으로 원하는 것은 무엇인지 그리고 자신의 신념, 태도, 가치 등을 탐색하는 단계이다. 또한 자신이 원하는 결과를 위해서 무엇을 희생해야하는지 평가해야 한다. 탐색단계에서는 충분한 정보를 바탕으로 실행 가능한 모든 대안들을 찾아낸다. 통합 단계에서는 찾아낸 대안들을 실행으로 옮길 수 있는 가능성을 점검하는 단계이다. 이 때는 주위 사람들의 견해, 재정적인 자원, 시간적인 여유 등 중요한 변인들을 충분히 고려해야 한다. 결단 단계에서는 비록 선택한 직업이 100% 성공을 보장할 수 없지만 두려움과 위험을 무릅쓰고 기꺼이 새 출발을 결단하는 단계이다. 혹시 실패하더라도 결단을 한 이후에 최선을 다하면 크게 성장하고 많을 것을 배울 수 있다. 수행 단계에서는 결정을 행동을 옮기는 단계이다. 현실에서는 예상했던 것보다 훨씬 많은 어려움과 장애를 경험하게 된다. 재평가 단계에서는 새로운 정보와 경험들을 계속 분석함으로써 자신의 진로를 수정해야 할 필요성이 있는지를 점검한다. 이 단계에서는 성경 말씀에 기초하여 관계를 새롭게 정립하고, 진로에 있어서 하나님의 뜻을 분별하는 노력이 이루어진다. 마지막으로 재인식 단계는 또 다시 직업을 바꿔야 하는 것인가 하는 불안과 중압감이 커져서 다시 직업 결정 8단계를 밟게 된다. 그러나 이전 그대로가 아닌 새롭게 정립된 인식을 바탕으로 보다 한층 성숙된 차원에서 상승적인 단계로 발전해 나가게 된다.

　본 장의 시작부분에서 언급된 P의 사례를 상기하며 직업 변화의 경험에 따른 직업 결정 8단계를 적용해 보고자 한다. 그는 기술적인 직업과 목회 사역에 있어서 하나님의 뜻을 분간하는데 혼동을 겪었다. 진로 상담가의 도움을 통해 P는 계획적인 의사결정의 8단계를 마쳤다. 그리고 나서 P는 회사의 승진을 받아들이고 현재 직업에서 그리스도인으로서의 삶을 수행하고 있다.

1) 인식단계

　인식단계의 특징은 증가하는 불만족감 또는 변화에 대한 압박감이다. 이것은 종종 미래에 대한 의심 및 두려움과 혼합된 흥분의 감정이다. 이 단계는 어떤 사람으로 하여금 잘못된 선택을 할 것이 두려워 미루도록 하는 공포의 감정으로 또한 특징지어진다.

　이 단계의 임무는 명확히 문제를 정의하는 것이다. P에게 있어서 문제는 그가 그의 직업에 대해 불행하다는 것이 아니었다. 문제는 그가 새롭게 발견한 기독교적인 가치와 믿음의 견지에서 그의 직업에 결코 계획적으로 접근해본 적이 없다는 것이었다. 그는 직접적으로나 간접적으로 하나님으로 하여금 그의 일에 있어서 그를 인도하도록 하는 시도를 한 적이 없다. 또한 그는 결코 그리스도인으로서 그의 직업-생애에 접근한 적이 없었다. 이러한 두려움들은 P의 선택과 행동을 어렵게 했다.

2) 자기평가단계

자기평가를 통해 개인은 그들이 원하는 것이 무엇이며, 그들이 바라는 결과를 성취하기 위하여 기꺼이 포기해야하는 것이 무엇인지를 결정한다. 이 단계에서 상담자는 개인의 결정이 얼마나 중요하고, 그들이 그 결정에 의해 성취하고자 하는 것이 무엇이며, 그들이 그것을 성취하기 위해 기꺼이 어떤 노력과 희생을 하고자 하는가를 결정하도록 돕는 역할을 한다.

P는 그의 기술이 직접적인 교회 내에서 복음주의 사역을 위해 사용되어질 수 있도록 가능한 목록을 만들기 시작했다. 그는 회사 밖에서 사역을 하기 위해 매월 4개의 골프 모임 중 3개를 포기하기로 결심했다. 이 결정은 P의 직업 영역을 넘어 그의 진로 비전을 확장시켰고, 향후 기독교 조직 내에서 직업을 가질 가능성을 만들었다.

3) 탐색단계

탐색의 목표는 행동 가능한 여러 대안을 확인하고 점검하는 것이다. 다양한 대안을 모색하기 위해서는 양질의 충분한 정보를 수집해야 한다. P의 다양한 대안 중 가장 흥분되는 것은 시에서

예정된 대집회에 필요한 컴퓨터 정보체계 코디네이터의 한 사람
으로 봉사하는 일이었다.

4) 통합단계

이 단계의 목적은 선택과 희망을 현실로 변화시킬 가능성을 평
가하는 것이다. 이때는 주위 사람들의 견해, 재정적인 자원, 시간
적 여유 등 다른 중요한 요소들의 영향을 측정해야 한다. 기독교
인에게 있어 이 시기에는 자신이 헌신할 준비가 되어있는지 믿음
과 태도를 재평가할 시기이다. 통합의 과정은 종종 죄책감, 두려
움 또는 의존감을 가려내는데 있어서 자신의 무능력에 의해 영향
을 받는다.

5) 결단(헌신)단계

이 단계는 희망과 준비를 토대로 하여 앞으로 전진하는 결단력
에 의해 정의된다. 비록 성공에 대한 보장은 없지만 미해결된 두
려움과 피할 수 없는 위험에 직면하며 전진하기 위한 결심이 존
재한다. 헌신하기는 어렵지만, 그렇다고 헌신을 대체하는 다른
대안들이 유효하도록 하는 시도로써 에너지를 억지로 사용하는
것은 파괴적인 것이다. 우리의 최선의 노력을 수반한 헌신의 결
과는 성장과 배움이라는 결실을 맺는다.

P는 봉사에 있어 그의 영재성을 사용하는 헌신을 토대로 회사
의 감독직을 받아들였고 관리직 훈련과정에 참여했다. 그는 동시
에 대집회 컴퓨터 코디네이터로 봉사하기 위해 지원했다.

6) 실행단계

이 단계의 목표는 결정에 따라 행동하는 것이다. 평가, 탐구 그리고 통합단계를 거치고나면 목표를 수행함에 있어서 봉착하는 어려움은 완전히 놀라운 것이 아니다. 그렇지만 어려움은 그들이 상상했던 것보다도 실제에서 더 크게 나타날 수 있다. 목표를 실행하는 것은 종종 막히거나 연기된다.

P는 대집회 스탭으로 봉사할 것을 지원했지만 거절당했다. 운영단에서는 그의 기술력은 뛰어나지만 예수 그리스도를 영접한지 얼마되지 않았기 때문에 P가 성숙하기까지는 더 많은 시간이 필요하다고 판단되었기 때문이다. P는 실망하였지만 정중히 결정에 따랐다. 그리고 P는 그의 회사에서 섬김의 스타일의 리더십에 자신을 맡겼다. 그 결과 P는 9개월 만에 처음으로 그의 동료를 예수 그리스도와의 관계에 초대할 수 있었다.

7) 재평가단계

재평가 과정은 새로운 정보와 경험이 관점 또는 가능성에 있어서 변화를 필요로 하는지 점검하는 단계이다. 하나님의 말씀에 정기적으로 묵상하는 것은 자기의 직업 생활에서 하나님의 뜻을 분별하기를 원하는 모든 기독교인의 재평가 과정에서 매우 중요하다.

8) 새로워진 인식

이 단계는 종종 새로운 수준의 인식으로 이끈다. 변화를 위한 증가하는 불편감 또는 압박감은 개인으로 하여금 다시 계획적 직업결정 형성 주기로 되돌아가도록 이끈다. 그러나 이전 그대로가 아닌 새롭게 정립된 인식으로 보다 한층 성숙된 차원에서 상승적인 단계로 발전해 나가게 된다. 이제 8단계가 이전만큼 어렵지 않을 것이다. 몇몇 단계에서 목표들은 쉽고 재빨리 이루어질 수 있다. 그러나 각 단계는 하나님의 뜻을 구하며 굳건한 지혜에 기초를 둔 계획적인 직업결정을 하는데 있어서 중요하다.

3. 기독교인들의 직업선택의 원칙

기독교인들에게 직업은 하나님의 이차적 부르심으로 하나님을 향한 선한 뜻을 품고, 자신의 개인적·환경적 요인을 고려하며, 그리스도의 복음에 합당한 직업을 선택하기 위해 노력해야 한다. 강경미(2009)는 기독교인의 직업선택의 조건을 다음과 같이 구체적으로 열거하였다.

1) 하나님이 축복하시는 직업

기독교인이 자신의 일에 성실하기 위해서는 이 자체에서 신앙의 의미를 찾을 수 있어야 한다. 자신의 일을 통하여 하나님이 원하시는 것이 무엇인지 그리고 이 일을 어떻게 수행하시기를 원하시는지 숙고하며 개인의 일을 통하여 하나님께 영광을 드릴 수 있는 직업을 선택해야 한다.

2) 신앙생활을 할 수 있는 직업

기독교인의 신앙생활에서 요구되는 기본 행동, 예를 들어 주일 성수, 말씀 묵상 기도 등은 기독교인의 영적 성숙을 위해 요구되는 기본 요건으로 직업의 유형이나 여건에 관계없이 반드시 실시할 수 있는 직업을 선택해야 한다.

3) 자신이 기쁨과 성취감을 느낄 수 있는 직업

전도서 기자는 일로 인한 기쁨이 하나님의 손에서 나는 것이며, 그것을 누리기를 권고하였다(전 2:24; 3:13; 22). 노동자들은 하루에 반나절을 직장에서 보내게 된다. 그러므로 일로 인해 얽매이기 보다는 자신의 능력과 적성 그리고 흥미에 맞는 즐거운 직업을 선택해야 한다.

4) 하나님 나라와 의를 구할 수 있는 직업

하나님이 이 세상에 주신 일 중에는 신성한 일도 있지만 어두움의 일과 육의 일과 악의 일도 있다(갈 5:19). 그러므로 기독교인들은 직업을 통해 선을 행하고 하나님 나라와 의를 구할 수 있는 직업을 선택해야 한다. 때로는 그리스도인의 정체성과 갈등을 초래하는 문화적 요인들로 인해 어려움에 부딪힐 때 성경에 근거한 윤리적 기준을 가지고 현실 속에서 실천하기 위한 노력이 요구된다.

5) 합력하여 선을 이룰 수 있는 직업

인간의 직업은 생산과 교환행위로써 타인들과 자유로운 경쟁을 통해 서로의 행복과 이익을 추구하는 것이다. 그러므로 공공의 유익을 위해 동료와 이웃들과 협력할 수 있는 직업을 선택해야 한다.

6) 자아실현을 할 수 있는 직업

인간의 모든 직업은 하나님께서 각 사람들에게 주신 달란트를 실현할 수 있도록 예비하신 것이다. 하나님께서 주신 자신의 재능과 적성을 발휘하여 하나님의 꿈과 합한 개인의 일에서 자신의 소원과 계획한 바 최상의 성취를 이룰 수 있는 직업을 선택해야 한다.

이렇게 하나님의 뜻 안에서 직업을 선택한 후 개인은 하나님의 영광을 위해 최선을 다해야 한다. 이랜드 기업의 사목이며 직장사역 연구소장인 방선기는 그리스도인은 '흩어진 교회'라는 사명을 가지고 선택한 직장에서 청지기로, 군사로, 종으로서의 직분을 가지고 세상과 일터에서의 적응을 강조하였다(방선기, 2013).

4. 목회자 소명에 대한 이해

1) 목회자 소명에 대한 주관적 이해와 객관적 검증

많은 신실한 청년들은 자신이 하나님 나라를 위한 목회 사역자로 부름을 받았는지 그렇지 않은지를 분별하고자 하는 시도를 한다. 그렇다면 기독교 상담자들은 하나님의 부르심에 대해 그들이 응답할 수 있도록 어떠한 징후들을 찾고, 그들이 합리적인 진로 선택을 할 수 있도록 도울 것인가? 예수님은 제자들이 그를 따르도록 하는데 있어서 몸소 부르셨다. 바울은 다메섹 도상에서 밝은 빛에 의해 눈이 먼 상태에서 땅에 쓰러졌고, 후에 아나니아로부터 "네가 그를 위하여 모든 사람 앞에서 네가 보고 들은 것에 증인이 되리라(행 22:15)"라는 개인적인 메시지를 전달받았다. 하나님의 부르심이 항상 이처럼 명확하다면 진로 상담자의 도움은 불필요할 수 있다. 목회소명은 때때로 주관적이어서 밝히기 어려운 경우가 많은 것이 사실이다. 그렇지만 분명한 것은 성령은 여전히 4천 년 전과 동일하게 명확하게 우리를 부르신다는 점이다. 목회소명은 하나님으로부터 오는 것으로 자기 자신이 만들어낸 것이 아니다. 또한 거부할 수 없는 부르심에 대한 자기 확신이 있으며 더 나아가 주변 사람들로부터 하나님의 부르심을 받았다는 평가를 받게 된다. 그러므로 목회자 소명을 받은 자는 그 증거를 지니게 된다.

찰스 스펄전(Charles H. Spurgeon, 1965)은 목회소명의 증거로 첫째, 그 일에 완전히 빨려 들어가는 욕망 둘째, 다른 사람을 가르칠 만한 소양과 자질 셋째, 자신의 노력에 대한 회심의 결실 넷째, 교회의 인정이라고 했다. 그리피스 토마스(W. H. Griffith Thomas, 1927)는 목회소명의 증거로 첫째, 하나님에 대한 뜨거운 열망 둘째, 부르심을 따라 나서도록 온갖 환경이 집중됨 셋째, 목회자의 소질에 합당한 징후들 넷째, 객관적인 승인 다섯째, 직무상 축복의 척도가 나타나야 한다고 했다. 그리고 토마스 오든(Thomas C. Oden, 1983)은 목회 소명의 증거로 첫째, 소명을 감당할 수 있는 지적 능력 둘째, 은총의 수단들(예배, 성례, 성경)이 개인의 생활에 철저히 뿌리내림 셋째, 어려운 사람들을 돌보기 위한 자기 희생 넷째, 다른 이의 상처에 대해 깊이 공감하는 능력 다섯째, 교회로부터 합법적인 인정이 있어야 한다고 했다.

이상에서 목회소명의 부르심의 증거는 개인적인 내적 증거뿐만 아니라 객관적인 외적 증거가 함께 드러남을 알 수 있다. 따라서 진로 상담자는 목회 사역자로서 부르심을 분별할 때 내담자와 함께 주관적 이해와 객관적 검증을 통해 합리적인 의사결정을 할 수 있도록 해야 한다. 우리나라에서는 이흥배(2007)가 목회소명척도를 개발하기 위한 연구를 실시하여 목회소명에 대한 확인 및 점검을 할 수 있도록 하였다.

2) 목회자 소명 식별을 위한 도구: 전기(傳記)

과거로부터 현재까지 위대한 크리스천 목회자, 전도사 그리고 선교사들의 전기(傳記)는 목회사역으로의 부름을 식별하는 것을 도와주는데 있어서 사용하는 최고의 도구들 중의 하나이다. 다음에는 하나님께로 부르심을 받고 목회 사역으로 헌신한 4명의 사례를 간략히 제시하고자 한다.

(1) 윌리엄 캐리(William Carey, 1761 ~ 1834)

윌리엄 캐리는 인도에서 사역한 영국 침례교 선교사로 근대 선교의 아버지라 불리운다. 그는 영국 노스햄프턴에서 출생하여 고등학교를 졸업하고 16세에 구두수선 기술을 배웠다. 19세에 기도 모임에서 그리스도를 영접하였고, 복음을 전해야 한다는 불타는 사명감으로 23세가 되던 해에 침례교 목사가 되었다. 그는 목회에 전념하던 어느 날 『Captain Cook's Voyages (쿡 선장의 항해기)』를 읽고 세계 선교의 비전을 갖게 되었다. 당시 어느 누구도 세계 선교에 관심을 갖지 못하던 시기였다. 그는 직접 만든 가죽으로 된 지구본을 가지고 지리 수업을 하였을 때, '예수 그리스도와 그의 구원에 대해 알고 있는 인류가 얼마나 소수에 지나지 않는가?'라는 사실에 고통스러웠다. 그는 그 주제에 대해 철저히 연구하기로 결심했다. 성경을 통해서 그는 구원이 제한된 소수가 아니라 믿는 모든 사람들을 위한 것이라는 결론을 내렸다. 이 소식을 전 세계로 전할 임무가 일반적으로는 전체 교회에 특별히는 그 자신에게 어떤 일종의 책임을 지우는 것 같았다.

캐리는 세계지도를 펼쳐놓고, 다양한 나라들을 기술한 책들을 참조한 후 모든 나라, 그 인구, 정보 그리고 사회적이고 종교적인 상황에서 기독교의 범위를 거의 모두 확정했다. 놀라운 일격을 맞은 것처럼 4억 이상의 사람들이 가장 암담한 영적 어둠 상태에 놓여있다는 사실이 그의 마음을 강타했다. 캐리는 복음이 이들 이교도들에게 전해져야 한다고 결론 내렸다. 이 진실은 그 안에서 강하게 불타올라서 그는 거의 말을 하거나 설교를 할 수가 없었고, 그는 기도할 때마다 그 주제에 대해 언급을 할 수밖에 없었다.

그가 지리학적 연구에서 얼마나 영향을 받았는지 혹은 성경으로부터 얼마나 직접적인 자극을 받았는지 우리는 알 수 없다. 그러나 일단 구세주의 뜻이 그에게 명확해지자 그는 길을 잃은 자들에 대한 구원을 위해 자신이 할 수 있는 것을 몸소 실천해야 한다는 부담을 느꼈다. 캐리의 마음에 의심은 자리잡고 있지 않았다. 그에게 선교사 복음전도의 원칙은 성경의 어떤 말씀보다 분명했고 그 의무는 법적인 부채를 갚아야 하는 것만큼 반드시 해야 하는 것이었다.

(2) 메리 슬렛서(Mary Slessor, 1848 ~ 1915)

아버지가 알콜중독자인 메리 슬렛서는 선교사 마인드를 가진 어머니가 계셨다. 어머니는 슬렛서의 오빠가 언젠가는 아프리카 선교사가 될 것이라는 꿈을 가지고 있었다. 메리 슬렛서는 개인적으로 아프리카에 관심을 가지고 있긴 했지만 결코 그녀 자신이 아프리카 선교사가 될 가능성이 없다고 생각했다. 그러던 어느 날 오빠가 아프리카에 가기 전에 갑자기 죽게 되었고, 그녀는 자신이 오빠를 대신해서 아프리카로 가야한다는 것을 강렬히 느끼기 시작했다. 이러한 감명이 결코 사그러들지 않은 가운데, 1874년 데이비드 리빙스턴(David Livingstone)의 죽음이 세계를 흔들고 아프리카에 대한 새로운 열정을 일으키자, 메리 슬렛서는 그녀가 그 부름에 응답해야 한다는 결론을 내렸다. 이렇게 두 사람의 죽음에 의해서 메리 슬렛서는 결정을 내렸고 1875년에 선교위원회에 소속되었다. 1876년 8월 6일 그녀는 배를 타고 아프리카에 있는 이디오피아로 향했다.

(3) 오스왈드 스미스(Oswald J. Smith, 1889 ~ 1986)

오스왈드 스미스 박사는 하나님이 그를 설교의 자리로 부른 경위를 다음과 같이 설명하였다(Parrot, 1952).

> 나의 설교하고자 하는 욕망은 날이 갈수록 강해져만 갔다. 나는 다가오는 시간을 도저히 기다릴 수 없을 것만 같았다. 나는 매일 밤 잠들지 않고 누운 채로 설교를 구성하고 내 자신에게 반복해서 설교하곤 했다. 한 번은 아주 필사적으로 나는 10마일가량 떨어져 있는 곳으로 가서 그 교회 목사에게 설교를 하게 해달라고 부탁을 했다. 나는 마음 속 깊은 곳에서 내가 설교를 할 수 있을 거라는 것을 알았고, 그것을 뼈속 깊이 느꼈으며, 나의 온 영혼은 내 자신이 시도해볼 기회를 달라고 외치고 있었다.

(4) 빌리 그레이엄(Billy Graham, 1918 ~)

빌리 그레이엄은 설교로의 부름에 있어서 보다 덜 드라마적이다. 그는 플로리다에 있는 트리니티 대학에 입학했을 때 설교로의 부름으로 향해가고 있었다. 그는 거리 집회에서 간증을 함으로써 시작했다. 그는 늪으로 가서 새들과 파충류들을 앞에 두고 연습을 하였으며, 큰 상록수 나무 그루터기 앞에서 설교를 했다. 그의 첫 번째 설교 기회는 근처의 목사가 그에게 자신이 부재시 공백을 채워달라고 요청했을 때였다. 그에게는 계속해서 설교기회가 주어졌고, 비상시가 되었을 때마다 설교를 했다. 이것이 그의 부르심이었다.

3) 목회사역으로서 하나님의 부르심에 응답하는 4단계

우리는 현재로부터 여러 세대를 거쳐 거슬러 올라가면서 목회자로서 부르심에 대하여 응답하는 개인에게서 보여지는 독특한 4단계를 살펴보았다. 이 진행과정에 있어서 예외적인 요소는 거의 없으며 이들 단계들은 몇 년의 기간을 거쳐서 도출된다. 4단계는 다음과 같다.

(1) 1단계: 목회사역의 필요성에 대한 인식

몇몇 열성적인 지도자들은 목회사역의 필요성에 대한 인식이 목회사역으로의 부르심이라고 주장하였다. 그러나 이것은 진리가 아니다. 보편적으로 모든 크리스천들은 목회사역의 필요성을 인식한다. 그러나 우리의 대부분은 직접 목회자나 선교사가 되기보다는, 자신이 머무는 환경에서 기도를 하고 필요한 자원을 제공한다. 안디옥 교회는 바울과 바나바를 파송했지만, 평신도들은 기도하고, 제공하고, 지역 교회를 강화하기 위해서 교회에 머물렀다.

(2) 2단계: 목회사역의 필요성을 채우고자 하는 소망

윌리엄 캐리의 소명에서 두드러진 특색은 필요를 채우고자 하는 그의 진지한 소망이었다. 많은 다른 사람들은 예수 그리스도에 대하여 인류애를 실현하기 위한 타오르는 욕구를 행동으로 옮길 것을 재촉당한다. 오순절 뒤를 잇는 부흥에서 베드로를 유력가로 만드는 것은, 훈련이나 방법이 아닌 바로 이 소망이다.

(3) 3단계: 목회사역의 필요를 채우는 것을 돕는 능력

성경에서 특별한 재능과 능력을 갖춘 사람만을 목회 사역으로 부르시는 것은 좀처럼 찾아보기 어렵다. 그렇지만 성경은 우리가 가지고 있는 재능을 관리하는 일에 대해 여러 번 말씀하고 있다. 모든 부름을 받은 일꾼에게는 이들 특별한 능력에 대한 전적인 헌신과 개발이 존재한다. 그들의 재능을 쏟을 열정과 헌신이 없는 사람들은 아마도 희생과 봉사의 일에 있어서도 성공하기 어려울 것이다.

(4) 4단계: 목회사역이 "나의 평생의 사명"이라는 커져가는 감명

시간은 목회사역으로의 부름에 대한 가장 좋은 검사 중 하나이다. 하나님이 여러분을 특별한 일로 부르고 있다고 느낀다면 조용히 그분께 감사하고 마음속에 그 감명을 감추어보자. 그 부름이 하나님으로부터 온 것이라면 그 필요와 그 필요를 채우고자 하는 욕구에 대한 신념이 지속되면서 점점 더 강화될 것이고, 그 필요를 충족시키는 것을 돕기 위한 당신의 헌신이 증대될 것이다. 빌리 그레이엄은 이러한 진실의 좋은 예이다. 그는 자신에게 주어진 환경에 순응했을 때, 인간의 필요를 향한 그의 영적인 통찰력과 예수 그리스도를 구원받지 않은 자들에게 소개하고자 하는 열정이 증대되었다.

4 성경 인물들의 진로탐색

진로에 대한 책임 있는 선택을 위한 성경적 가이드라인은 대체로 심도있게 연구되지 않았다. 본 저서의 서두에서도 밝혔듯이 우리나라에서는 기독교인의 진로 교육 및 상담을 위한 저서를 거의 찾아보기 힘들며, 기독교인들의 진로상담에 대한 자료와 준비된 지도자가 부족한 현실이다. 그러나 분명히 성경에는 창세부터 일하셨던 하나님이 현재까지도 일하고 계심을 보여준다(요 5:17). 또한 성경에는 하나님의 형상대로 지음 받고 부르심을 받은 다양한 인물들을 찾아 볼 수 있다(표2 참조). 폴 스티븐스(R. Paul Stevens, 2012)는 그의 책 『WORK MATTERS(일의 신학)』에서 성경 속 주요 인물들을 통해 배울 수 있는 직업과 노동에 관한 교훈을 소개하였다. 이 장에서는 성경의 인물들의 삶을 통하여 얻을 수 있는 직업 선택과 적응의 지혜를 살펴보도록 하겠다.

〈표 2〉 성경 시대의 여러 직업들

구분	직업	참조 구절
농·축·수산업	농부	사 61:5; 마 21:33
	어부, 선원	사 19:8; 마 4:18; 계 18:17
	밭 가는 자	시 129:3
	씨를 뿌리는 자	마 13:3
	추수하는 자	룻 2:3; 사 17:5
	곡물을 까부르는 자	룻 3:2
	포도 따는 자	렘 6:9
	포도를 밟는 자	암 9:13
	포도원 관리자	왕하 25:12; 눅 13:7
	목자(양치는 자)	창 4:2; 눅 2:8
임·광업	뽕나무를 배양하는 자	암 7:14
	나무꾼	대하 2:10
	광석 채굴자	욥 28:1-4
상업	향품장사	느 3:8
	사고 파는(장사하는) 자	사 24:2; 겔 39:15; 마 13:45
	상인	왕상 10:15
	무역업자	왕상 10:15
	대상	창 37:25; 사 21:13
건축업	석수나 미장공	왕하 12:12
	건축자	왕상 5:18; 행 4:11; 고전 3:10
	목수	삼하 5:11
일반노동	청지기	마 20:8
	배의 틈을 막는 자	겔 27:9
	물 긷는 자	수 9:21
	맷돌질 하는 자	마 24:41
	품꾼(삯꾼)	레 19:13; 요 10:12
	일꾼	마 10:10
교육계	철학자	행 17:18
	스승(선생)	고전 4:15; 약 3:1

구분	직업	참조 구절
교육계	초등교사(몽학선생)	갈 3:24
	제자	대상 25:8
기술자	보석가공업자	출 28:11
	철공	삼상 13:19
	구리 세공업자	딤후 4:14
	대장장이	왕상 7:14; 왕하 24:14
	은장색	삿 17:4; 말 3:3; 행 19:24
	토기(옹기)장이	대상 4:23; 롬 9:21
	수 놓는 자	출 35:35
	무두장이	행 9:43
	천막 제조업자	행 18:3
	우상 제조업자	사 40:19-20
예술계	음악 지휘자	시 4편
	춤추는 자	렘 31:4
	거문고 타는 자	계 14:2
	소고 치는 자	시 68:25
	노래 부르는 자	시 68:25
	풍류하는 자	계 18:22
	퉁소 부는 자	계 18:22
	나팔 부는 자	대하 5:13; 계 18:22
체육계	달음질하는 자	고전 9:24-26
	경주자	전 9:11
군대관련	활 쏘는 자	삼상 31:3
	병기 잡은 자	삿 9:54
	천부장	삼상 17:18; 막 6:21
	백부장	눅 7:6
	지휘관	대하 11:11
	시위병	막 6:27
	보병	왕상 20:29
	마병(기수)	민 2:2; 겔 23:6; 행 23:23

구분	직업	참조 구절
군대관련	물매꾼	왕하 3:25
	정탐꾼	눅 20:20
종교계	술객(요술하는 자)	신 18:10; 단 1:20
	점쟁이	신 18:10
	신접자(초혼자)	신 18:11
	무당(박수)	신 18:10-11
	점성가(박사)	마 2:7
	감독	빌 1:1
	목사	엡 4:11
	집사	딤전 3:8
	여자집사	롬 16:1
	장로	출 19:7; 눅 7:3
	복음전하는 자	엡 4:11
	제사장	레 21:9; 마 8:4
	율법 교사	딛 3:13
	남녀 선지자	출 15:20; 왕상 22:7
의료계	산파	출 1:15
	의사	막 5:26
관료	공회 의원	눅 23:50
	모사	삼하 15:12
	재판관	민 25:5; 잠 31:9; 눅 12:58; 18:6
	총독	행 13:7
	분봉왕	마 14:1
	서기관	에 3:12
	술 맡은 관원장	창 40:21
	떡 굽는 관원장	창 40:22
	시위대장	왕하 25:8, 10
	성읍 문지기	왕하 7:10
	국고를 책임 맡은 자	스 1:8; 행 8:27
	예복을 관리하는 자	대하 34:22

구분	직업	참조 구절
관료	내시	왕하 20:18; 행 8:27
	사관	삼하 8:16
	관원	롬 13:3
	감독	출 5:6; 사 14:2
	기록원	출 5:6
	세리	마 9:10
	간수(옥졸)	눅 12:58; 행 5:23; 16:23
서비스업	이발사	겔 5:1
	요리인	삼상 9:23
	빚주는 자(대부업자)	사 24:2; 잠 22:7; 눅 7:41
	환전상	마 21:12; 요 2:14
	시체에 방부처리하는 자	창 50:2
	애곡하는 자	욥 29:25
	세탁업자	사 36:2; 막 9:3
	주막 주인	눅 10:35
	창녀	왕상 3:16; 눅 15:30
	사공	겔 27:26
기타	새 사냥꾼	렘 5:26
	포수	렘 16:16
	통역자	창 42:23
	동산지기	요 20:15
	파수꾼	삼하 18:26
	남녀 종(노예)	창 12:16; 출 24:13; 16:1

＊ 자료: 라이프성경사전, 2006.

1. 아브라함

1) 하나님의 부르심

아브라함은 하나님께 부르심을 받고 유업으로 받을 땅에 나아갈 때 갈 바를 알지 못하고 나아갔다(창 12:1). 아브라함은 하란에서의 안락하고 편안한 삶을 떠나 그가 결코 가본 적이 없는 곳으로 여행을 해야 했다. 그는 익숙한 것, 잘 아는 것보다 미지의 것을 선택하는 것에 대한 위험을 감내해야 했다. 하지만 아브라함은 하나님의 계획과 언약에 대해 순종함으로 응답한다. 그리고 새로운 진로 미래를 발견한다. 또한 아브라함은 자신의 미래에 대해 하나님의 약속을 믿는 믿음과 절충하지 않는다. 그는 하나님의 부르심을 따르기 위해 개인적인 이득을 얻을 수 있는 기회에 대해 'No'라고 거절하는 선택을 한다(창 14:21-23). 이를 통해 기독교인들 또한 하나님의 부르심에 대해 미래에 대한 비전을 품고 순종함으로 나아가는 선택이 필요함을 알 수 있다.

2) 꿈 너머 꿈

하나님은 아브라함에게 그가 오래도록 갈망한 상속자를 주시겠다고 약속하신다(창 15:4). 하나님은 하나님의 자녀들의 욕구를 아시며 그 실현을 약속하신다. 그리고 그 개인적 꿈 너머에 "큰 민족을 이루게 하겠다"는 더 큰 하나님의 꿈과 만나게 하신다. 하나님은 개인을 향한 계획을 가지고 계시고 그들의 불확실성에도 불구하고 계획을 성취하신다.

3) 하나님의 타이밍

아브라함은 하나님의 부르심을 받고, 하나님의 약속을 믿고 나아간 땅에서 기근, 전쟁 등 숱한 어려움을 만나고 회복되는 과정을 겪는다. 또한 개인적인 비전 성취에 있어서도 아이를 낳지 못하는 아내, 그리고 마침내 얻은 독생자 아들을 희생제물로 드려야 하는 등 하나님의 언약이 이루어지기까지 수많은 고통과 실망을 견디어 낸다. 개인의 일생에서 하나님의 타이밍은 완벽하지만 개인에게는 그렇게 충분히 잘 느껴지지 않을 수 있다.

4) 진로 낙관성

성경은 "너의 길을 여호와께 맡기라 저를 의지하면 저가 이루시고"(시 37:5)라고 말한다. 숱한 어려움을 만나고 회복되는 과정을 겪는 아브라함의 진로 미래에서 아브라함이 보여주는 낙관성은 아무런 확실성도 없이 곤란에 처한 사람이 '모든 것이 잘 될 거야'라고 확신없는 소망을 고대하는 것을 의미하지 않았다. 성경은 아브라함이 지닌 낙관성에 대해 "그가 하나님이 계획하시고 지으실 터가 있는 성을 바랐음이라(히 11:8-10)"라고 분명하게 말한다. 즉 이는 자신의 진로 미래를 계획하시고 약속하신 하나님을 믿는 믿음으로 말미암아 비롯된 낙관성임을 의미한다.

진로 낙관성은 미래에 대한 긍정적 기대감을 높여 진로 발달 형성과정에 있어 실제적인 행동을 예측할 수 있도록 한다(최옥현, 김봉환, 2006). 그리고 진로 낙관성은 진로 장벽에 부딪혔을 때 긍정적인 결과가 나타날 것이라는 기대로 진로 수행 노력을 포기하지 않고 지속할 수 있도록 하는 원동력이 된다. 나아가 실패의 상황에서 원인을 밝히고 무기력한 상태를 잘 극복하면서 적극적으로 새로운 진로 계획, 탐색, 결정을 도모하도록 한다.

2. 야곱

1) 노예로서의 일

성경에서 노예의 일을 떠올리면 흔히 '요셉'이 생각날 것이다. 그러나 요셉 이전에 야곱도 노예로서 일을 하였다. 혈혈단신으로 도망쳐간 삼촌 라반의 집에서 야곱은 라헬을 얻기 위해 칠 년 동안 무급으로 일하였다. 야곱은 자기 일을 묘사할 때 노예의 언어를 사용한다. "눈 붙일 겨를도 없이 지냈나이다", "낮에는 더위와 밤에는 추위를", "내 품삯을 열 번이나 바꾸셨으며(창 31:40~41)"라고 따지며 야곱은 자기 일을 "내 손의 고난과 내 손의 수고"라고 이야기한다(Paul Stevens, 2012).

2) 사랑을 위한 일

야곱의 노예로서의 일은 라헬에게 사랑을 느끼는 순간 사랑의 사역으로 변화된다. 야곱은 우물가에 있었던 어여쁜 라헬을 얻기 위하여 칠 년 동안 노예의 일을 하며 라반을 섬겼으나 라헬을 사랑하는 이유로 칠 년을 며칠 같이 여겼다. 그리고 또 다시 칠 년을 두 명의 아내와 열 한명의 자녀들을 위해 사랑으로 일한다.

야곱은 형 에서의 몫이었던 기회들을 획득하기 위해 시도되었던 비윤리적인 일이 비록 효과가 있었다고 하더라도 그로 인하여 야곱과 그의 가족들은 갈라지게 된다. 하나님은 조작이 아닌 마음속의 선한 소망을 진전시켜 가신다. 자신의 꿈을 위해 형을 밟고 일어나려 했으며, 가족을 분열시켰던 야곱의 미숙한 조작을 하나님은 진정 자신이 사랑하는 가족을 얻고 지키기 위하여 수고하는 일을 기꺼이 소망하도록 하게 함으로써 그 분의 계획을 이루신다. 이처럼 하나님의 기본적인 의제(議題)는 하나님이 그의 계획과 약속을 수행하기 위해 우리들 마음의 선한 소망을 사용하신다는 것이다.

3) 소망을 위한 일

야곱은 하나님의 일을 하기 위해 부름받은 사람이었다. 야곱은 그의 헌신에도 전혀 아랑곳하지 않은 라반 아래에서 일하면서 까다로운 사람들과 함께 일하는 법을 배웠다. 기독교인들은 진로상담을 통해 상황이 힘들 때 회피하는 방법을 배우지 않는다. 오히려 직면하고 더욱 성숙하게 되어 직장에서 적응하고 청지기로서 그의 삶을 변화시키는 방법을 익힌다. 이처럼 하나님은 마음의 소망을 진전시키기 위해 불완전한 사람들을 사용하시기도 한다.

마침내 야곱은 그의 가족을 이루는 개인적 실현을 이루었으나 하나님은 그 꿈 너머 하나님이 약속하신 땅으로 돌아오게 하시겠다는 소망의 약속을 성취하시기 위하여 다시 야곱을 부르신다. 환경이 하나님의 통제를 벗어난 것 같을 때에도 하나님은 우리와 함께 하신다. 야곱의 사례는 진로선택을 앞둔 내담자들에게 하나님의 약속을 성취하기 위한 개인적 조작적 통제에 대한 욕망을 내려놓고 하나님 앞에 겸허히 자신의 마음의 소망을 의뢰하도록 하게끔 도와준다.

3. 요셉

1) 하나님의 부르심

창세기 45장 5절에는 하나님이 요셉을 부르셨던 목적이 뚜렷하게 나타나 있다. 하나님이 '생명을 구원하시려'고 요셉을 형제들보다 먼저 보내셨다. 하나님은 요셉에게 꿈을 주셨다. 그 후 요셉은 17세의 나이에 노예로 팔려가 30세에 애굽의 총리가 되기까지 청년의 시기를 보디발의 집과 감옥에서 노예의 신분으로 일했다(창 41:46). 그리고 처음 꾸었던 꿈이 이루어지는 순간에서야 자신의 삶이 하나님의 부르심대로 살아진 삶임을 깨닫게 된다.

2) 직업 훈련

하나님은 삶의 불가항력적인 시련 속에서도 개인의 소질(talent)과 타고난 재능(gift)을 최고로 활용할 수 있도록 인도하신다. 또한 하나님은 그의 백성들이 더 잘 섬길 수 있도록 채비를 갖추기 위해 보이지 않는 시간 진행을 사용할 수 있다. 광야에서 40년 동안 지도자가 되기 위한 준비를 했던 모세처럼 요셉이 감옥에서 보낸 시간과 경험들은 그를 내적으로 성숙하게 했다. 그의 꿈을 성취할 때가 되었을 때 요셉은 준비가 되어 있었다. 이것이 그가 긴장이 가득 찬 만남에서 그의 형들에게, "당신들은 나를 해하려 하였으나 하나님은 그것을 선으로 바꾸사 오늘과 같이 많은 백성의 생명을 구원하게 하시려 하셨나니(창 5:20)"라고 말할 수 있었던 이유이다. 하나님은 현재도 그의 자녀들이 메마르고 어두운 세상에서 빛과 소금이 되도록 준비시키시고 계신다.

직업 훈련은 때때로 개인이 처한 환경에서 당면하게 되는 오해와 부당한 처분을 동반한다. 요셉이 그 형제들에게서 그리고 보디발의 아내에게서 겪은 부당한 시련처럼 말이다. 이처럼 내담자들은 그의 진로 미래에 있어 크게 낙담될 때에도 인내할 필요가 있다.

3) 직업에서의 성적 유혹

현대 사회는 의무적으로 직장 성희롱과 성폭력에 대한 예방 및 대처 교육이 이루어지고 있다. 이러한 사실은 직장에서의 성에 관련된 사건 및 사고가 빈번하게 발생하고 있음을 보여주는 지표라 할 수 있다. 성적 유혹은 요셉이 그리했던 것처럼 하나님과 이웃에게 대한 죄임을 밝힐 필요가 있다. 그리고 직접 대항하여 싸울 수 있겠지만 요셉이 그러하였던 것처럼 도망쳐야 할 때도 있다.

4) 직업에서의 경쟁자

잠시 요셉에게서 관점을 옮겨 요셉의 형제들을 보자. 요셉의 형제들은 아버지의 사랑을 독차지했던 요셉을 죽이기로 결정한다.

형제였지만 동시에 경쟁자였던 동생을 제거하기로 한 것이다. 학업과 직업에서 경쟁은 그 자체로 나쁜 것은 아니다. 꿈으로 가는 길목에서 만나는 라이벌은 개인을 더욱 자극시키고 꿈을 향한 열정을 더욱 타오르도록 하는 촉진제 역할을 하기도 한다. 하지만 적대적 경쟁심은 상대방을 제거하려는 생각으로 개인의 정체성마저 잃어버리도록 한다. 가인이 질투와 분노로 가득찬 채 경쟁자였던 아벨을 제거하기로 결정했던 것처럼 말이다.

그렇다면 기독교인은 직업에서의 경쟁자를 어떠한 관점으로 대할 것인가? 하나님은 가인에게 "죄가 문 앞에 엎드려 있느니라. 죄가 너를 원하나 너는 죄를 다스릴지니라(창 4:7)"라고 말씀하신다. 하나님은 우리에게 피할 길을 보여주시고 의의 길로 행할 수 있도록 말씀해주신다. 따라서 경쟁자에 대해 악한 감정이 동요됨을 인지했을 때는 회개한 후 그 마음을 돌이켜야 마땅할 것이다.

4. 모세

1) 하나님의 부르심

모세를 향한 하나님의 비전은 그의 백성을 속박으로부터 이끌어 내는 것이었다. 그러나 먼저 모세는 폭력을 통한 억압에 대해 육적으로 맞서 싸우고자하는데 있어서의 고통과 실패에 직면해야했다. 애굽 사람을 때려 죽인 후 모세는 애굽을 떠나 광야로 피했다. 그리고 사막에서 하나님의 확실한 목소리는 모세를 죄로부터 용서로, 무능력으로부터 능력으로, 패배로부터 리더십의 자리로 모세를 불렀다. 이를 통해 진로상담에서 그리스도인으로 자아정체성과 성경적 직업관을 확고히 하고 죄를 고백하고, 잘못된 행동과 정서 그리고 생각을 고백하는 것의 중요성을 고찰할 수 있다.

이러한 하나님의 부르심에 응답하기 위해 모세는 바로의 딸의 양자로서 왕족의 편안한 삶을 거절해야 했다(히 11:24). 그 대신에 하나님은 모세의 인간적인 연약함에도 불구하고 그를 사용하여 이스라엘 백성들을 노예상태에서 자유로 이끌 수 있도록 권능을 부여하셨다.

2) 하나님의 진로상담

모세가 불타는 떨기나무에서 하나님을 만났을 때 하나님은 자신의 백성을 구할 지도자로 모세를 지명했다. 그러나 모세는 자신의 진로를 선택할 수 없는 회피적이고 우유부단형 미결정자의 모습을 보인다. 진로상담에서 내담자는 진로선택 여부와 진로 미결정의 원인에 따라 4가지 유형으로 분류할 수 있다. 첫째, 진로결정자(The Decided)는 자신의 특성을 고려하여 적합한 직업을 선택하고 있기 때문에 진로선택과 결정에 어려움이 없다. 둘째, 진로미결정자(The Undecided)는 진로선택에 따른 심리적 부적응의 문제는 없으나 직업세계에 대한 정보가 부족하여 진로를 선택하거나 결정하지 못하고 미결정상태로 있는 내담자이다. 셋째, 우유부단형 미결정자(The Indecisive)는 심리적 부적응이 진로를 선택하지 못하는 가장 중요한 원인으로 작용한다. 이 경우 지나치게 타인을 의식하거나 경쟁적이어서 자발적인 의사결정을 하지 못한다. 또한 자신을 신뢰하지 못하고 우울하고 실천력이 부족하며 감정의 변화가 심하여 일상생활에서도 부적응을 보이는 경우가 많다. 넷째, 회피형 미결정자(The Avoiable)는 진로관련 정보도 없고 심리적 부적응상태인 내담자로 진로계획 자체가 없다. 모세는 애굽에서 광야로 도망한 후 부적응적 개인적 감정을 극복하고 이겨내는 것을 필요로 했다. 하나님은 모세의 부정적 감정들과 의구심들을 하나하나 상담해 가셨다. 이처럼 기독교 상담자는 내담자의 진로미결정 원인을 파악하고 그에 따른 적절한 상담적 접근을 할 수 있어야 한다(본 저서 12장에 제시된 '진로 미결정 검사 〈표 18〉' 참조).

또한 기독교 상담자는 내담자들이 그들의 죄, 실패, 두려움 그리고 소망에 대하여 하나님과 정직한 교제를 통해 진로를 선택할 수 있다는 것을 인식하고 실행할 수 있도록 격려해주어야 할 것이다.

3) 사회적 지지

진로결정에 영향을 주는 요인 중 하나는 가족 요인이다. 집안 분위기, 부모의 직업, 부모의 사회 · 경제적 지위, 부모의 기대 등은 자녀의 직업적 열망에 영향을 끼치는 중요한 원천이 된다. 진로와 관련하였을 때 베츠(N. E. Betz, 1989)는 가족적 지지를 선택한 진로에 대한 가족들의 긍정적인 피드백이라 정의하고, 개인이 적극적으로 진로행동을 할 수 있도록 돕는 중요한 요인이라 설명하였다. 이러한 면에서 모세는 충분한 가족적 지지를 얻은 자였다.

젖을 뗀 후에 엄마 요게벳의 품을 떠나 새엄마에게 가야했을 때 모세는 상당한 분리불안과 슬픔을 경험했을 것이다. 어린 모세는 충격감, 무감각, 분노감, 우울감을 양모에게 적응하는 과정에서 겪어야 했을 것이다(이관직, 2009). 이후 모세가 자라 청소년이 되었을 때 그는 외면적으로는 바로 왕과 공주의 아들로서 왕자와 같은 대우를 받으며 애굽의 시민권을 가진 자로 당당하게 살고 있었지만, 내면적으로는 고된 노예생활을 하고 있는 히브리인들이 자기의 동족이었기에 심한 심리적 갈등을 느꼈을 것이다. 이처럼 모세는 시대적인 위기상황 속에서 양모인 공주의 손에서 자라면서 출생의 비밀로 정서적인 불안감과 혼란으로 인한 갈등 속에서 중기 청소년 시절을 보냈다(오윤선, 2008). 하지만 이러한 정서적 혼란 속에서도 모세는 생모 요게벳과 누나인 미리암으로부터 정서적 지지를, 양모인 바로 공주로부터 경제적 지지를 받으며 애굽의 왕자로 준수하게 자랐다.

하지만 모세가 애굽 사람을 쳐 죽이게 된 후, 모세는 애굽 사람은 물론 정작 자기 형제라고 믿었던 히브리 사람들로부터도 배척을 당하며 사회적 지지망을 잃고 광야로 피신을 하게 된다. 미디안 광야로 도망친 모세는(출 2:11-15) 우물가에 도착한 것이 계기가 되어 미디안 제사장 이드로의 집에 거하면서 그의 딸 십보라와 결혼하여 게르솜과 엘리에셀이라는 두 아들을 얻고 40년을 지낸다(출 2:22, 18:3-4). 이 때 이드로는 살인자로 쫓기고 있는 모세에게 큰 울타리가 되어 주었으며, 그의 딸 십보라와 함께 모세에게 심리적 산소가 되어준다(김미경, 2012). 이처럼 모세는 장인 이드로와 아내 십보라와의 만남을 통해 가족적 지지를 받게 된다.

모세에게 장인 이드로는 정서적 지지뿐 아니라 정보적, 평가적 지지처가 된다. 모세는 이스라엘 백성들을 출애굽시키는 과정에서 발생하는 모든 사건과 사고들을 혼자서 재판하고 송사를 듣고 판단해야 하는 과중한 업무를 처리해야 했다. 이런 상황을 지켜본 모세의 장인 이드로는 그런 상황에 따른 문제점과 그에 따른 해결책을 제시하였고, 모세는 이드로의 말에 귀를 기울임으로 인해 과중한 업무 문제를 해결할 수 있었다(출 18:13-27). 이처럼 가족적 지지는 모세의 사역을 위해 모세가 어려운 상황 속에서 슬기롭게 대처하고 해결할 수 있는 자원이 되었다(황영선, 2002).

5. 나오미와 룻

1) 생존을 위한 일

나오미와 그의 가족은 생존을 위하여 기근을 피해 이방나라로 이주한다. 희망을 갖고 이주한 땅에서 남편과 두 아들마저 잃음으로 그의 삶은 끝없는 바닥으로 추락을 거듭하게 된다(룻 1:3-5). 그러나 나오미는 결코 좌절하지 않고 그녀의 고향 베들레헴에서 들려온 풍년 소식을 듣고 역이주를 결심하고 동행하기를 원하는 룻과 함께 고향에 돌아온다(룻 1:6-19). 그리고 나오미와 룻은 닥치는대로 일을 찾아다닌다. 하지만 그들이 할 수 있는 일은 고작 추수를 마친 논에서 남겨진 이삭을 줍는 일이었다.

하나님은 생존을 위한 일 그 자체를 허락하신다. 많은 사람들이 자신과 자신의 가족의 생존을 위해 일을 한다. 오늘날 범세계적인 경제적 위기로 인해 자신이 원하지 않는 일을 하는 경우도 이에 해당한다. 때로는 적정 임금을 받지 못하고 일을 유지해야 할 때도 있다. 하지만 생존을 위한 일은 일의 귀천을 떠나서 귀하고 선한 일이며, 경건한 일이며, 하나님께서 함께하시는 일이다. 생존을 위한 일은 자신의 가족을 위한 사랑으로, 혹은 이웃을 사랑하는 마음으로 할 수 있는 일이다. 더 나아가 대부분의 생존적인 일은 사람들의 몸과 마음, 영혼이 함께 움직여야 하며 사도 바울이 골로새의 노예들에게 이야기한 것처럼 그러한 일마저도 주님을 위해 할 수 있다(Paul Stevens, 2012).

2) 진로 자아탄력성

나오미와 룻은 현실의 어려움을 적극적으로 헤쳐나가는 자아탄력적인 모습을 보여준다. 성경은 "우리가 사방으로 우겨쌈을 당하여도 싸이지 아니하며 답답한 일을 당하여도 낙심하지 아니하며 박해를 받아도 버린 바 되지 아니하며 거꾸러뜨림을 당하여도 망하지 않을(고후 4:8-9)"수 있는 이유를 말씀하고 있다. 즉 그리스도인이 인생의 고난이나 어려운 환경과 처지가 있어도 나아가 생명의 위협을 받는 극한 상황 속에서도 좌절하지 않고 회복하는 탄력성을 가질 수 있는 것은 구원하는 능력이 우리에게 있지 않고 오직 하나님께 있음을 믿는 믿음이 있기 때문이다.

개인의 진로를 추구함에 있어서 우리는 내·외적 진로 장벽을 만날 수 있고, 그릇된 선택으로 인한 실수와 좌절을 느낄 수 있다. 하지만 하나님은 선한 목적을 이루시기 위해 모든 사건과 환경, 우리의 실수까지도 사용하신다. 따라서 진로 위기와 스트레스 상황을 이겨낼 수 있는 것이다. 나오미와 룻의 삶의 회복에 대하여 여인들이 나오미에게 이르며 하나님을 찬송하였듯이(룻 4:14-15), 기독교인의 진로에 있어 회복의 주체는 결코 인간이 아닌 하나님임을 기억해야 한다.

6. 욥

1) 욥의 진로적응성

적응(adaptation)이란 개인과 환경 사이에 이루어지는 상호작용으로 주위 환경과 상황이 조화를 이루거나 이루어진 상태를 뜻한다(Allport, 1961). 적응성이 높다는 것은 개인이 자발적으로 행동하고 환경에 자신을 맞추는 것과 동시에 개인의 필요에 따라 환경을 최대화하여 이용할 수 있다는 것을 의미한다(조화진, 2004). 진로와 관련하여 진로적응성이라는 용어를 처음 주장한 수퍼와 나셀(Super & Knasel, 1981)은 진로적응성이란 준비 가능한 예측과제 뿐만 아니라 예측하지 못한 변화에도 대처할 수 있는 능력을 모두 포함한 대처 준비도를 의미한다고 하였다.

그리고 사비카스(M. L. Savickas, 1997)는 진로적응성(career adaptability)이란 미래 직업으로의 순조로운 전환을 위해 예측 가능한 과제에 대한 준비도와 미래 직업 환경의 변화로 생길 수 있는 예측 불가능한 상황에 대한 대처능력으로서 명확히 정의하였다. 기존의 진로이론들이 논리 실증주의를 기반으로 한 합리적이고 이성적인 진로선택을 중시했다면, 현대는 계획성과 합리성을 강조하기 보다는 급변하는 직업세계에서 새로운 변화 상황에 능동적으로 대처할 수 있는 역량과 불확실성과 모호함을 견딜 수 있는 적응적인 반응양식을 개발해나가는 역량이 중요해지고 있다.

이러한 맥락에서 우리는 욥을 통하여 극한 상황에서의 성경적인 적응성의 예를 볼 수 있다. 욥은 그의 모든 소유물을 잃고, 자녀들이 죽고, 아내가 떠나버리고, 마지막 남은 건강마저 잃어버리는 처절한 고통 앞에서 하나님의 뜻과 계획을 헤아리며 진로미래를 바라보기란 쉽지 않았을 것이다. 그러나 욥은 "내가 가는 길을 그가 아시나니 그가 나를 단련하신 후에는 내가 순금같이 되어 나오리라(욥 23:10)"라는 고백을 하며 하나님에 대한 신뢰감을 기반으로 자신이 처한 상황에서 미래에 대한 긍정적 기대감을 가지고 적응하는 모습을 볼 수 있다. 이사야 43:14-21은 하나님께서 언약의 백성인 이스라엘을 바벨론으로부터 어떻게 구원하실 것인지 나타내고 계신다. 하나님께서는 고난과 시련의 기간을 지나 하나님의 약속을 믿는 백성에게 광야에 물을, 사막에 강을 내시어 마시우겠다고 하셨다. 따라서 그리스도인은 환난가운데 기뻐하며 인내할 수 있는 것이다(롬 5:2-4).

성경적 낙관성은 하나님의 은혜를 소망함으로 현실의 역경과 고난을 긍정적으로 해석하며 또 그것들을 잘 극복해나가기 위하여 적극적으로 대처하는 신앙인의 태도이다. 성경적 낙관성은 하나님의 약속의 말씀에 기초하므로 결코 수치나 실망을 초래할 수 없는(롬 5:5) 절대적으로 확실한 소망과 이러한 하나님의 뜻 안에서 현실에 충실하며 자신의 삶에서 고난을 견디어내는 대처능력이 된다(김순원, 2009). 다시 말해 진로 미래에 있어서 내 안에 행하시는 하나님의 기쁘신 뜻이 나의 소원이 되므로 불확실한 사회구조 속에서 하나님의 약속의 말씀으로 인하여 불확실성과 모호함을 견딜 수 있는 분명한 이유와 목적을 소망가운데서 가질 수 있는 것이다.

성경은 "하나님을 사랑하는 자 곧 그의 뜻대로 부르심을 입은
자들에게는 모든 것이 합력하여 선을 이루느니라(롬 8:28)"라고 하
였다. 따라서 하나님의 말씀에 의지하여 진로발달 과정에서 발생
할 수 있는 장벽들에 대해 단순히 현재 상황을 피동적으로 참는
것에서 나아가 기쁨으로 이기고 정복할 수 있는 것이 성경적인
진로적응성이라 할 수 있다.

7. 엘리야와 엘리사

1) 엘리사의 진로 멘토 엘리야

멘토(Mentor)라는 이름의 기원은 고대 그리스 신화까지 거슬러
올라가는데, B. C. 8세기의 그리스의 시인 호머(Homer)의 서사시
오디세이(Odyssey)에 등장하는 인물의 이름이다. 멘토는 이 시의
중심 인물인 오디세우스의 아들 텔레마쿠스의 보호자이자 가정
교사로 텔레마쿠스를 훌륭한 어른으로 성장시켰다(Howard &
William Hendricks, 1999). 그 때부터 멘토(mentor)라는 이름은 '훌륭한
스승'이란 뜻으로 쓰이게 되었고, 멘토가 텔레마쿠스에게 교육하
는 방법을 멘토링(mentoring)이라고 불리게 되었다. '멘토'는 지혜
있는 노인이나 혹은 사람들을 인도하는 목자를 나타내는 말로 당
시의 실생활에 사용되었던 용어였다(김재철, 2014). 기독교 진로상담
에 있어 역할 또는 멘토 지지란 멘티의 영적 발달 및 진로 발달과
관련하여 조언과 격려를 해줄 수 있는 진로 역할 모델이자 영적

지도자라고 할 수 있다.

성경에서 멘토와 멘티 관계의 매우 완벽한 예가 엘리야와 엘리사의 관계라고 할 수 있다(박건, 2006). 엘리야와 엘리사의 멘토링 관계는 매우 적극적인 관계였다. 엘리야는 자신의 후계자 즉 멘티를 찾는 것에 매우 적극적이었다(왕상 19:19). 당시 선지자들이 입었던 가죽옷은 선지자직의 표징이었는데, 엘리야가 겉옷을 던졌다는 것은 엘리사를 자신의 뒤를 이을 후계자로 지명하겠다는 자신의 의도를 분명히 밝히는 행위였다. 이런 행동은 엘리사의 멘토로서 엘리야의 주도적인 역할을 보여주고 있다(황영선, 2002).

엘리사 또한 엘리야의 부름을 받고 그 즉시 쟁기를 버리고 미련 없이 집을 떠나 엘리야를 따랐을 정도로 열정적이며 배우려는 동기부여가 잘된 사람이었다(왕상 19:20-21). 엘리사는 엘리야가 죽을 때까지 진실하고 적극적인 제자의 모습을 보여 주었다. 엘리사는 자신의 스승인 엘리야를 존경하고 사랑하였으며, 엘리사는 진정한 자신을 찾는 수행 속에서 자신의 멘토를 잇는 훌륭한 예언자가 되었던 것이다. 엘리야는 엘리사의 훌륭한 멘토로서 그의 삶과 사역을 통해 엘리사를 가르쳤고 삶으로 엘리사를 교육했다. 그가 하늘에 올려질 때까지 엘리야는 엘리사에게 자신이 그를 위해 해줄 수 있는 것이 무엇인가를 물으며 그를 위해 해줄 수 있는 것에 대해 배려하는 모습을 발견할 수 있다(왕하 2:9). 또한 엘리사를 위해 하나님께 간구했던 멘토였다. 이와 함께 예수님과 열두 제자들은 성경에서 가장 훌륭한 멘토링 모델이자 그 절정이라고 할 수 있다. 왜냐하면 멘토링의 결정적인 모범은 예수 그리스도의 생애 그 자체이고 또한 예수님의 삶 자체가 멘토로서 멘티를 양육하는 삶이셨기 때문이다.

5 직업소진과 회복

성경 속에 등장하는 수많은 신앙의 사람들도 때로는 실의와 낙담에 빠져 심한 절망감과 함께 극복할 수 없을 것만 같은 소진 상태를 경험하기도 했다. 대표적으로 엘리야는 갈멜산 상에서 바알과 아세라를 섬기는 선지자 850명과 불의 대결을 벌인 뒤 하나님을 향한 강한 믿음의 확신으로 당당히 승리했던 사람이었다. 그러나 이세벨의 협박 속에 자신의 생명이 위협받는 위기로 바뀐 것을 보고, 엘리야는 좌절과 허탈감에 빠져버렸다. 그리고 더 나아가 그는 하나님께 이제는 넉넉하오니 지금 자신의 생명을 거두어 달라고 한다(왕상 19:3-4).

애굽에서 노예생활을 했던 이스라엘 백성들을 해방시키고, 그들을 하나님이 약속하신 가나안 땅으로 인도했던 지도자 모세 또한 애굽을 떠날 때와 비교하여 조금도 변하지 않은 이스라엘 백성들을 보면서 점차 낙심하고 좌절하게 된다. 그리고 마침내 하나님께 자신을 죽여 고난당함을 보지않게 해달라고 소원한다(민

11:11-15). 신약에서 바울은 살 소망이 끊어질 정도로 힘에 지나도록 심한 고생을 했다고 기록했다. 오직 하나님만 의지하는 바울이었음에도 불구하고 아시아 사역을 감당하면서 그가 당한 신체적 · 정서적 압박감으로 인해 그는 심리적 소진 상태를 경험하였다(고후 1:8-9).

이처럼 소진은 부정적 자아개념을 형성하게도 하고, 무력감이나 우울감을 가져다주어 개인은 물론 직무 환경에서 일하는 개인의 직무 몰입도를 떨어뜨려 이직을 고려하게 만드는 등 조직의 손실을 불러일으키고, 더 나아가 그 조직이 기여하고 있는 사회에 대해서도 부정적 영향을 미치게 한다. 따라서 기독교인은 첫째, 일의 소진 현상에 대해 올바로 이해하고 둘째, 소진에 영향을 미치는 요인은 무엇인지 살펴보고 셋째, 소진을 극복하는 방안에 대해 이해하는 것이 필요하다.

1. 소진의 개념 및 정의

일은 소진(burnout)으로 이어질 수 있는 내재적 요소를 포함하고 있다. 소진연구는 1974년 허버트 프로이덴베르거(Herbert Freudenberger)가 그의 논문 "Staff Burnout"에 소진에 대한 증후를 기술하면서 시작되었다. 그는 직업으로 인해 정서적 · 신체적으로 피곤하고, 민감하며, 냉소주의를 경험하고 있는 사람들을 관찰하는 것을 통해 소진 개념을 확립하였다. 그는 소진을 '자신에게 주어진 업무를 헌신적으로 수행하였으나 기대하였던 성과나 보상이 없어 인간적 회의감이나 좌절을 겪는 상태'로 정의하고 소진의 원인은 직업적인 스트레스와 관련된 것으로 보았다. 이후 크리스티나 매슬래시(Christina Maslach, 1982)에 의해 소진에 관한 가장 체계적이고 실증적인 연구가 이루어지면서 1980년대 초에만 국외에서 직업적 소진에 대한 연구가 300여 편이 발표될 정도로 다양한 개념적 정의가 이루어졌으며, 소진이라는 말이 흔하게 사용되었다. 사실 소진은 일이 시작되었던 오랜 과거에서부터 존재해왔던 심리적 문제였을 것이다. 그러나 과거에는 소진의 연구대상이 인간 서비스 직종에 한정되어 있었다면 현대의 소진은 다양한 유형의 모든 직업으로 확장되고 있으며, 좀 더 대중화되었고 훨씬 더 만성화 되었다는 점이다(양돈규, 2013).

소진에 대한 개념과 정의는 30여 가지가 있는데 때로는 원인으로써 때로는 결과로써 정의되고 있다(Maslach, 1982). 다양한 연구자들의 소진에 대한 개념을 종합해보면 소진이란 첫째, 헌신 혹은 기대한 보상을 얻지 못한 것에 따른 피로 혹은 좌절의 상태이며 둘째, 직업에서 온 스트레스와 긴장에 반응한 전문적 이탈과정 셋째, 일과 관계된 상황에서 부정적인 자세를 나타내며, 자기 자신에 대해서는 물론 다른 사람들을 향해서도 부정적인 태도를 보이며 무기력감과 절망감을 경험하는 것을 의미한다(Corey & Corey, 2001; Maslach & Jackson, 1982). 프로이덴베르거는 소진된 사람을 다음과 같이 모두 타버린 건물에 비유한다.

"한 때 역동적이며 생명력이 있던 구조물은 이제 폐허가 되었다. 활력이 넘치던 곳에 이제는 에너지와 삶이 붕괴된 잔재물이 남아 있다. 비록 외부의 모습은 거의 그대로 남아 있는 것 같다. 그렇지만 화재에 의해 내부는 커다란 공허와 황량감만 남게 되었다"

소진은 개인적 특성보다는 좀 더 업무와 관련되어있고 특정한 상황과 관련되어 있다. 상황적 요소로서의 업무환경은 물리적 환경뿐만 아니라 개인 간의 상호작용, 개인이 일하는 조직이나 기관, 나아가 개인의 일에 영향을 미치는 정책적 측면까지 포함한다. 업무 환경에서 비롯되는 소진 발생 요인들로 낮은 임금, 과도한 근로시간, 휴식시간의 부족, 낮은 승진 기회, 과중한 업무와 서류작업, 회사의 부적절한 지원, 자율성의 결핍, 부적절한 지도력과 감독, 역할의 모호함 등이 있다(Jerry Edelwich, 1981).

2. 소진상태 피하기

소진은 정서의 고갈, 이인증(depersonalization) 그리고 개인의 감소된 성취감의 주기를 탄다. 소진을 경험하는 사람들은 정서적으로 자신을 다른 사람들의 필요와 분리시킨다. 소진된 사람은 냉소주의가 이상주의를 대체한다. 다른 사람들에 대한 배려심이 덜하며 타인에 대한 태도도 부정적이다. 그리고 자신의 능력에 대한 자긍심과 믿음이 무너져 내리게 되면서 직업에 대한 부적절감을 느끼게 되고 종국에는 이직을 고려하게 된다. 이렇게 소진된 기독교인은 어떻게 대처하면 좋을까?

첫째, 무엇보다도 충분한 휴식을 취하도록 한다. 소진을 치유하는 가장 최선의 방법은 휴식이다. 속도를 잠시 늦추고 자기 조절을 위한 시간을 가져야 할 것이다. 우리는 가끔 뒤로 물러서야 한다. 잠을 충분히 자도록 하고, 근육 이완과 심호흡 운동과 같은 휴식을 취할 수 있는 테크닉을 사용할 수도 있다. 일을 한 후에는 긴장을 풀고 쉬도록 하자. 음악을 듣거나 활기찬 육체적 활동을 하고 취미에 몰두해도 좋다. 자기의 일에 대한 긴장을 떨쳐버릴 긍정적 대안을 찾아보도록 하자.

둘째, 새로운 방식으로 일을 해보도록 한다. 개인은 일의 어떤 부분이 변화될 수 있고 어떤 부분이 변화될 수 없는지를 결정하고, 일의 절차에 있어서 변화의 결과를 분석해야 한다. 또한 워크샵이나 세미나는 개인이 하는 일에 대해 새로운 아이디어를 제공해줄 수 있다. 소진된 상태에서 새로운 교육을 받기로 결심하고 이를 행동화하는 것은 쉽지 않을 수 있다. 그러나 지속되는 좌절은 더 나쁘다.

셋째, 기대치를 조정하고 현실적인 목표를 세우도록 한다. 이것은 개인의 이상을 포기하고 냉담해지는 것을 의미하지는 않는다. 그것은 개인의 능력과 가치에 대한 정직한 평가에 토대한 성취 가능한 목표를 설정하는 것을 의미한다.

넷째, 업무 외에서 기쁨을 찾도록 한다. 톨스토르프(C. C. Tolsdorf, 1976)는 개인적 목적을 성취하거나, 상황적 요구에의 대처능력을 보완하는 목적을 가진 어떤 행위 또는 행동을 사회적 지지로 정의했다. 사회적 지지는 가족, 친구, 이웃, 기타 사람에 의해 제공된 여러 형태의 도움과 원조를 의미하는데 직무 스트레스가 가져오는 부정적 영향에 대한 효과적인 완충장치의 역할을 할 수 있다(Cassel, 1976; Cobb, 1976; Caplan & Killilea, 1976). 일의 환경 영역을 넘어서 개인의 삶에 관심과 격려를 줄 수 있는 가족, 친구들, 멘토, 동료들을 만나는 것은 긍정적 상호관계 친밀감을 높이고, 일에 대한 영감을 받고, 일과 개인이 삶에 안내를 받으며 소진에 대한 출구를 제공할 수 있다. 이들과 의도적으로 의미있는 나눔의 시간을 갖고, 친밀감을 유지하는 것은 삶의 활력을 되찾는 길이다.

다섯째, 자신을 잘 아는 사람들이나 전문 상담사의 도움을 구하도록 한다. 개인적 고민을 나눌 수 있는 신뢰로운 멘토나 전문적인 상담사를 만나 자문을 얻는 것은 개인의 소외감과 외로움을 벗어나게 해주고, 현명한 대응책을 강구할 수 있는 힘을 준다. 전문 상담사 또한 교육분석 또는 수퍼비전을 통해 자신의 소진에 영향을 미치는 요인을 관리하는 것이 필요하다.

여섯째, 이직을 준비하도록 한다. 이러한 결정은 개인이 모든 가능한 전략들을 취했음에도 불구하고 직장에서 어려움이 개인을 압도할 때 이루어질 수 있는 최후의 방법이다. 이 때는 의미있는 타자나 진로 상담가와 먼저 상의하는 것이 좋다. 자기 분석부터 직업 의사결정까지 진로선택 과정을 거치며 재취업을 위한 구직 기술을 훈련한 후 그만두어도 늦지 않다.

일곱째, 말씀·묵상·기도를 통해 영적 안식을 누리도록 한다. 예수님은 사역의 분주함 속에서 잠시 자리를 떠나 휴식의 시간을 가지셨다(막 1:32-35; 눅 9:10). 소진의 개념에서 살펴보았듯이 소진은 '고갈' 과 관련되어 있다. 소진은 열정을 가지고 자신의 일을 하다가 신체적·정서적으로 에너지가 충전되지 않아 고갈을 경험하는 것이다. 이러한 고갈 즉, 메마름은 '채움' 으로만이 극복이 가능하다. 기독교인은 매일 성령 충만함으로 자신을 채워야 한다. 하나님이 없는 일과 성취감은 잠시 유익함을 주는 듯하다. 그러나 개인은 얼마 지나지 않아 영적으로 비어 있는 자신을 발견하게 될 것이고, 이는 개인의 전인격적인 삶에 부정적인 영향을 미치게 된다. 매일 하나님의 말씀을 묵상하고 꾸준히 기도하며 성령 충만함을 받는 일은 그리스도인으로서 정체성을 확고히 하며, 직장에서의 청지기의 사명을 온전히 감당하도록 돕는다.

자신이 하는 유급 혹은 무급의 일과 관련한 직무 스트레스로부터 좌절, 피로 그리고 환멸을 피하기 위한 전략적 계획이 없는 모든 사람은 소진에 가까운 길을 위험스럽게 걷고 있다. 일은 소모적인 것이고 우리는 일에 대해 불평을 하며 일을 피하려고 노력한다. 우리는 가끔 복권에 당첨되거나, 복사기를 걷어차고, 명함 정리기를 꾸리고 상사에게 회사를 그만두겠다고 말하고 멋지게 새로운 일을 향해 떠나는 환상을 갖는다. 그러나 이것은 일에 대한 잘못된 이미지이다. 비록 넘어짐 즉 타락이 일을 오염시켰지만 우리는 하나님이 넘어짐 이전에 인간의 노동의 개념을 도입한 사실을 기억해야 한다. 아담과 이브가 아직 죄를 짓지 않았을 때 하나님은 그들에게 해야 할 일을 주었다. 그는 아담에게 동물들의 이름을 짓게 했고, 아담과 이브가 동물들을 다스리고, 에덴 동산을 경영하고, 식물과 나무들로부터 음식을 준비하게 하셨다. 왜 사랑스런 하나님은 자녀들을 창조하자마자 그들을 일하도록 시키시는 것일까? 왜냐하면 하나님은 인간의 노동이 축복이라는 것을 아셨기 때문이다. 하나님은 일 자체가 지닌 약점에도 불구하고, 일이 인간의 가장 큰 만족의 원천들 중 하나라는 것을 아셨다. 기독교인은 돈만이 목적이 아닌, 목적의식이 있는 노동을 필요로 한다. 일은 재정적인 보상 그 이상의 것을 제공한다. 그것은 영적이고, 심리적이고, 정서적 지지까지도 제공한다. 알버트 까뮈(Albert Camus, 1991)는 "일이 영혼을 상실하면 삶은 숨이 막혀 죽을 것이다"라고 하였다. 왜 일하는지에 대한 궁극적인 이해가 없다면 삶의 의미를 잃어버리게 된다(Stevens & Ung, 2010). 일은 보수를 받든지 그렇지 않든지 간에 우리에게 우리의 정체성을 확인시켜 준다. 또한 일은 개인적인 성취감을 가져다준다. 그리고 즐거움을 준다. 우리는 일을 좋아하면서도 일을 좋아한다는 것을 인정하기를 싫어한다. 전도서의 기자는 관계에 기초한 일의 완성을 이해하였으며 다음과 같이 기록하였다.

> "사람이 하나님께서 그에게 주신 바 그 일평생에 먹고 마시며 해 아래에서 하는 모든 수고 중에서 낙을 보는 것이 선하고 아름다움을 내가 보았나니 그것이 그의 몫이로다(전 5:18)."

제 2 부

진로상담의 이론과 실제

chapter 6
진로지도 및 상담의 역사적 이해

　　진로지도 및 상담을 역사적으로 살펴보면 출발기와 성장기로 구분하여 이해할 수 있다. 출발기는 산업혁명의 영향으로 미국사회가 사회적 여건과 작업환경에 중대한 변화를 맞게 된 1850년부터 1940년까지이고, 성장기는 1941년부터 시작하여 상담관련 주요 저서가 출간되고, 제2차 세계대전 이후의 검사운동, 진로발달이론, 진로지도운동, 국립직업정보조정위원회(NOICC) 설립과 활동, 진로상담연구 등이 이루어진 현재까지이다. 진로지도 및 상담의 출발기와 성장기 그리고 우리나라 진로상담의 역사를 구체적으로 살펴보면 다음과 같다.

1. 진로지도 및 상담의 출발기

　　1800년대의 말 산업주의의 발흥은 작업환경과 생활여건을 크게 변화시켰다. 특히 도시지역은 광대한 영토, 풍부한 자원, 노동이민 등의 요건을 바탕으로 산업 중심지로 자리를 잡았으며, 경제성장을 이끌게 되었다. 이같은 경제성장은 중등교육의 대중화를 촉진시키게 되었고, 학생들은 적성, 능력, 흥미 등이 다양해졌으며, 그에 따른 교육 욕구도 다양해지게 되었다. 그러나 고도의 산업화는 비인간적인 산업시스템과 복잡한 도시생활 속에서 개인의 정체감 상실, '부익부 빈익빈'의 계층 갈등을 야기시켰다. 따라서 미국과 유럽에서는 개혁정신이 싹트기 시작했다. 자녀의 더 나은 미래를 위해 부모들은 적합한 진로를 선택하는 일에 관심을 기울이게 되었으며, 학교에서는 산업기술 발달에 따른 직업 교육도 다양하게 발전함에 따라 진로교육이 절실하게 요구되었다.

1800년대 말 사회개혁운동과 도시의 발달은 생활지도의 창시자인 프랭크 파슨스(Frank Parsons)의 관심을 사로잡았다. 1905년 1월 파슨스는 보스톤에 이주민과 직업을 구하는 젊은이들을 위하여 교육프로그램을 제공하기 위해 설립된 Civic Service-House(시민 서비스 센터)의 프로그램의 하나인 Breadwinner 연구소의 소장을 역임하였다. 이후 1909년 5월에 Parsons의 유작인 『직업지도(Choosing a Vocation)』가 출판되면서 진로선택 및 진로발달에 관한 이론이 체계화되고 진로문제에 영향을 끼치는 여러 요인이 밝혀짐에 따라 진로상담의 전통적인 개념에 변화가 일어났다(김충기 외, 2006). 급속한 산업화로 인해 적성과 흥미를 고려하지 않고 공장 노동자가 되어, 1년도 지나지 않아 퇴직을 하고 생활고와 어려움에 시달리던 젊은이들의 합리적 진로선택을 위해 파슨스는 다음과 같은 세 가지 진로선택의 원리를 제시하였다. 첫째, 자신의 적성, 능력, 흥미 등에 대한 명확한 이해 둘째, 각기 다른 다양한 직업이 요구하는 자질, 보수, 장래성, 장점, 단점에 대한 명확한 이해 셋째, 이상의 두 가지 사실에 대한 분석 결과를 통합한 합리적 판단이다.

직업 및 진로지도에 관한 학술회의와 관련하여 1910년 직업지도에 관한 최초의 범국가적 회의가 보스톤에서 개최되었다. 이후 1913년 10월 미시간의 그랜드 라피드에서 열린 제3차 회의에서 국가직업지도연합회(National Vocational Guidance Association)가 창설되었다. 현재는 그 이름이 국가진로발달연합회(National Career Development Association: NCDA)로 변경되었는데, 진로지도운동의 발달에 가장 강력한 리더십을 발휘하고 있다.

1900년대부터 1940년까지의 진로상담 발달과정은 심리학자들에 의해 시작된 정신측정운동과 맥락을 같이 함을 볼 수 있다. 1927년 스탠포드 대학의 에드워드 스트롱(Edward K. Strong)에 의해서 출간된 흥미검사는 진로상담자들에게 측정결과와 직업 연결을 위한 중요한 도구 역할을 하였다. 그리고 1928년 클락 홀(Clark L. Hull)에 의해서 출간된 적성검사(Aptitude Testing)는 표준화된 적성검사를 통해서 직무만족과 직무성공을 위한 직업지도를 할 수 있는 계기를 마련하였다. 1920년대에는 공립학교에서 성취검사가 급속도로 발달된 반면 성격검사는 제1차 세계대전 기간 동안에 시작되었으나 발달속도는 매우 느렸다.

2. 진로지도 및 상담의 성장기

1941년부터 현재에 이르기까지 진로지도 및 상담에 관련된 중요한 사항들은 주요 저서의 출간, 제2차 세계대전, 중요한 연방

프로그램, 진로발달이론의 체계화, 진로교육의 발달, 프로페셔널리즘 운동, 기술의 진전 등이다. 성장기를 주도한 학자들로 윌리엄슨(Edmund G. Williamson, 1939), 로저스(Carl Rogers, 1942), 긴즈버그(Eli Ginzberg, 1951), 로우(Ann Roe, 1956), 수퍼(Donald Super, 1951), 홀랜드(John Holland, 1985), 타이드먼(David Tiedman, 1963), 겔라트(H. B. Gelatt, 1962)등이 있다.

1940년대 초에는 파슨스(Frank Parsons)의 영향을 받은 윌리엄슨(E. G. Williamson)에 의해서 『How to Counsel Students』라는 책이 출판되면서 지시적 상담 기법을 통한 진로상담이 구체화되었다. 그리고 1942년 칼 로저스의 『Counseling and Psychotherapy』는 진로상담에서 인간발달과 생애경험의 광범위한 측면을 고려하도록 하는 계기를 마련해 주었다.

제2차 세계대전이 끝나갈 무렵에 군 당국은 퇴역 군인들로 하여금 시민생활로 원활하게 되돌아 갈 수 있는 상담프로그램을 운영하였는데, 이 프로그램 가운데는 미래의 교육 및 직업계획에 관한 제언이 포함되어 있었다. 진로지도에 대한 요구가 점차로 확산되면서 국회는 1946년 George-Barden법을 통과시키게 되었는데, 이 법은 상담자 훈련 프로그램에 자금을 지원하고, 직업지도 프로그램을 유지하기 위하여 각 주에 보다 자유로운 자금배분의 방법을 제시하였다.

제2차 세계대전 이후 응용심리학의 발달은 측정운동의 성장에 중요한 기여를 하였다. 응용심리학의 모든 분과에서 검사의 사용에 대한 새로운 관심은 진로지도 실제와 직접적으로 연결되었다. 그리고 측정결과의 활용에 대한 강조는 상담을 지원하는 수단으로 도구의 개발에 대한 필요성을 도출하였다. 대학에서는 검사강

좌가 증가되었으며 American College Testing Program(ACT) 등은 학생들의 대학전공 선택과 진로선택을 도와주기 위해 활용되었다.

세계대전을 전후하여 검사와 관련된 서적들이 상당히 많이 출판되었다. 이는 다양한 검사 프로그램의 개발과 제공에 대한 재정적이고 기술적인 확신에서 기인되었다. 또한 채점과정을 신속하게 처리해주는 기술 발전으로 인해 진로지도 전문가들은 검사에 보다 큰 매력을 느끼고 있으며, 검사결과의 출력 및 해석방법 등이 컴퓨터로 처리됨에 따라 진로지도에 있어서 검사의 활용에 대한 유용성을 계속적으로 증대되고 있다.

1950년대 초기에 긴즈버그(Ginzberg), 로우(Roe), 수퍼(Super) 등은 진로발달 및 직업선택 이론을 발표하였는데, 이는 진로지도운동의 발전에 있어서 획기적인 업적이 되었다. 그 후에도 홀랜드(Holland), 타이드먼(Tiedman), 겔라트(Gelatt), 크럼볼츠(Krumbolz), 보딘(Bordin) 등이 직업환경에 적합한 성격유형의 확인, 의사결정기법 등에 통찰을 제공함으로써 진로지도 프로그램에 공헌하였다.

1960년대 초기 국회에서는 직업훈련그램을 통하여 새로운 직업을 창출할 목적으로 인력에 관한 법령을 통과시켰고, 지역사회기관을 설립하는 등 다양한 상황에서 배치상담에 활용할 재원을 마련하였으며, 1963년 직업교육법(Vocational Educational Act)은 직업지도운동에 크게 영향을 주었다(김충기, 2006). 1976년 설립된 국립직업정보조정위원회(National Occupation Coordination Committee: NOICC)는 4개의 연방기구 즉, 노동통계청, 고용 및 훈련부, 직업 및 성인교육국, 국립교육통계센터 지원을 받으면서 활동하고 있는데 최근에 이르러 NOICC는 국가진로상담 및 진로발달 가이드라인을 설정하는 프로젝트에 지원을 제공하고 있다. 이 가이드라인의 실천단계는 요구분석, 지역 진로발달 표준 설정, 지원인사 및 운영요원의 모집, 운영요원에 대한 능력개발, 프로그램 평가에 대한 기획 및 실행 등의 요소들이 포함된다. 그리고 NOICC에서는 1992년에 국립진로개발훈련원(National Career Development Training Institute: NCDTI)을 설립하여 각 주에서 학생들과 성인들을 도와줄 프로그램을 기획하였다(김충기, 2003).

3. 한국의 진로지도 및 상담의 역사

한국에서 진로지도 및 상담이 실시된 것은 1978년 이정근의 저서 『진로지도와 진로상담』에서 진로상담 방법에 관한 내용이 약간 소개 된 이후 1989년 김충기가 『진로상담의 이론과 실제』라는 저서를 내놓음으로써 이에 대한 관심이 나타나기 시작하였다. 그리고 1993년 재단법인 청소년 대화의 광장이 개원하면서 박경애 등을 중심으로 훈련 프로그램을 개발하였고, 이 프로그램은 전국의 진로상담교사와 전국지도청소년 상담실에서 수십 차례의 워크샵을 개최하여 보급하였다. 1995년에 들어서는 김충기, 김병숙의 공역인 『진로상담: 기술과 기법』이란 역서를 통해 진로상담기술의 일면이 우리나라에 소개되었다. 학교 현장에서는 1994년에 전라남도 교육연구원에서 방진주에 의해 "진로상담의 기법과 과정"이라는 연구물이 발표되었다. 그리고 1996년 9월 19~20일 서울대학교 교수회관에서 진로상담에 관한 국제 심포지움이 개최되면서 진로상담에 대한 관심이 높아지게 되었다.

현재 우리나라는 초등학교의 경우 일반 교과의 일부 단원에서 진로와 관련된 사항들을 발달지향적인 측면에서 가르치고 있으며, 중학교에서는 2009 개정 교육과정에 의해 선택교과로 「진로와 직업」이 편제되었다. 2009 개정교육과정이 처음 적용되는 시점이 2011년인 것을 고려하면 독립된 교과목으로서의 역사는 짧은 편이다. 고등학교에서는 「진로와 직업」 과목은 1992년 제6차 교육과정 때 고등학교에 처음 신설되었다. 이러한 교과목을 담당하고 직업체험활동을 운영하며, 학교 진로교육 프로그램을 기획 · 운영하기 위하여 진로진학상담교사를 양성하여 중등학교에 배치하였다. 대학의 경우에는 대부분의 학교에 커리어센터가 설치되어 취업지원관 및 진로상담전문가가 활동하고 있다. 성인 진로상담의 경우 전국의 고용센터에서 직업상담사가 구직자의 취업지원 등을 위한 직업상담을 실시하고 있다.

chapter
7

진로상담의
기초이해

1. 진로상담의 개념

진로상담에 대한 정의는 학자에 따라 다소 차이가 있다. 크릿츠(J. O. Crites, 1981)는 진로상담을 "의미 있고 생산적인 일을 통하여 개인이 현실과 접하고 이를 유지해 나가는 데 있어서 개인에게 가장 적합한 심리적 방법의 하나를 구성해 줄 뿐만 아니라, 중요한 사회적 변화를 가능케 하는 경제적 수단을 제공하는 것"이라고 정의하였다. 수퍼(D. E. Super, 1984)는 진로상담을 "일의 세계에서 적절한 융화된 자신의 역할상과 자아상을 발전시키고 수용하여 이를 현실에 검토해보고, 검토한 자체를 자신에 만족하고 사회에 이익이 되는 현실로 전환하도록 개인을 도와주는 과정"이라고 정의하였다. 한편 미국의 진로발달협회(National Career Development Association: NCDA)에서는 "내담자가 가장 적절한 진로결정을 하기 위해 자신과 환경의 이해를 종합하고 응용하도록 돕는 목적을 가진 상담자와 내담자 사이의 개인과 개인 또는 개인과 소집단의 관계"라고 정의하였다.

국내 연구에서 김봉환 등(2000)은 진로상담은 "상담자와 내담자가 전문적인 도움을 주고받는 과정이며 개인의 진로발달을 촉진시키거나 진로계획, 진로와 직업의 선택과 결정, 실천, 직업적응, 직업전환 등의 과정의 돕기 위한 활동"으로 정의하였다. 지용근 등(2009)은 진로상담은 "개인으로 하여금 자신에 관하여 좀 더 정확한 이해를 할 수 있게 하고, 일의 세계를 포함한 환경에 대하여 보다 명백하고 체계적이며 합리적인 이해를 할 수 있도록 함으로써 내담자의 문제를 해결하고 진로에 관한 계획과 수립, 그리고 선택에 조력하는 활동"이라고 정의하였다.

이와 같은 학자들의 견해를 종합하면 진로상담은 넓은 의미에서 "내담자가 미래사회에 어떻게 대처해 나갈 것인가에 관한 여러 가지 문제 즉, 교육, 직업, 가정, 신체, 사회, 이성, 성격, 도덕, 신앙 문제를 합리적으로 탐색 및 결정하고 잘 적응하도록 돕는 체계적이고 전문적인 활동"이라고 할 수 있다(김충기, 2006). 동시에 진로상담은 내담자의 진로발달을 도와주는 과정, 즉 개인의 진로계획 및 준비, 직업준비와 선택, 진로문제의 해결과 적응 등을 단계적으로 도와주는 연속적 과정의 의미가 내포되어 있다.

이처럼 진로상담은 개인의 전 생애에 걸쳐서 진로선택과 관련된 모든 상담활동 즉 가족, 일, 여가 등이 진로계획 및 통합된 영역으로 간주된다. 한편 진로상담과 유사하게 사용되는 직업상담(Vocational Counseling)은 개인이 특정한 직업을 선택하고, 선택한 직업에서 적응을 원활하게 수행할 수 있도록 도우며, 나아가 직업전환 및 은퇴의 과정에서 발생할 수 있는 문제들을 예방하고 지원하는 전문적인 상담활동을 의미한다. 우리나라는 직업상담 전문가인 '직업상담사'를 국가자격으로 지정하여 취업자, 재직자, 실직자, 은퇴자를 대상으로 직업상담을 실시하고 있다.

2. 진로상담의 목표

진로상담의 궁극적인 목적은 진로상담을 통하여 개인적으로는 자아를 실현하고, 국가적으로는 인력의 효율적인 활용으로 국가 발전에 기여하는 것이다. 이를 위한 구체적인 진로상담의 목표는 자신에 대한 보다 정확한 이해 증진, 직업세계에 대한 이해 증진, 합리적인 의사결정 능력의 증진, 정보탐색 및 활용능력의 함양, 일과 직업에 대한 올바른 가치관 및 태도 형성에 있다(김봉환 등, 2006).

1) 자신에 대한 정확한 이해

복잡한 직업세계에서 자신에게 가장 적합한 직업을 선택하기 위해서는 무엇보다도 자기의 가치관, 능력, 성격, 적성, 흥미, 신체적 특성 등에 대하여 올바르게 이해하는 일이 필수적이다. 진로상담을 통하여 정확하고 객관적인 자기 이미지를 형성하도록 도와야 한다.

2) 직업세계에 대한 이해

많은 내담자들은 일과 직업세계에 대해 잘 모르고 있는 경우가 많다. 설령 알고 있다고 해도 매우 피상적인 수준에서 단편적인 측면만을 숙지하고 있다. 따라서 진로상담을 통해 일의 종류, 직업세계의 구조와 특성, 직업세계의 변화, 고용기회 및 경향 등을 올바르게 이해하도록 하는 일은 진로상담의 중요한 목표가 된다.

3) 합리적인 의사결정 능력의 증진

진로지도의 최종결과는 자신에 대한 정보, 직업세계에 대한 정보 등을 토대로 최종적으로 진로를 선택하는 의사결정을 하는 것이다. 내담자가 진로상담을 통해 자신의 진로를 스스로 선택하고 계획을 추진할 수 있도록 의사결정능력을 증진시키도록 도와야 한다.

4) 정보탐색 및 활용능력의 함양

정보화 시대를 바람직하게 살아가는 모습 중의 하나는 자신에게 필요한 다양한 정보를 신속하게 수집분석 가공하여 적절하게 활용하는 능력을 갖추는 것이다. 이를 통해 합리적인 의사결정이 이루어질 수 있도록 도와야 한다.

5) 일과 직업에 대한 올바른 가치관 및 태도 형성

진로상담의 중요한 목표 중 하나는 내담자로 하여금 일과 직업에 대한 올바른 가치관 및 태도를 갖도록 하는 것이다. 일을 하는 것은 생계수단 이상의 의미를 갖는다. 일은 사회봉사와 자아실현의 수단이 된다. 기독교인에게 일은 하나님께 받은 직업 소명을 효율적으로 활용하며 개인적인 자아실현과 더불어 공동체 발전에 기여하는 수단이 된다. 이처럼 내담자가 일이 갖는 본래의 의미를 깨닫고 올바른 직업관과 직업의식을 갖도록 상담하는 것이 필요하다.

3. 진로상담의 기본원리

진로상담은 자신에 대한 정확한 이해와 일의 세계를 포함한 환경에 대한 체계적 합리적인 이해를 통해서 내담자의 진로를 계획하고 선택할 수 있도록 조력하는 활동이다. 내담자가 진로를 설계하고 선택할 수 있도록 효율적인 조력활동이 이루어지기 위해서 진로상담 장면에서 강조되어야 할 기본적인 원리는 다음과 같다(지용근 외, 2009).

첫째, 효과적인 진로상담이 이루어지기 위해서 상담자는 일반상담능력을 겸비해야 한다. 진로상담은 개인의 전 생애에 걸쳐서 이루어지는 계획 및 의사결정의 통합된 영역으로 진로상담을 효과적으로 실시하기 위해서는 일반상담의 원리와 기법에 대해 잘 알고 상담에 임해야 한다.

둘째, 진로상담은 각종 심리검사의 결과를 기초로 합리적인 결과를 이끌어낼 수 있도록 도와주어야 한다.

셋째, 진로상담은 내담자의 진로발달 및 진로성숙 정도를 고려하여 직업선택에 초점을 맞추어 전개되어야 한다. 진로성숙도가 낮은 내담자에게는 직업 준비에 중점을 두고 직업선택을 위한 준비과정을 발달시키는 상담이 필요하다. 반면 진로성숙도가 높은 내담자는 정보 수집과 분석, 정보의 자기화, 스스로 합리적인 진로선택과 의사결정을 내릴 수 있도록 도와야 한다.

넷째, 진로상담은 자신에 대한 이해와 직업세계에 대한 이해의 진로정보활동을 중심으로 개인과 직업을 조화시키는 합리적인 진로선택 및 진로결정을 돕는 과정이다.

다섯째, 진로상담은 상담윤리강령에 따라 진행되어야 한다. 상담자는 상담에 대한 책임 있는 자세가 요구되며, 전문적인 지식과 기술을 갖추고 내담자의 이익을 우선시해야 한다. 그리고 제3자에게 피해가 가지 않는 한 비밀보장을 우선으로 보장해야 한다.

진로발달이론

진로지도와 상담은 아동기부터 시작해서 체계적인 발달과정을 거쳐야 한다. 진로상담이 올바르게 이루어지기 위해서는 체계적이고 검증된 진로이론에 바탕을 두고 있어야 한다. 이론은 자료를 일목요연하게 정리해주고, 복잡한 문제를 단순화해 줄 뿐만 아니라 문제에 대한 접근방법을 알려주는 역할을 한다. 또한 이론은 예측하지 못한 사항이나 관계를 발견하게 해주고, 조작적 정의를 하게 만들며 일반화할 수 있는 원리를 제시해주는 역할을 한다. 진로상담에 있어서 이론의 역할은 개인이 직업적으로 어떻게 발달할 수 있는가를 이해하도록 하여 상담자에게 상담의 과정에서 부딪히는 문제를 해결하고 효율적으로 상담을 발전시키도록 돕기 위한 안내를 제공한다. 또한 진로이론은 사람들이 특정한 직업을 선택하는 이유를 제시하고 있다. 진로상담사가 이러한 진로이론을 많이 이해할수록 다양한 내담자에 대한 최적의 접근이 가능해진다.

진로발달에 대한 이론과 접근방법은 학자에 따라 다양하게 분류되고 있다. 상담자가 효과적으로 진로상담을 하기 위해서는 먼저 진로발달(career development) 이론에 정통해야 하고, 문제의 성격에 따라 적합한 이론을 선택할 수 있어야 한다. 진로이론은 크게 진로발달의 '내용'을 강조하는 이론과 진로발달의 '과정'을 강조하는 이론으로 구별할 수 있다. 그러나 진로에 관련된 여러 이론들을 분류하는 방식은 학자들에 따라서 매우 다양한 형태로 나타난다. 예를 들어 헤어와 크라머(Herr & Cramer, 1996)는 진로이론을 특성 요인이론, 의사결정이론, 사회적 강조론, 심리이론 및 발달이론 등으로 구분하는 반면, 깁슨과 미첼(Gibson & Mitchell, 1990)은 과정이론, 발달이론, 성격이론, 기회이론 등으로 나누기도 한다. 조지와 크리스티아니(George & Cristiani, 1981)는 특성 · 요인이론, 구조이론, 발달이론, 의사결정이론 등으로 분류하고 있다. 한편 준커(Zunker, 1994)는 특성 · 요인이론, 발달이론, 욕구접근, 유형접근, 진로선택의 사회학습이론, 인지적 정보처리과정, 진로발달의 분화이론, 진로발달의 기타이론 등 8가지로 구분하고 있다. 주요 진로발달이론의 특성을 요약하면 다음(표3 참조)과 같다.

1. 특성 – 요인이론

특성-요인이론(trait-factor theory)은 개인차 심리학과 응용심리학에 그 배경을 두고 인간행동의 개인차에 대한 측정과 확인에 초점을 두고 있다. 대표적인 이론가로 파슨스(Parsons, 1909), 윌리엄슨(Williamson, 1950), 헐(Hull, 1928), 키트슨(Kitson, 1925) 등이 있다. 생활지도의 아버지로 불리는 파슨스(1909)가 제안한 특성-요인이론은 진로상담과 관련된 초창기의 이론으로 자신에 대한 명확한 이해와 여러 직업에 관한 지식의 합리적인 연결이 현명한 직업선택이라고 보았다. 즉 이 이론은 고도로 개별적이고 과학적인 방법으로 과학적인 측정방법을 통해 개인이 지닌 인성특성을 밝혀내고, 각각의 직업이 요구하는 제 요인을 분석하여 개인의 특성에 적합한 직업을 연결시켰을 때 합리적인 직업선택을 하였다고 할 수 있는 것이다. 특성-요인이론을 토대로 해서 다른 많은 이론들이 생겨나게 되었고, 진로상담 과정에서 활용되고 있는 수많은 심리검사들이 탄생하게 되었다.

<표 3> 진로발달이론과 관련내용 요약

구분	이론가	주요 개념	연령구분	생활지도에 응용	연구지원 방안
특성 이론	E. G. Williamson Frank Parsons Hull Kitson	특성의 평가, 일의 요소와 특성을 연계시킨다.	고등학교 및 성인	의사결정을 위한 선택	타당성의 여러 가지 결과
발달 이론	Donald E. Super Eil Ginzberg Tiedman and O'Hara	발달단계, 진로유형, 직업적 자아개념, 직업성숙도	일생을 통하여 이루어진다.	여러 연령층에 알맞게 상담 및 프로그램 계획	단계별 계열성과 같은 주요 개념을 기초로 한 실질적 지원
욕구 이론	Anne Roe John L. Holland Robert Hoppock	욕구는 경험과 속성에서 발생된다. 선택은 욕구에 기초한다.	전 생애를 통해 일어난다. 그러나 강조점은 아동기에 일직 선택하는데 초점을 둔다.	생활지도에 있어서 욕구 개념을 광범위하게 응용한다.	이론가에 따라 변화된다. Roe는 일부 지원하고는 일반적으로 타당하다고 한다.

구분	이론가	주요 개념	연령구분	생활지도에 응용	연구지원 방안
정신분석이론	Edward S. Bordin Nachmann Segal Galinsky Freud	욕구는 인생발달의 정신분석학적 이론에 기초하고 있다.	유아기에 있어서 인성발달을 강조하지만 평생을 통하여 욕구는 상손한다.	주로 욕구탐색을 포함하는 상담에 사용된다.	어떤 연구는 개념에 대한 지원을 하고 있다.
사회이론	Blau Gustad Jessar and Wilcock Miller and Form August B. Hollingshad	직업발달의 선택에 있어서 사회적인 영향을 강조한다. 직업기회가 중요한 역할을 한다.	평생을 통한 활동	광범위하게 응용되고 있다.	여러 가지 측면에서 지지를 받는다. 예를 들면 선택기회의 효과 등
의사결정이론	H.B. Gelatt Hershenson and Roth Knefelkamp and Slepitza, Katz, Jepson	의사결정은 누가 기록적인 효과를 가지고 있다. 의사결정은 분류하는 과정이다.	일생을 통하여 전개되지만, 처음 다가오는 20~30년대를 주로 강조한다.	광범위하게 응용되고 있다.	소수가 지원한다.
사회학습이론	Mitchell, Jones and J. D. Krumbolz, Thoreson and Ewart	학습유형을 이용, 경험의 효과, 기술을 습득한다.	일생을 통하여 전개되지만, 처음 다가오는 20-30년대를 주로 강조한다.	광범위하게 응용되고 있다.	소수만이 지원한다.

＊ 자료: Tolbert, E. L.(1980). Counseling for career development. Boston: Houghton Mifflin Company, 36-37.

1) 특성-요인이론의 배경

파슨스는 직업지도 운동의 선두주자로 알려져 있는데 다른 인본주의자들과 마찬가지로 산업 독점가들에 의한 노동자 착취에 관심을 가졌다. 그래서 노동착취를 방지할 산업개혁과 노동자들이 능력과 흥미에 맞는 직업을 선택할 수 있도록 교육과 사회제도를 개혁할 것을 제안하였다.

파슨스와 그의 동료들은 청소년들에게도 관심이 많았다. 이러한 관심의 일환으로 워싱턴과 보스턴의 중도탈락 학생들에 대한 연구를 수행하였고, 보스턴 사회복지관을 대신하는 '직업국'을 신설하기도 했다. 그는 모든 고등학교가 학생들의 취업에 도움을 제공해야 한다고 믿고, 1908년 그가 사망할 때까지 보스턴의 교육이 이러한 서비스를 제공하도록 설득하였다.

파슨스는 개인분석, 직업분석, 과학적 조언을 통한 매칭(matching)을 주장하였다. 이는 자신의 강점과 약점을 포함한 개인적 성향을 충분히 이해하고, 주어진 직업에서의 성공조건 및 보상과 승진에 관한 정보를 알아야 하며, 입수한 정보를 바탕으로 선택과정에서 '진실한 추론'을 해 나가야 한다는 것이다.

많은 상담자, 교육자, 심리학자들은 파슨스가 세상을 떠난 후에도 그의 개념을 옹호하고 확장시켰다. 개인차 심리학의 성장은 과학적 측정을 통한 특성 확인을 가능케하여 파슨스의 모델에 추진력을 더했다. 특히 피터슨(Peterson)은 진로상담자들이 사용할 수 있는 여러 가지 심리검사도구를 개발하였다. 그 외에도 미네소타 고용안정연구소의 달리(Darley)의 업적은 미네소타 관점으로 알려지면서 특성-요인이론과 동의어로 쓰이게 되었으며, 미네소타 그룹의 윌리엄슨(Williamson)은 특성-요인이론의 대변자로 떠올랐다.

미네소타 대학교의 직업심리학자들은 다양한 특수적성검사, 인성검사 등의 도구를 개발함으로써 특성-요인이론의 기초를 다졌다. 이들은 또한 상담기법, 진단전략, 적재적소의 배치에 관한 정보를 담은 책들도 펴냈으며, 이들의 연구결과로 1977년 『직업사전』이 출판되었다.

2) 기본가정

특성-요인이론의 접근법은 직업과 사람을 연결시키기 위하여 세 가지의 가정과 원리에 기인한다(Crites, 1969).

첫째, 각자의 독특한 심리학적 특성으로 인하여 모든 근로자는 특수한 직업유형에 잘 적응한다.

둘째, 여러 가지 직업에 종사하는 근로자들은 각기 다른 심리학적 특성을 가지고 있다.

셋째, 직업적응은 직접적으로 근로자의 특성과 직업에서 요구하는 것들 사이의 조화정도에 따라 달라진다.

이러한 원리들은 직업과 관련된 개인의 특성을 측정하여 미래의 직업세계에서 성공을 예언하려고 시도함으로써 직무내용설명과 직무요구사항의 연구에 많은 영향을 주었다. 또한 내담자가 직업세계에서 최적의 활동범위를 발견할 수 있도록 돕는다.

파슨스(Parsons)는 그의 저서 『Choosing a Vocation (직업의 선택)』에서 현명한 직업선택에 관련되는 세 가지 주요 요인을 다음과 같이 제시하였다.

첫째, 자신에 대한 명확한 이해 즉 적성, 능력, 흥미, 포부, 환경 등의 이해.

둘째, 여러 직업에 따른 자격 요건, 장 · 단점, 보수, 취업기회, 장래전망 등에 관한 지식.

셋째, 위의 두 요인 간의 합리적인 연결 즉, 내담자 자신의 개인적 요인에 관한 자료와 직업에 관한 자료를 중심으로 진로상담을 통해 내담자가 현명한 선택을 하도록 도와주는 조력활동이다. 이렇듯 현명한 직업선택은 자기 자신에 대한 분명한 이해, 제반 직업조건과 욕구의 인식 그리고 이 두 가지 요소들의 적절한 매칭으로 이루어진다고 할 수 있다.

밀러(Miller, 1974)는 특성-요인이론을 다음과 같은 다섯 가지 가정에 기초를 두고 있다.

첫째, 직업발달은 개인과 직업특성간의 관계를 합리적으로 추론하여 의사결정을 도출해 가는 인지과정이다.

둘째, 직업선택에서는 발달보다는 선택 자체를 강조한다.

셋째, 개인에게는 각기 자기에게 맞는 하나의 적절한 직업이 있다. 한 사람이 여러 가지 직업에 두루 적합하다고 볼 수는 없다.

넷째, 각 직업에는 그 직업에 맞는 특정한 형태의 사람이 종사하고 있다. 따라서 어떤 특정한 직업에서 유능하게 일할 수 있는 사람의 특성에는 어떤 제한이 있다고 볼 수 있다.

다섯째, 누구나 자신의 특성에 알맞은 직업을 선택할 수 있다.

이러한 접근법은 주로 심리검사를 통해 개인의 특성을 평가하게 된다. 그러나 이러한 측정 도구에서 얻어진 정보는 예언타당도가 낮다는 문제점을 지니고 있다. 왜냐하면 개인이 지니고 있는 여러 가지 특성 중에서 어느 것을 우선적으로 고려하느냐에 따라 직업선택이 달라질 수 있기 때문이다. 따라서 검사를 통해 얻은 정보는 직업선택 시에 참고하는 정도로만 활용하는 것이 바람직하다.

그리고 클라인과 바이너(Klein & Weiner, 1977)는 특성-요인이론을 다음과 같은 네 가지 가정에 기초를 두고 있다.

첫째, 각 개인은 독특한 특성들을 가지고 있다. 그 특성들은 신뢰하고 타당하게 특정되어질 수 있다.

둘째, 직업은 직장인이 성공적으로 일을 수행하기 위하여 특정한 특성을 소유하기를 요구한다.

셋째, 직업의 선택은 직선적인 과정이며 매칭이 가능하다.

넷째, 개인의 특성과 직업의 요구사항이 매칭이 잘 이루어질수록 성공 가능성이 크다.

이와 같이 특성-요인이론은 개인의 적성, 지능, 흥미, 가치관, 성격 및 개인이 갖고 있는 여러 특성을 심리검사 등의 객관적인 방법으로 찾아내고, 각각 직업이 요구하는 제반요인을 분석하여 개인의 특성에 적합한 직업을 선택하게 하는 이론이다. 이러한 직업선택은 개인의 능력수준과 욕구가 자기가 원하는 직업에서 요구하는 능력과 강화체계가 일치되어 직무만족도를 높이고 성공적인 직업 적응을 가능하도록 한다.

3) 이론의 공헌점과 제한점

특성-요인이론은 한 때 심리검사의 개발과 세계대전의 발발로 상당한 각광을 받아왔고 현재까지도 진로지도에 공헌하는 바가 크다. 특히 직업선택에 있어서 개인의 여러 가지 특성 즉 적성, 흥미, 가치관 성격 등을 고려하도록 하였다는 사실이 주요 공헌점으로 평가되고 있다. 이 이론은 그 후 다양한 연구들이 수행될 수 있도록 자극을 주었는데, 적성검사연구가 그 대표적인 것으로 스트롱(Strong, 1983)의 직업흥미검사, 쿠더(Kuder, 1963)의 직업선호검사 등이 여기에 속한다. 또한 표준화 검사도구의 개발과 직업세계의 분석과정은 진로상담에 매우 유용하다.

그러나 한편으로 많은 제한점을 내포하고 있기도 한다. 먼저 특성-요인이론에서는 객관적인 절차 즉 심리검사를 통해서 개인의 특성을 타당하고 신뢰롭게 측정할 수 있다고 가정하는데, 이러한 검사도구에서 밝혀진 결과가 장래 직업에서의 성공여부를 정확하게 예언해주지 못한다는 예언타당도의 문제가 제기되고 있다(Ghiselli,1977).

또한 특성-요인이론은 직업선택을 일회적인 행위로 간주하여 장기간에 걸친 인간의 직업 발달을 도외시하고 있으며, 개인이 소지하고 있는 특성 간의 역동성 및 개인이 그 많은 요인 중에서 어느 것을 우선적으로 고려하느냐에 따라 직업선택이 달라질 수 있다는 점을 고려하지 못하고 있다(Herr & Cramer, 1984).

이밖에도 특성-요인이론이 개인의 특성과 직업 간의 관계를 기술하지만, 개인의 특성이 어떻게 발달하였는가, 개인이 왜 그러한 특성을 가지게 되었는가에 대한 설명이 없다는 점,개념적인 간결함으로 인해 많은 상담자에 의해서 활용되고 있지만 이론 자체적으로는 효율적인 진로상담을 위한 지침을 제공하고 있지 못한 점 역시 이 이론의 제한점으로 볼 수 있다.

2. 발달이론

발달이론(Developmental Theories)은 특성요인에 비해 보다 포괄적인 접근을 하고, 시간에 따라 일어나는 모든 진로행동의 변화와 발달을 전제로 한 종단적 표현에 더 많은 관심을 가지고 있다. 또한 자아개념을 더 중요시하는 점에서 특성이론과 차이가 있다(Herr & Cramer, 1979). 즉 특성-요인이론이 직업선택을 일회적인 행위로 간주하였다면 발달이론에서는 진로발달을 생애의 전 과정에 걸쳐 발생하며, 나중에 이루어지는 결정은 그 이전의 영향을 받게 되는 것으로 가정하고 있다. 발달 이론의 대표적인 학자로는 긴즈버그(Ginzberg, 1951), 수퍼(Super, 1957), 타이드만과 오하라(Tiedman & O'Hara, 1963), 터크맨(Tuckman, 1974) 등이 있다.

1) 긴즈버그(Ginzberg)의 진로발달이론

경제학자 긴즈버그(Ginzberg), 정신의학자 긴스버그(Ginsburg), 사회학자 엑셀라드(Axelrad), 그리고 심리학자 헤르마(Herma)는 직업선택과정에 발달적 접근방법을 도입한 최초의 연구자들로 간주되고 있다(Zunker, 1998). 이들은 "직업선택은 하나의 발달과정이다. 그것은 단 한 번의 결정이 아니라 일련의 결정들이 계속적으로 이루어진다. 각 단계의 결정은 전 단계의 결정 및 다음 단계의 결정과 밀접한 관계를 가지고 있다"라고 주장하였다. 다시 말해서 직업선택이란 일회적인 행위, 즉 단일결정이 아니라 장기간에 걸쳐서 이루어지는 일련의 결정이며, 직업선택과정은 비가역적이라는 것이다. 따라서 나중에 이루어지는 결정은 그 이전 결정의 영향을 받게 된다. 이러한 직업선택의 과정은 흥미, 능력, 가치관 등의 주관적 요소와 현실세계와의 타협으로 이루어진다. 긴즈버그와 동료들(1951)의 이론은 유아기부터 시작하여 성인초기까지 직업과 관련한 자신의 바람(Wishes)과 가능성(Possibility)간의 타협을 통해 직업을 선택해가는 과정으로 다음(표4 참조)과 같이 환상기, 잠정기, 현실기의 3단계로 구분할 수 있다.

〈표 4〉 Ginzberg의 진로발달단계

시 기	연 령	특 성
환상기 (fantasy)	아동기 (11세 이전)	· 초기단계: 순수한 놀이지향. · 후반단계: 일 지향적 놀이지향.
잠정기 (tentative)	청소년 초기 (11세~17세)	작업요구수준 즉 흥미, 능력, 직업보수, 가치관 그리고 시간전망 등과 같은 작업요구수준에 대한 점진적 인식으로 특징되는 과도기적 과정
현실기 (realistic)	청소년 중기 (17세~성인초기)	능력과 관심의 통합, 가치관의 발달, 직업선택의 특수화, 직업 유형의 구체화

＊ 자료: Vernon G. Zunker(2002). Career Counseling : Applied Concepts of Life Planning, New Jersey : Prentice-Hall, 35.

(1) 환상기(fantasy period)

이 시기는 자기가 원하는 직업이면 무엇이든지 할 수 있다고 인식하는 단계로, 자신의 능력이나 현실적인 여건과 제약을 거의 인식하지 않고 욕구를 중요시하는 단계이다. 대개 6~11세까지 해당하는 시기로 아동은 무엇이든 하고 싶고, 하면 된다는 환상 속에서 비현실적인 선택을 하는 경향을 나타낸다. 특정 직업을 선택해서 그 직업이 하는 일을 놀이 활동을 통하여 표출한다. 예를 들어 엄마놀이, 의사놀이, 가게놀이 등이 여기에 속한다.

(2) 잠정기(tentative period)

자신의 흥미, 적성, 능력, 가치 등 주관적인 요인이 직업선택의 주요 요소로 간주된다. 현실적인 여건이나 제약 조건에 대한 인식을 별로 고려하지 않기 때문에 직업선택의 문제에 있어서 다분히 비현실적인 성격을 띤다. 주로 고려하는 요인에 따라 흥미단계, 능력단계, 가치단계, 전환단계 등의 네 가지 하위 단계를 거치게 된다. 흥미단계는 대략 11~12세까지의 시기로 취미, 흥미가 직업선택의 주요인이 된다. 능력단계는 대략 13~14세까지의 시기로 학업 성적, 타인의 인정 등이 직업선택의 주요 요인이 된다. 이 시기의 청소년은 자기능력을 고려하지만 극히 피상적이고 불완전하다. 가치단계는 대략 15~16세까지의 시기로 자신의 가치, 생애목표가 직업 선택의 주요 요인이 되며 마지막으로 전환 단계는 대략 17세 전후의 시기로 주관적 요소에서 현실적 외부 요인으로 관심이 전환되며, 현실적 외부 요인이 직업 선택의 주요인이 된다.

(3) 현실기(realistic period)

이 시기는 대개 17세 이후부터 성인기에 이르는 시기로 직업 요구조건, 교육 기회, 취업 기회 등 외부의 여러 현실적인 요인과 개인의 흥미, 능력, 가치, 성격 등 자기 자신의 요인과 타협으로 실제적인 직업선택을 하게 되는 단계이다. 이 단계는 다시 탐색 단계, 구체화 단계, 특수화 단계 등의 세 가지 하위 단계를 거치게 된다. 탐색 단계에서는 직업선택을 위해 필요하다고 생각되는 교육이나 경험을 쌓으려고 노력하는 단계이다. 구체화 단계는 직업목표를 정하고 자신의 진로결정과 관련된 내적·외적 요소를 종합할 수 있는 있는 단계이다. 구체화 단계에서는 타협이 중요한 요인이 된다. 마지막으로 특수화 단계에서는 자신이 내린 결정을 더욱 구체화시키고 더욱 세밀한 계획을 세우는 단계라고 할 수 있다.

2) 수퍼(Super)의 진로발달이론

(1) 이론의 배경

수퍼(Super, 1957)의 이론은 긴즈버그(Ginzberg) 이론의 한계를 극복하고자 하는 노력에서 시작되어 현재까지 나온 진로이론 중에서 가장 포괄적이고 종합적인 이론이라고 할 수 있다. 수퍼는 진로발달을 아동기부터 성인초기까지로 제한한 긴즈버그의 초기 이론에 이의를 제기하고 진로발달은 인간의 전 생애에 걸쳐서 이루어지고 변화하는 것이라고 하였다. 또한 직업선택을 타협의 과정이라고 본 긴즈버그의 이론을 보완하여 타협과 선택이 상호작용하는 일련의 과정으로 보고, 진로발달을 개인과 환경과의 상호작용에 따른 결과와 같이 개인과 환경과의 상호작용에 의한 적응 과정이라고 하였다.

(2) 자아개념(Self-concept)

수퍼(Super, 1972) 이론의 핵심을 이루고 있는 것은 자아개념이론이다. 그는 자아개념이론을 개인이 자신의 속성과 직업에서 요구하는 속성을 고려하여 연결시켜 주는 이론이라고 제안했다. 수퍼는 '개인은 자아 이미지와 일치하는 직업을 선택한다'고 하였다. 즉 '나는 이런 사람이다'라고 느끼고 생각하던 바를 나타낼 수 있는 직업을 선택한다는 것이다. 예를 들어 자신을 매우 활발하고 적극적이며, 능력이 충분히 있어서 어떤 지도적인 역할을 할 수 있는 사람이라고 여기던 사람은 그러한 자신의 이미지에 일치하는 직업을 찾게 된다는 것이다. 직업발달에 있어서 본질적인 역할을 하는 자아개념은 유아기에서부터 형성, 전환, 실천의 과정을 거쳐서 사망에 이르기까지 계속 발달되고 보완된다.

(3) 기본가정

수퍼(Super, 1954)는 다음과 같이 진로발달이론의 10가지의 기본명제를 제시하였다.

첫째, 개인은 능력, 흥미, 성격 등에 있어서 각기 차이점을 갖고 있다.

둘째, 이러한 특성의 차이로 인해 각 개인은 특정한 직업들에 대해 각기 적합한 직업적 능력을 지니고 있다.

셋째, 각 직업군에는 그 직업에 요구되는 어떤 능력, 흥미, 성격 특성이 있다.

넷째, 개인의 직업 선호성, 능력, 자아개념 등은 시간의 경과와 경험에 따라 변화한다. 따라서 직업의 선택과 적응은 일생을 통해 변화하는 일련의 계속적인 과정이다.

다섯째, 이 과정은 일련의 생애단계로서 성장기, 탐색기, 확립기, 유지기, 쇠퇴기로 구분할 수 있다.

여섯째, 개인의 진로유형의 본질은 부모의 사회경제적 수준, 개인의 지적 능력, 인성적 특성 그리고 직업계획 등에 의해 결정된다.

일곱째, 개인의 진로발달은 능력, 흥미, 성숙의 과정을 촉진시키거나 자아개념의 발달을 도와줌으로써 이루어질 수 있다.

여덟째, 직업발달과정을 본질적으로 자아개념을 발달시키고 실천해 나가는 과정이다. 즉, 그것은 유전적으로 타고난 지성, 생리적 체질, 다양한 역할을 수행할 수 있는 기회 그리고 역할 수행의 결과로 선배나 동료로부터 받은 인정에 대한 개인의 평가 등의 상호작용 결과로 형성되는 자아개념 간에 이루어지는 일련의 타협과정이다.

아홉째, 개인의 사회적 요인, 이른바 자아개념과 현실 간의 타협이란 역할수행의 과정이며, 이러한 역할 수행은 환상, 상담, 면접 또는 학습이나 클럽에서의 활동과 여가활동이나 취업활동 등을 통해 이루어진다.

열째, 자신의 직업과 인생에 대한 만족은 개인이 얼마나 자신의 능력, 흥미, 성격특성, 가치관에 맞는 진로를 찾아 종사했느냐에 달려 있다. 이는 곧 자신의 성숙과 탐색 경험에 비추어 일관되고 적합하다고 판단되는 역할을 수행할 수 있는 일의 유형, 작업환경 그리고 생활 양식의 확보에 의해 결정된다. 이처럼 진로발달은 환경, 경험 그리고 자기개념과 생활양식의 상호작용을 포함하며 다차원적으로 발달한다.

(4) 직업발달의 단계

수퍼의 이론에서 중요한 개념 중의 하나는 직업발달단계이다. 그는 1951년 자신의 이론을 더욱 발전시키기 위하여 진로유형 연구(Career Pattern Study)라는 장기연구 프로젝트를 수행한 바 있는데, 이 연구의 주요 개념이 바로 직업발달단계(Vocational Developmental Stage)이다. 생애발달에 따른 진로발달의 단계와 각 단계별 특징을 제시하면 다음과 같다.

① 성장기(growth stage, 14세 이전)

이 시기의 아동은 가정과 학교에서 중요한 타인들을 동일시함으로써 자아개념을 발달시킨다. 이 단계의 초기에는 욕구와 환상이 지배적이나 사회참여와 현실검증이 증가함에 따라 점차 흥미와 능력을 중요시하게 된다. 이 단계는 환상기, 흥미기, 능력기의 3가지 하위단계로 구분된다.

- 환상기(fantasy substage, 4~10세): 아동의 욕구가 지배적이며 자신의 역할 수행을 중시한다.
- 흥미기(interest substage, 11~12세): 진로의 목표와 내용을 결정하는 데 있어서 아동의 흥미가 중시된다.
- 능력기(capacity substage, 13~14세): 진로선택에 있어서 자신의 능력을 중요시하며 직업훈련조건을 중시한다.

② 탐색기(exploration stage, 15~24세)

이 단계는 학교생활, 여가활동, 일 경험을 통한 역할수행과 자신에게 적합한 직업을 탐색하고 잠정적으로 선택한다. 자신의 여러 특성을 이해하게 되며, 점차 현실적 요인을 중시한다. 탐색기는 잠정기, 전환기, 시행기의 3가지 하위단계로 구분된다.

- 잠정기(tentative substage, 15~17세): 진로선택에서 자신의 욕구, 흥미, 능력, 가치관, 성격 등을 고려하며, 토론, 일의 경험 등을 통해서 잠정적으로 직업선택을 시도한다.
- 전환기(transition substage, 18~21세): 취업에 필요한 교육과 훈련을 받으며 자아개념을 확립한다. 현실적 요인이 직업의식과 직업활용의 기초가 된다.
- 시행기(trial substage, 22~24세): 개인이 어떤 직업을 선택하여

종사하기 시작하면서 그 직업의 적합성 여부를 시험한다. 인턴십, 실습생 등 진로 경험을 갖게 된다.

③ 확립기(establishment stage, 25~44세)

이 단계에서 개인은 자신에게 적합한 분야에서 종사하고 정착함으로써 안정을 이룬다. 확립기는 시행기와 안정기의 2가지 하위단계로 구분된다.

- 시행기(trial substage, 25~30세): 자신이 선택한 일과 직업세계가 적합한지 확인하고, 불일치할 경우 한두 차례의 취업과 퇴사를 반복하며 안정된 직업을 찾기 위한 변화를 시도한다.
- 안정기(stabilization substage, 31~44세): 개인의 진로유형이 분명해지고 안정되는 시기로 직업적 안정과 만족, 지위, 소속감을 갖는다.

④ 유지기(maintenance stage, 45~64세)

이 단계에서 개인은 직업세계에서 확고한 위치를 확보하여 그 직업 및 지위를 유지하기 위한 노력을 한다. 개인은 비교적 안정되고 만족스러운 삶을 살아가는 시기이다.

⑤ 쇠퇴기(decline stage, 65세 이상)

이 단계에서 개인은 신체적 · 정신적으로 기능이 쇠퇴하게 된다. 이에 따라 직업전선에서 은퇴하여 다른 새로운 역할과 활동을 찾게 된다. 재취업이나 봉사, 여가 등 새로운 일을 찾는 시기이다.

수퍼는 직업발달 5단계에서 탐색기와 확립기의 진로발달을 중요시하였다. 그 이유는 이 시기에 개인이 좋아하는 직업세계에서 구체적인 선택을 하고, 선택한 직업에서 안정과 발전을 이루면서 자아개념을 완성해가는 시기이기 때문이다. 이와 같이 수퍼는 진로발달에 있어서 자아개념의 중요성을 강조하면서 개인의 진로발달 과정을 자아실현과 생애발달 과정으로 보았으며, 자아 이미지와 일치하는 직업을 선택한다고 보았다.

(5) 직업발달과업

수퍼는 진로발달단계를 기초로 하여 〈표 5〉와 같이 직업발달과업(Vocational Development Tasks)을 제시하였다. 첫째, 구체화기 과업은 자원, 가능성, 흥미, 가치관의 인식과 선호하는 직업계획을 세우고, 세운 계획을 어떻게 실행할 것인가를 고려하는 것이다. 둘째, 특수화기 과업은 선호하는 직업을 선택하게 된 요인을 명확히 하고 구체적인 정보를 통하여 직업계획을 확고히 하는 것이다. 셋째, 실천화기 과업은 직업을 위한 교육훈련을 완수하고 직업을 갖는 것이다. 넷째, 안정화기 과업은 선택한 직업을 확고히 하고 직장생활에서 안정감을 발달시키는 것이다. 마지막으로 공고화기 과업은 한 직업에서의 승진과 특권을 확립하는 것이다 (Super, Starishesky, Matlin & Jordaan, 1963).

<표 5> Super의 직업발달과업

직업발달과업	연령(세)	일반적인 특징
구체화 (Crystallization)	14~18	자신의 흥미, 가치는 물론 가용자원과 장차 일어날지도 모르는 일 그리고 선호하는 직업을 위한 계획 등을 인식하여 일반적인 직업 목적을 형성하는 지적과정단계의 과업이다. 이 과업은 선호하는 진로에 대하여 계획하고 그 계획을 어떻게 실행할 것인가를 고려하는 것이다.
특수화(명료화) (Specification)	18~21	잠정적인 직업에 대한 선호에서 특정한 직업에 대한 선호로 옮기는 단계의 과업이다. 이 과업은 직업선택을 객관적으로 명백히하고, 선택된 직업에 대해서 더욱 구체적으로 이해하여 진로계획을 특수화하는 것이다.
실행화(실천화) (Implementation)	21~24	선호하는 직업을 위한 교육훈련을 마치고 취업하는 단계의 과업이다.
안정화 (Stabilization)	24~35	직업에서 실제 일을 수행하고 재능을 활용함으로써, 진로선택이 적절한 것임을 보여주고 자신의 위치를 확립하는 단계의 과업이다.
공고화(확립화) (Consolidation)	35 이상	승진, 지위획득, 경력개발 등을 통하여 자신의 진로를 안정되게하는 단계의 과업이다.

(6) 시·공적 접근이론

수퍼의 초기 진로발달이론은 성장기, 탐색기, 확립기, 유지기, 쇠퇴기와 같은 5단계의 대주기를 거치며 〈표 5〉와 같은 직업발달과업을 이루는 것을 중심으로 하는 반면, 1990년대 이후에 발표한 후기 진로발달이론에서는 탐색기, 확립기, 유지기에 이르는 성인기 진로발달이론이 수정되었다. 그는 발달과업을 통해 순환(cycling)과 재순환(recycling)이라는 용어를 사용하였다. 그리고 자신의 이론을 진로에 대한 시·공간적 접근(The Life-span, Life-space

Approach to Career) 혹은 생애시간 및 생애공간이론으로 명명하였다(Savickas, 1996).[1]

수퍼의 후기 진로발달이론은 초기 발달이론들과는 크게 두 가지 점에서 다른 특징을 보인다. 첫째, 수퍼는 성인기 진로발달은 생물학적인 발달, 즉 연령의 발달과는 거의 관련이 없다는 관점을 취하였다. 둘째, 주어진 단계를 성공적으로 마쳐서 얻어진 심리적 변화가 영속적인 것은 아니라고 보았다. 다시 말해 진로단계 사이에 발생하는 전환의 시점은 연령보다는 개인의 성격과 생애환경의 기능에 의한 것이라고 본 것이다(Super, 1990). 이렇듯 진로발달과정은 전 생애를 통해 계속되며 성장기, 탐색기, 확립기, 유지기, 쇠퇴기 등의 대주기를 거치며, 인생의 각 단계마다 성장, 탐색, 확립, 유지, 쇠퇴로 구성된 소주기가 순환과 재순환되는 것이다. 다음 〈표 6〉에 수퍼의 전생애를 통한 발달과업의 순환과 재순환 개념을 제시하였다.

---

1) 수퍼는 수정된 자신의 이론을 the life-span, life-space theory라는 용어를 사용하여 인간의 전생애에 따른 시간적 측면과 생애역할에 따른 공간적 측면을 부각시켰다.

〈표 6〉 Super의 전생애 발달과업의 순환 및 재순환

생애단계	연령(세)			
	청소년기 (14~24세)	성인초기 (25~45세)	성인중기 (46~65세)	성인후기 (65세 이상)
쇠퇴기	취미시간 줄이기	운동참여 줄이기	가장 중요한 것에 초점 맞추기	작업시간 줄이기
유지기	현재 직업선택 확증하기	직업 지위 안정화하기	경쟁에서 자기 지위 확보하기	자신이 즐기는 활동 유지하기
확립기	선택 분야 시작하기	알맞은 지위에 안착하기	새로운 기술 개발하기	과거에 하고 싶었던 것 하기
탐색기	기회에 대한 추가 학습하기	원하는 기회 탐색하기	새로운 과업 찾기	좋은 은퇴할 곳 찾기
성장기	현실적 자아개념 개발하기	타인과 관계맺기 학습	자신의 한계 수용	비직업 역할 개발하고 가치 부여하기

* 자료: Super, D. E. (1990). A life-span, life-space approach to career development. In D. Brown & L. Brooks (Eds.), Career choice and development: Applying contemporary theories to practice(2nd ed., 216). San Francisco: Jossey-Bass.

① 생애무지개(Life Rainbow) 개념

수퍼는 개인이 생애에서 가지게 되는 역할을 생애진로무지개로 제시하였다. 수퍼는 일반적으로 개인이 전생애에 걸쳐서 9가지의 주요한 역할을 수행한다고 보았다. 연대기적 순서에 따른 역할로는 자녀, 학생, 여가인, 시민, 근로자, 배우자, 주부, 부모, 은퇴자 등이 있다. 이러한 역할들은 상호작용하며 이전의 수행과 이후의 수행에 영향을 미친다. 그러나 개인은 여러 가지 생애역할에 항상 효과적으로 참여하기란 매우 어렵다. 따라서 다양한 시점에서 특정한 생애역할에 우선권이 주어질 필요가 있다.

② 진로아치문 모형(진로발달의 분절모형)

수퍼는 '생애무지개'라는 생애시간적 개념인 수직적 차원에다가 생애공간(life-space)적 차원이라는 두 번째 차원을 추가하여 진로발달의 분절모형인 진로아치형 모형을 〈그림 2〉와 같이 제시하였다. 아치형 모델을 살펴보면 다음과 같다. 생물학적 근거로부터 확장된 왼쪽 기둥은 욕구, 가치, 흥미, 성격으로 구성되어 있는데, 이는 진로발달에서의 개인심리적 측면으로 성취를 가져오는 요인이 된다. 그리고 지리적 근거로부터 확장된 오른쪽 기둥은 지역사회, 학교, 가정, 노동시장으로 구성되어 있는데, 이는 사회정책과 실제 고용에 영향을 주는 요인이 된다. 그리고 진로발달단계에 따라 개인심리적 요인과 사회적 요인의 상호작용 속에서 개인의 역할 자아개념이 발달하게 된다. 이와 같은 종단적 및 횡단적 과정 속에서 진로 자아개념이 형성된다.

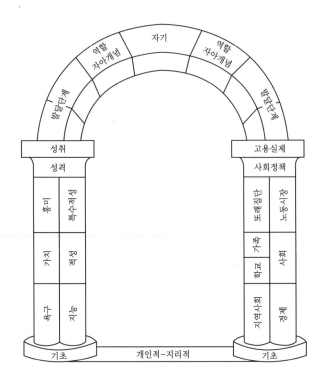

〈그림 2〉 Super의 아치웨이 모형

＊ 자료: Super, D. E. (1990). A life-span, life-space to career development. In D. Brown, L. Brooks, & others (Eds.), Career choice and development: Applying contemporary theories to practice (2nd ed., 200). San Francisco: Jossey-Bass.

(7) 요약과 평가

수퍼의 직업발달이론은 진로이론 중에서 직업적 성숙과정을 가장 체계적으로 기술하고 있으며 실증적 자료를 많이 확보하고 있다. 그는 개인의 직업발달 과정을 자아실현과 생애발달의 과정으로 본 점과 자아개념을 직업자아개념으로 전환, 진로유형, 진로성숙, 진로발달 단계에 초점을 맞추면서 진로발달 과정을 체계적으로 기술한 가장 역동적이고 포괄적인 이론이라 할 수 있다. 그러나 너무 광범위하고 지나치게 자아개념 지향적이며, 지적인 면과 직업발달 측면만을 강조하고 있다는 비판을 받기도 한다.

3) 타이드먼과 오하라(Tiedman & O'Hara)의 진로발달 이론

타이드먼과 오하라(Tiedman & O'Hara, 1963)는 진로발달을 직업정체감을 형성해 가는 과정으로 보았다. 개인은 일에 직면했을 때 분화(differentiation)와 통합(integration)의 과정을 거치면서 자아정체감을 형성해가며, 이러한 자아정체감은 직업정체감의 형성에 중요한 기초 요인이 된다. 직업자아정체감(vocational identify)이란 개인이 자신의 제반 특성을 정확히 파악하고 자신의 자아를 실현시킬 수 있는 일이 과연 무엇인가에 대한 자기 나름대로의 인식 또는 생각을 의미한다. 직업자아정체감은 의사결정을 되풀이하는 과정에서 성숙해진다. 따라서 진로발달이란 자아개념을 직업적 자아정체감으로 정의하는 연속적 과정이라 할 수 있다.

타이드먼과 오하라는 진로발달에서 진로결정을 가장 중요한 문제로 보았다. 개인은 어떤 문제에 직면하거나 어떤 결정을 내려야 할 때 의사결정의 단계에 접어들게 된다. 그들은 직업자아정체감의 형성과정에 따라 의사결정방식이 다르다고 보고, 의사결정단계를 잠정적인 결정을 내리는 예상기(anticipation period)와 잠정적 결정을 실천에 옮기는 실천기(implementation period)로 구분하고 있다. 예상기는 다시 탐색기, 구체화기, 선택기, 명료화기의 4가지 하위단계로, 실천기는 순응기, 개혁기, 통합기의 3가지 하위단계로 구분된다. 각 단계의 특징을 살펴보면 다음과 같다.

(1) 예상기(anticipation period)

전직업기(preoccupation period)라고도 부르며 다음과 같이 네 가지 하위 단계로 구분된다.

① 탐색기(exploration substage): 자신의 진로목표를 설정하고 대안을 탐색해 보며 진로목표를 성취할 수 있는 능력과 여건이 갖추어져 있는지에 대해 예비평가를 해본다.

② 구체화기(crystallization substage): 자신의 가치관과 목적, 가능한 보수나 보상 등을 고려하면서 구체적으로 진로를 준비하기 시작한다. 개인은 가장 바람직한 방향으로 진로를 결정하려고 한다.

③ 선택기(choice substage): 자신이 하고 싶어 하는 일과 그렇지 않은 것을 확실히 알게 되며 구체적으로 의사결정에 임하게 된다. 진로선택의 적절성 여부는 전단계에서의 발달정도에 의한다.

④ 명료화기(clarification substage): 자신이 이미 내린 의사결정을 신중히 분석 · 검토하고 결론을 내리는 과정이다.

(2) 실천기(implementation period)

적응기(adjustment period)라고도 하며, 이 단계는 앞에서 내린 잠

정적 결정을 실천에 옮기는 과정으로 다음과 같이 세 가지 하위
단계로 구분된다.

① 순응기(inducation substage): 새로운 상황, 이를테면 해로운 직
   장이나 학교의 요구에 대해서 수용적인 태도를 보인다.

② 개혁기(reformation substage): 새로운 집단이나 조직으로부터
   인정을 받게 되면 자신의 의견이나 주장을 행사하려 한다.

③ 통합기(intergration substage): 집단이나 조직의 요구와 자신의
   욕구 간에 균형이 이루어진다. 즉 타협을 통하여 집단원으
   로서 원만하게 생활을 해가면서 개인은 직업적 자아개념을
   발달시키게 되는데 이는 분화와 통합의 과정을 통한 역동적
   인 평형화 과정이다.

이상과 같이 직업에 대하여 일련의 의사결정 단계를 거치면서
직업적 자아정체감이 형성되어지는데, 직업적 자아정체감은 일
반적으로 연령이 증가하고 다양한 경험이 쌓일수록 분화와 통합
과정을 겪으며 발달하게 된다고 할 수 있다.

4) 터크맨(Tuckman)의 발달이론

터크맨(Tuckman, 1974)은 자아인식, 진로인식, 진로의사 결정이
라는 세 가지 요소를 중심으로 하는 8단계의 진로발달이론을 제
시하였다. 이 이론은 학생들의 진로발달을 위해 무엇을 교육할

것인가를 알게 하고 유용화시키는데 중요한 공헌을 했다. 즉 진로발달을 촉진시키기 위하여 일선의 상담사, 교사, 학부모 등이 활용할 수 있는 매체의 선택이나 활동내용의 구성에 많은 시사점을 준다. 그가 제시한 진로발달 8단계의 특징을 살펴보면 다음과 같다.

● **1단계: 일방적 의존성 단계**(유치원~초등 1학년)

이 시기의 아동들은 부모나 교사와 같은 외적 통제에 의존하여 직업에 대해 다양한 내용을 듣게 되는 것과 가정에서 사용하는 도구들을 중심으로 하여 진로의식을 형성하는 단계이다.

● **2단계: 자기주장의 단계**(초등 1~2학년)

이 시기의 아동들은 조금씩 자율성을 갖게 되면서 친구를 선택하는 것과 같은 간단한 형태의 선택을 할 수 있게 된다. 직업에 대한 간단한 지식이나 개념을 이해하기 시작한다.

● **3단계: 조건적 의존성의 단계**(초등 2~3학년)

이 시기의 아동들은 자아를 인식하기 시작하면서 더욱 독립적인 존재가 되어간다. 자신의 동기와 욕구에 대해 인식하고 친구와의 관계형성에 자아 인식의 초점을 맞추고, 독립적인 역할이 가능해진다.

● **4단계: 독립성의 단계**(초등 4학년)

이 시기의 아동들은 직업의 세계를 이론적으로 탐색한다. 기술과 직업세계에 대한 인식, 사회 내에서의 자신의 위치 등을 생각해보며 진로결정에 대해 서서히 관심을 갖게 된다.

● **5단계: 외부지원의 단계**(초등 5~6학년)

이 시기의 아동들은 외부의 승인이나 인정을 구한다. 직업적 흥미와 목표, 작업 조건, 직무 내용 등에 관심을 갖는다.

● **6단계: 자기결정의 단계**(중등 1~2학년)

이 시기의 청소년들은 자신의 규범과 규칙을 설정하고 자아인식을 위해 노력하며 직업군을 탐색하기 시작한다. 직업관을 갖기 시작하면서 의사결정의 기본요인들을 현실적인 시각에서 탐색한다.

● **7단계: 상호관계의 단계**(중등 3 ~ 고등1학년)

이 시기의 청소년들은 또래집단의 문화와 교우관계를 중시하는 관점에서 진로선택을 한다. 직업 선택의 가치, 일에 대한 기대와 보상, 작업환경, 의사결정의 효율성 등에 관심을 갖는다.

● **8단계: 자율성의 단계**(고등 2~3학년)

이 시기의 청소년들은 직업에 대한 탐색과 아울러 자기 자신에 대한 인식을 보다 확고히 하게 된다. 진로문제에서 자신의 적합성 여부, 교육조건, 선택 가능성 등에 초점을 두면서 대안을 점차 축소해 간다.

5) 크릿츠(Crites)의 직업발달 연구

크릿츠(Crites, 1971)는 수퍼(Super)와 함께 진로유형연구(Career Pattern Study)를 수행하면서 직업성숙의 개념을 제시하였다. 크릿츠는 수퍼의 직업선택이론에서의 직업선택의 태도 및 노력의 영역을 추가하여 태도척도와 능력척도를 개발하였다. 개발 초기 그는 이 검사의 명칭을 직업발달도검사(Vocational Development Inventory)라고 명명했으나, 진로라는 용어가 직업이라는 용어보다 포괄적이고, 성숙이 발달보다 적합한 개념이라고 생각하여 진로성숙도검사(Career Maturity Inventory, CMI)라고 수정하였다. 그는 진로성숙의 영역을 내용과 과정으로 구분하고 과정변인인 진로선택 태도와 진로선택 능력에 초점을 맞추고 개인의 진로성숙도를 측정하는데 관심을 두었다.

6) 고트프레드슨(Gottfredson)의 직업포부 발달이론

(1) 직업포부의 발달

직업적 포부의 발달은 고트프레드슨(Gottfredson, 1981)이 제시한 이론의 중요한 개념으로, 개인의 진로발달은 진로포부에 초점을 두고 진로포부도 발달한다고 보았다. 진로포부란 개인이 얻고자 열망하는 직업으로 개인의 직업선택을 예언해주는 핵심 개념으로 개인의 흥미, 능력, 가치, 사회계층, 성취동기 등이 중요한 결정 요인이 된다. 고트프레드슨은 사람들의 진로포부가 성별, 인종별, 사회계층별로 차이가 나는 것을 설명하기 위해 '제한 및 타협이론(Cricumscription & Compromise)'을 개발하였다.

이 이론은 개인의 진로발달은 자아발달의 과정에서 자신의 포부를 실현하고자 할 때 포부에 대한 점진적인 제한을 가하는 것이 직업선호를 결정하게 되며 현실과 조화를 이루는 과정에 관심을 두었다. 이는 직업의 선택지를 좁혀가는 과정으로 이를 '수용가능한 진로대안영역(zone of acceptable alternative)'이라고 일컫는다. 개인의 직업포부는 진로자아개념과 직업에 대한 이미지를 비교하여 그 일치성의 정도를 결정하는 반복적인 과정을 통해 형성된다. 개인은 힘과 크기, 성역할, 사회적 가치, 자신의 흥미 요소들을 발달단계에 따라 순차적으로 자아개념에 통합하면서 자신이 선택할 직업대안의 범위를 축소시켜 나간다.

다음 〈그림 3〉은 고트프레드슨의 진로포부의 발달을 나타낸다. 직업포부의 발달은 직업의 성별유형과 직업의 사회적 지위라는 두 축으로 이루어지는데 개인이 수용 가능한 진로대안영역은 이 두 개의 축과 함께 그 직업을 얻기 위해 자신이 노력해야 할 것으로 기대되는 수준을 고려하여 구획되어진다.

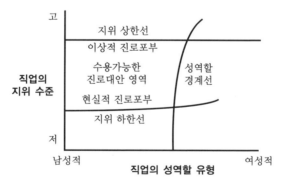

〈그림 3〉 진로포부의 발달

* 자료: Gottfredson, L. S. (1996). Gottfredson's theory of circumscription and compromise. In D. Brown, L. Brooks, & Associates (Eds.), Career choice and development(3rd ed., 179-232). San Francisco: Jossey-Bass.

(2) 직업포부의 발달단계

직업포부의 발달은 힘과 크기 지향성의 단계, 성역할 지향성의 단계, 사회적 가치 지향성의 단계, 내적 고유한 자아 지향성의 단계 등 4단계로 이루어진다.

① 힘과 크기 지향성의 단계(Orientation to size and power, 3~5세)

사고 과정이 구체화되며, 직업을 갖는 다는 것이 어른이 된다는 것의 의미로 알게 된다. 외형적 관심단계로 어른들의 역할 흉내내기를 하며 미래 직업에 대해 '어른이 되면 뭐든지 다 할 것 같다'라고 긍정적으로 생각하는 단계이다.

② 성역할 지향성의 단계(Orientation to sex roles, 6~8세)

자아개념이 성(Gender)의 발달에 의해서 영향을 받는다. 직업을 여성적 직업과 남성적 직업으로 이분화하며 직업에 대한 성역할 유형화가 이루어져 자신의 성에 적합하다고 생각하는 직업을 선호하게 된다. 동성의 어른들이 수행하는 직업들에 대해 선호를 보인다.

③ 사회적 가치 지향성의 단계(Orientation to social valuation, 9~13세)

사회계층에 대한 개념이 생기면서 상황 속의 자아(Self-in-situation)를 인식한다. 사회계층의 차이, 개인의 능력차이, 직업에 대한 사회적 지위나 명성의 차이를 인식하고 자신의 사회·경제적 수준에 알맞은 직업을 선호하며, 직업의 보상적 측면과 요구되는 교육수준의 정도가 다르다는 것을 인식하기 시작한다. 너무 낮은 사회적 지위를 갖는 직업과 극도의 노력이 요구되는 힘든 직업들을 제외시킨다.

④ 내적 고유한 자아 지향성의 단계(Orientation to the internal, unique self, 14세 이후)

자아정체감 혼란을 경험, 내성적(Introspective) 사고를 통하여 자아인식이 발달하며, 타인에 대한 개념이 생겨난다. 자아성찰과 사회계층의 맥락에서 직업적 포부가 더욱 발달하게 된다. 자신의 흥미, 가치, 능력 등의 내적이고 고유한 자신의 특성들을 고려함과 동시에 동료집단의 평가와 일반적 사회의 기대를 고려하며 진로포부 수준을 현실화 시킨다.

(3) 요약과 평가

고트프레드슨은 자아개념이나 흥미 같은 개인의 내적 요인에만 초점을 두었던 이전의 발달이론과 달리, 성역할이나 사회적 지위과 같은 사회적 요인과 추론능력, 언어능력과 같은 인지적 요인을 통합시켜 직업포부의 발달에 대한 체계적인 설명을 시도하였다.

3. 욕구이론

욕구이론(Need Theory)은 직업선택이 개인의 욕구와 관련이 있는 것으로 보는 이론으로써 로우(Roe), 홀랜드(Holland), 호포크(Hoppock) 등과 같은 학자들에 의해 연구되었다.

1) 로우(Roe)의 욕구이론

로우(Anne Roe, 1956)는 직업선택에 인성요인을 최초로 도입한 임상심리학자로서 아동기의 경험과 직업행동과의 관계를 설명하는 이론을 주장하였다. 로우는 직업선택이 생물학적, 사회학적, 심리학적인 개인차에 기초한다고 가정하였지만, 특히 초기 아동기 12세 이전에 부모가 자녀를 대하는 양육방식이 자녀의 심리적 욕구와 상호작용해서 직업선택이 이루어질 수 있음을 가정하고 이를 검증하였다. 로우의 이론은 1980년대 이후로 별다른 주목을 받지 못하였으나 부모가 자녀에게 미치는 영향에 대한 생각이나 진로분류에 대한 아이디어는 여전히 진로상담 현장에서 유용하다.

로우는 여러 가지 다른 직업에 종사하는 사람들은 각기 다른 욕구를 갖고 있고 이러한 욕구의 차이는 어린 시절의 부모-자녀 관계에서 기인한다고 보았다. 그녀에 의하면 가정의 정서적 분위기, 즉 부모와 자녀 간의 상호작용 또는 육아법은 자녀회피형, 자녀에 대한 정서집중형, 자녀수용형으로 구분할 수 있는데 이러한 양육방식에 따라 자녀의 욕구유형이 달라지며 이는 다시 진로선택에 영향을 미치게 된다. 로우의 부모육아방법과 자녀의 직업지향성에 대한 설명은 〈그림 4〉를 보면 쉽게 이해할 수 있다.

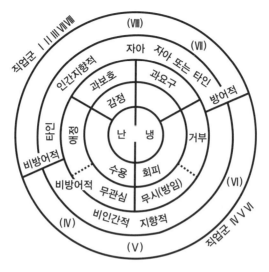

〈그림 4〉 부모의 육아방법과 자녀의 직업지향성

＊ 자료: Anne Roe & Marvin Siegelman (1964). The Origin of Interest. Washington D. C. : American Personnel & Guidance Association.

(1) 부모의 자녀양육태도 유형

① 회피형

　㉠ 거부형: 자녀에 대해 냉담하여 자녀가 선호하는 것이나 의견을 무시한다. 또 부족한 면이나 부적합한 면을 지적하며, 자녀의 욕구를 충족시켜 주려고 하지 않는다.

　㉡ 방임형: 자녀와 별로 접촉하려고 하지 않으며, 부모의 책임을 회피하려고 한다.

② 정서집중형(감정집중형)

　㉠ 과보호형: 자녀를 지나치게 보호함으로써 자녀에게 의존심을 키운다.

ⓛ 요구과잉형: 자녀가 남보다 뛰어나기를 바라고 공부를
잘하기를 바라므로 엄격하게 훈련시키고 무리한 요구를
한다.

③ 수용형
㉠ 무관심형: 자녀를 수용적으로 대하지만 자녀의 욕구나 필
요에 대해 그리 민감하지 않고 또 자녀에게 어떤 것을 잘
하도록 강요하지 않는다.
ⓛ 애정형: 온정적이고 관심을 기울이며 자녀의 요구에 응하
고 독립심을 길러 주며 벌을 주기보다는 이성과 애정으로
대한다.

로우는 이러한 부모의 양육방식을 척도로 만들어 부모-자녀관
계를 측정하는 부모-자녀관계척도(Parent-Child Relations
Questionnaire: PCR)를 개발하여 사용하였다. 이 척도는 부모 각자가
아들과 딸을 각각 다르게 대할 것이라는 가정 아래 각각의 성이
다른 자녀를 대하는 양식을 측정하도록 구성되어 있다. 각 문항
은 12세 이전에 부모에 대해 경험한 회상내용을 검사하게 되어
있는데, 아버지와 어머니에 대해 각각 별도의 질문을 제시하고
있다.

(2) 양육방식에 따른 직업지향성
로우는 양육방식과 직업지향성과의 관련에 대해 다음과 같은
가설을 제시하였다.
첫째, 부모의 사랑을 제대로 받지 못하고 거부적인 양육환경에

서 성장한 사람은 공격적이고 방어적인 성격을 갖게 되며, 그 결과 다른 사람과의 접촉이 적은 사람회피적인 직업 즉 과학계통, 연구계통의 직업을 갖고 싶어 한다.

둘째, 과보호형의 양육환경에서 성장한 사람은 인간지향적인 성격을 갖게 되며 그 결과 예능계통의 직업을 갖고 싶어 한다.

셋째, 온정적이고 수용적인 양육환경에서 성장한 사람도 사람지향적인 직업을 갖게 되지만 과보호형과는 달리 다른 사람들과 일하고 접촉하는 서비스 직종의 직업을 갖고 싶어 한다.

하지만 이러한 가설은 그녀 자신의 연구나 다른 사람들의 연구에서 일괄된 결론들이 도출되지는 않았다. 즉 부모의 양육태도가 어떤 식으로든지 직업선택과 관련될 수는 있지만, 이 둘 간의 관계를 기계적으로 짝지어 예언할 수 없고 다양한 요소들을 함께 고려해야 한다는 것을 의미한다.

(3) 직업분류체계

로우는 매슬로우의 욕구이론을 기초로 성격이론과 직업분류 영역을 통합하였다. 그녀는 이 세상에 존재하는 모든 직업들을 유사한 것끼리 모아 8개의 직업군으로 구분하였다. 사람지향적인 직업분야에는 서비스 · 비즈니스 조직이나 단체활동 · 일반문화직 · 예술과 예능직 등이 속하며, 사람회피적인 직업분야에는 산업기술 · 옥외활동 · 과학연구 등이 속한다. 각 직업군 내에는 직업에서 요구되는 책임감, 능력, 기술 강도에 따라 다시 6개의 위계 수준이 있다(표 7 참조).

〈표 7〉 Roe의 직업분류표

수준 직업군	전문·관리 (상급)	전문·관리 (보통)	준전문·관리	숙련	준숙련	비숙련
I 서비스직	· 조사연구 · 개인치료사 · 상담가	· 행정가 · 매니저 · 보호관찰자 · 사회사업가 · 직업상담사	· 고용상담자 · 간호원 · YMCA · 디렉터 · 사회복지사	· 군인상사 · 미용사 · 웨이터 · 순경 · 주방장	· 요리사 · 엘리베이터 관리인 · 소방서원 · 병원조무사 · 해군	· 청소부 · 경비원 · 파출부 · 기사
II 비즈니스직	· 판매원 소장 · 기업경영인 · 프로모터	· 인사과직원 · 매매기사	· 중개인 · 보험설계사 · 판매원 · 도매인	· 경매인 · 조사원 · 부동산 · 중개인	· 표판매원 · 판매점원 · 행상원	
III 조직·단체직	· 회사 사장 · 각료 · 기업가 · 국제은행가	· 은행원 · 중재인 · 호텔매니저 · 공인회계사	· 계리사 · 우체국소장 · 개인비서	· 속기사 · 통계원 · 편집자 · 은행원	· 서기 · 우체부 · 교환원 · 타이피스트 · 현금출납원	· 신문배달원 · 배달업
IV 산업기술직	· 발명가 · 과학자 (공학)	· 항공 엔지 니어 · 비행분석가 · 공장 감독	· 비행사 · 계약자 (공사) · 기관사	· 목수·미장 · 봉재원 · 생산기능공	· 크레인 조작인 · 트럭운전사 · 기차신호인	· 목수보조원 · 노동자 · 허드렛일꾼
V 옥외활동직	· 공학연구 자 광산 · 전문조언가	· 지리학자 · 어류전문가 · 조경가	· 양봉가 · 산림애호가 · 농장소유주	· 광부 · 굴착기사	· 어부 · 정원사 · 여관주인	· 동물사육사 · 농장노동자 · 노동자
VI 과학직	· 치과의사 · 의사 · 연구과학자 (물리화학)	· 화학자 · 약학자 · 수의자	· 물리요법사 · 병리사 · 방사선사	· 의료기술자 · 간호사 · 기술보조원	· 조무사	· 해당없음
VII 일반문화직	· 법관 · 교수 · 학자	· 목사 · 편집장 · 뉴스해설자 · 교원	· 사법서사 · 사서원 · 기자	· 편집인	· 도서관 종사자	· 서류복사 종사자

수준 직업군	전문·관리 (상급)	전문·관리 (보통)	준전문·관리	숙련	준숙련	비숙련
VIII 예·체능직	· 관현악 지휘자 · TV 디렉터	· 건축가 · 야구선수 · 조각가	· 광고전문가 · 운동코치 · 내부장식가 · 사진사	· 삽화가 · 만화가 · 장식가	· 의류업 모델	· 무대장치인

* 자료: Helen P. Moser, William Dubin & Irving M. Shelsky, "A Proposal Modification of the Roe Occupational Classification", Journal of Counseling Psychology, 3, 1956.

(4) 요약과 평가

로우의 이론은 직업선택에 작용하는 요인을 포괄적으로 다루고 있다는 장점이 있는 반면 진로상담을 위한 구체적인 절차를 제공하지 못하고 있으며, 실증적인 근거가 결여되었다는 단점을 지니고 있다.

2) 홀랜드(Holland)의 인성이론

인성이론은 여러 직업에 종사하는 사람에 대한 정보와 다양한 직업환경에 관한 정보를 알 수 있도록 구성된 것으로써, 인성에 바탕을 둔 심리이론적 입장과 유형(type)에 따라 다른 선택을 하게 된다는 유형론적 입장에 근거하고 있다.

홀랜드(Holland, 1985)는 개인의 행동양식이나 인성유형이 직업선택과 발달에 중요한 영향을 미친다고 보았다. 그는 직업선택이 개인의 타고난 유전적 소질과 문화적 요인 간의 상호작용의 소산이라고 보았다. 여기에서 문화적 요소란 동료·부모·중요한 타인·개인이 속한 사회의 문화, 물리적 환경을 의미한다.

홀랜드의 이론은 인간이 자신의 기술과 능력을 발휘하고 자신의 태도와 가치관에 따라 일할 수 있는 환경을 선호하며 자신에게 맞는 역할을 담당할 수 있는 작업환경을 찾는다는 점에서 욕구이론의 특징을 내포하고 있다.

홀랜드 이론은 흔히 RIASEC 이론이라고도 일컬어지며 홀랜드(J. L. Holland, 1919~2008)에 의해 주창된 이론으로써, 현재까지 직업심리학과 진로상담 분야에서 가장 큰 영향을 미친 이론으로 평가되고 있다. 본 장에서는 그의 이론의 기본가정과 이론의 특성을 개괄적으로 살펴보도록 하겠다.

(1) 기본가정

홀랜드는 성격 특성을 진로와 관련시켜서 진로발달이론과 직업흥미검사를 구성하였다. 사람들은 자신과 유사한 직업적 흥미와 성격을 가진 사람들이 일하고 있는 직업분야를 선택하려는 성향이 있기 때문에 자신의 소질과 흥미, 환경 여건 등을 고려하여 직업을 선택하게 된다. 홀랜드의 직업흥미이론의 핵심은 흥미와 직업에 대하여 다음과 같은 몇 가지 가정에 기초를 두고 있다.

첫째, 대부분의 사람들은 현장형(혹은 실재형), 탐구형, 예술형, 사회형, 진취형(혹은 설득형 및 지도자형), 관습형(혹은 사무형)의 여섯 가지 흥미유형으로 분류할 수 있다. 각각의 흥미유형은 개인적, 문화적, 환경적 등 여러 요소들 간 상호작용의 산물이며, 사회생활과 경험을 통하여 특정 행동을 선호하는 것을 학습하게 되고 강한 흥미를 느끼게 된다. 이러한 흥미들로 인하여 개인 특유의 관심분야와 기질이 형성되어 독특한 방식으로 인식하고, 사고하며, 행동하게 된다. 예를 들어 사회적(social) 유형의 사람은 사교적인 성향을 가진 사람으로 타인을 돕고, 다른 사람과 상호작용을 하면서 지역사회를 위해 봉사하며, 신앙을 중요시하는 등 사회적인 문제나 과업에 중요한 가치를 둘 것이다. 이러한 유형의 사람은 교육이나 사회사업과 같은 사회적인 활동을 할 수 있는 직업을 찾는 경향이 있다.

둘째, 우리가 생활하는 환경도 위와 같은 여섯 가지 유형으로 분류할 수 있다. 유사한 성향의 사람들이 모이는 곳에서는 어디서나 그들의 흥미를 반영하는 환경을 조성한다. 각각의 환경은 그에 상응하는 흥미유형의 사람들에 의해 지배되며 동시에 그 유형만의 특수한 기회 및 문제를 제공하는 물리적 환경을 구성한다. 예를 들어 예술형의 환경은 예술형 흥미유형의 사람들에 의해 지배되고, 관습형인 환경에서는 관습형의 사람들에 의해 지배된다. 사람들은 이처럼 자신과 유사한 흥미, 적성, 포부 수준 등을 가진 사람과 환경을 추구하는 경향이 있다.

셋째, 사람들은 자신의 기술과 능력을 발휘할 수 있고, 자신의 태도와 가치를 표현할 수 있으며, 자신에게 알맞은 역할을 수행할 수 있는 환경을 추구한다. 예를 들어 탐구형의 사람들은 깊이 생각하고 분석하는 연구적 환경을 추구하고, 사회형의 사람들은 대인 관계가 요구되는 사회적 환경을 추구한다.

넷째, 개인의 행동은 흥미와 환경의 상호작용에 의해 결정된다. 따라서 개인의 흥미 유형과 작업환경유형이 일치될수록 직업 선택, 직업전환, 직업적 성취도, 직업적 만족도, 사회적 행동 등에 대해 예측할 수 있다.

(2) 6가지 성격유형

홀랜드(Holland, 1992)의 이론에서는 사람들의 직업관련 성격과 흥미가 여섯 가지의 유형으로 분류될 수 있다고 하였다. 여섯 개의 직업흥미유형의 특징을 설명하면 다음과 같다.

① 현장형(Realistic)

현장형의 사람들은 기계적 현장에서 직접 신체적으로 하는 활동이나 기계를 조작하는 직업, 예를 들면 일반적으로 기계나 공구를 다루는 업무, 현장 기술직과 관련된 직업과 관련이 있다. 현장형은 사물 지향적이며, 구체적·실용적이며, 기능성과 예측 가능성을 선호한다. 반면 사교능력이 부족하여 자신의 감정을 타인에게 말로 표현하기 어려워하며 교육적 활동이나 치료적 활동은 좋아하지 않는다.

② 탐구형(Investigative)

탐구형의 사람들은 사람보다는 아이디어를 지향하고 추상적·분석적인 사고를 요하는 직업, 예를 들면 수학, 물리학, 생물학, 사회과학과 같은 학문적 분야에서 연구하는 직업과 관련이 있다. 탐구형은 탐구심이 많고, 논리적·분석적·합리적이며, 지적 호기심이 많으며 비판적·내성적이다. 반면에 사회적이고 반복적인 활동에는 흥미를 보이지 않으며, 주위의 간섭없이 독립적으로 활동하는 것을 선호하여 정서적인 상황에서 불화를 일으킬 수 있다. 현장형 직업이 물건을 만드는 기계나 도구에 보다 많은 초점을 둔다면, 탐구형 직업은 데이터나 정보를 산출하는 기계나 측정도구에 더 많은 관심을 둔다. 탐구형은 여섯 가지 유형 중 가장 높은 사회적 지위를 차지하고 있다(Gottfredson, 1980).

③ 예술형(Artistic)

예술형의 사람들은 창의성을 지향하며, 아이디어와 재료를 사용하여 자신을 새로운 방식으로 표현하는 직업, 예를 들면 작가, 음악인, 연극인과 같은 예술적 분야와 관련된 직업과 관련이 있다. 예술형은 직관적이며, 상상력이 풍부하고 창조적이며, 예술적인 재능과 심미적 성향을 발휘할 수 있는 일을 선호한다. 반면에 틀에 박힌 것을 싫어하고 체계적·구조화된 활동에는 흥미를 보이지 않으며, 자유분방하며 개성이 강하여 협동적이지는 않다. 예술형의 직업은 예술형 사람들의 분포에 비해 상대적으로 적은 편이다(Gottfredson, 1975). 예술가 유형의 학력 수준은 여섯 가지 유형 중에서 두 번째로 높다.

④ 사회형(Social)

사회형의 사람들은 다른 사람들과 어울려 일하는 것, 어려움에 처한 다른 사람들을 돕는 것, 사람들 간의 이견을 좁혀 주는 것, 사람들을 교육시키는 직업, 예를 들면 직업상담사, 사회복지사, 교사 등과 같은 직업과 관련이 있다. 사회형은 외적인 보상보다는 다른 사람을 육성하고 후원하고, 미래 세대 형성에 도움을 주며, 문화적 규범을 전달할 수 있다는 내재적 가치가 더 중요한 의미를 지닌다. 사회형은 대인관계 기술이 좋으며, 온유한 사람이라는 칭송을 받는 경우가 많다. 양육과 지원을 하되 리더십은 발휘하지 않는 것이 이 유형의 전형적인 특성이다. 반면에 기계를 다루는 일이나 군대처럼 엄격한 규율 속에서 일하는 것을 싫어한다.

⑤ 진취형(Enterprising)

진취형의 사람들은 기업가적 기질이 강하고, 특정 목표의 달성을 위해 타인을 설득·통제·지배하는데 관심이 있는 직업, 예를 들면 기업 경영자 업무, 정치 활동, 각종 영업 등과 같은 직업과 관련이 있다. 진취형은 각 개인의 지위와 위치가 분명하고, 권위나 권력이 위계가 잘 구조화된 환경 체계, 상황을 잘 통제할 수 있으며 리더십을 발휘할 수 있는 환경을 선호한다. 이들은 성취의욕이 강하고 열정적이며, 능력과 모험심이 강한 편이다. 진취형은 물질이나 아이디어보다는 사람에 관심을 가지고 있지만, 권력과 통제를 강조하기 때문에 대인관계에서는 어느 정도 거리감을 갖는다.

⑥ 사무형(Conventional)

사무형의 사람들은 사무직처럼 세부적이고 질서 정연하며, 자료의 체계적인 정리 같은 업무와 관련된 직업, 예를 들면 사서, 통계관리, 은행업무, 회계업무, 일반관리업무 등과 같은 직업과 관련이 있다. 사무형은 대체적으로 성실하며, 정확하며, 계획성이 있으며, 인내심과 책임감이 강한 편이다. 이들은 자신에게 맡겨진 일을 묵묵히 수행해 나가는 것을 좋아하며, 변화가 별로 없는 환경, 규칙적인 업무 시간과 실내에서 조용히 하는 일을 선호한다. 다음 〈표 8〉에는 여섯 가지 직업적 성격특징과 직업흥미활동, 대표직업에 대하여 설명하였다.

〈표 8〉 Holland 직업성격 유형에 따른 성격특징, 직업흥미, 대표직업

직업성격 유형	성격 특징	직업흥미활동	대표직업
실재형 (R)	남성적이고, 솔직하고, 성실하고, 검소하고, 지구력이 있고, 신체적으로 건강하고, 말이 적고, 고집이 있고, 직선적이며, 단순하다.	체력을 필요로 하는 활동, 신체적 기술을 활용하는 활동, 기계 · 연장 · 동/식물을 조직하는 활동, 분명하고 체계적인 활동을 선호한다. 반면 교육적 · 치료적 활동은 선호하지 않는다.	운동선수, 전기기사, 기계기사, 자동차 및 항공기 정비사, 기술사, 운전사, 원예기사 등
탐구형 (I)	탐구심이 많고, 논리적 · 분석적 · 합리적이고, 정확하고, 지적 호기심이 많고, 비판적이고, 내적이고, 수줍음이 많고, 신중하다.	추상적인 활동, 여러 가지 문제들을 분석 · 연구하는 활동, 관찰적 · 상징적 · 체계적인 활동을 선호한다. 반면 사회적이고 반복적인 활동은 선호하지 않는다.	과학자, 수학자, 물리학자, 생물학자, 의사, 교수 등
예술형 (A)	감수성이 풍부하고, 독창적이고, 자유분방하고, 상상력이 풍부하다.	예술적 창조와 표현, 예술적 매체를 통해 자기를 표현하는 활동, 자유롭고 상징적인 활동을 선호한다. 반면 체계적이고 구조화된 활동은 선호하지 않는다.	음악가, 조각가, 화가, 시인, 소설가, 배우, 디자이너, 작가, 무대감독, 무용가 등
사회형 (S)	사람들과 어울리기 좋아하고, 친절하고 이해심이 많고, 봉사적이고, 감정적이고 이상주의적이다.	안정적인 상황에서 일하는 것을 즐기며, 타인을 도와주고, 가르치고, 치료하는 활동을 선호한다. 반면 질서정연하고 체계적인 활동은 선호하지 않는다.	상담사, 선교사, 교사, 사회복지사, 간호사, 치료사 등

직업성격 유형	성격 특징	직업흥미활동	대표직업
진취형 (E)	통솔력 및 지도력이 있고, 외향적이고, 권력지향적이고, 설득적이고, 경쟁적이고, 지배적이고, 낙관적이고, 열정적이다.	조직의 목적과 경제적 유익을 위하여 타인을 통치 및 관리하는 활동, 권력·지위를 획득할 수 있는 활동을 선호한다. 반면 상징적이거나 정적인 활동은 선호하지 않는다.	기업경영인, 정치가, 법률가, 영업사원, 연출가, 기자, 보험판매원 등
사무형 (C)	계획성이 있고, 정확하고, 조심성이 있고, 책임감이 강하고, 세밀하고, 완고하다.	정해진 원칙과 계획에 따라 자료들을 기록, 정리하는 활동, 체계적인 작업환경에서 사무적, 계산적 능력을 발휘하는 활동을 선호한다. 반면 창의적, 자율적, 모험적인 활동은 선호하지 않는다.	공인회계사, 경제분석가, 은행원, 비서, 안전관리인, 도서관 사서 등

(3) 코드와 주요개념

여섯 가지 직업 성격 유형은 각각 독립적으로 한 유형씩 설명하기보다는 〈그림 5〉와 같이 육각형에서의 거리나 유사성에 의해 의미하는 바가 다르게 해석될 수 있다. 즉 같은 사회형의 사람일지라도 예술형에 가까운지, 진취형에 가까운지에 따라 그 직업적 성격유형이 다르게 나타날 수 있다. 이처럼 홀랜드 코드는 6개 유형의 조합으로 나타내어진다. 즉 $6 \times 5 \times 4 \times 3 \times 2 \times 1$개, 총 720개로 세분화될 수 있으며, 일반적으로 한 자리 코드(예: R, I, S 등), 두 자리 코드(예: RI, IA, SA 등) 그리고 세 자리 코드(예: RIC, ASE, SEC 등)로 나타낼 수 있다. 6각 모형 해석의 기본 가정으로 일관성, 차별성, 정체성, 일치성, 계측성의 다섯 가지를 살펴볼 수 있다.

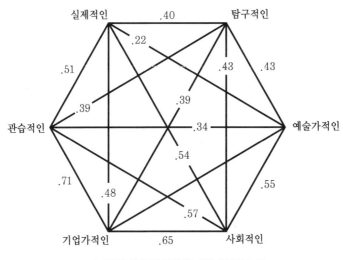

〈그림 5〉 유형 관계해석을 위한 육각형 모형

＊ 자료: Holland, J. L. (1994). The Self-Directed Search. Odessa, FL: Psychological Assesment Resources, Inc.

① 일관성(consistency)

일관성의 개념은 서로 가까운 위치에 있는 유형끼리는 유사한 점이 많고, 먼 유형끼리는 유사한 점이 거의 없다. 따라서 6각 모형에서 근접해 있는 유형들(예: C-R-I, S-E-C)은 성격적 특성, 흥미, 직무 등에서의 관련성이 높은 반면 대각선 위치에 있는 유형들(예: R-S, A-C, I-E)은 일관성이 가장 낮고, 성격적 특징이나 직업 기능에서 거의 관련이 없다. 중간 정도의 일관성은 육각형에서 서로 하나씩 건너뛰는 유형들이다. 높은 일관성 수준은 경력이나 진로 결정 방향면에서 안정성을 가지는 긍정적 특징이라 할 수 있다.

② 변별성(differentiation)

변별성이란 직업적 흥미 특성이 얼마나 뚜렷하게 나타나는가를 의미한다. 즉 6각 모형 중 어느 한 유형에는 유사성이 많이 나타나지만 다른 유형에는 그다지 유사성이 나타나지 않은 것을 의미한다. 변별성이 높은 사람은 일에서 경쟁력 및 만족도가 높고, 사회적·교육적 행동에도 적절히 개입할 것이라고 예측할 수 있는 반면, 변별도가 낮을 경우 특징이 없거나 잘 규정되지 않아 명확하게 직업흥미 유형을 예측하기 힘들다.

③ 정체성(identity)

정체성의 개념은 개인 자신이나 환경에 대한 명확성과 안정성에 대한 인식 정도를 의미한다. 개인적 정체성은 자신의 목표와 흥미 그리고 재능에 대해 명확하고 안정된 생각을 가지고 있는 정도를 의미한다. 한편 환경적 정체감은 환경이나 조직이 명확하고 통합된 목적과 업무 그리고 장기간에 걸쳐 안정된 보상을 받을 때 얻어지는 것이다. 분명한 정체성을 가진 사람은 불분명한 정체성을 갖고 있는 사람보다 결과에 대한 예측력과 일관성이 높게 나타난다.

④ 일치성(congruence)

일치성은 개인의 직업흥미나 성격 등의 특성이 직무 또는 조직과 일치하는 정도를 의미한다. 즉 개인의 흥미유형과 작업환경이 서로 부합되는 정도를 의미한다. 일치성은 직무수행능력, 직무만족과 높은 관련성을 가지고 있다(Spokane, 1985). 일치성이 높은 사람은 미래 직업생활에서 높은 직무수행능력을 보이고, 만족스러운 직업생활을 할 수 있을 것이다. 반면 일치성이 낮은 경우 직업 적응, 직무 만족이 낮아 성공가능성이 떨어질 것이라고 예상할 수 있다.

⑤ 계측성(calculus)

계측성은 성격 흥미 유형과 직업 환경 유형간의 관계가 육각형 모형에 따라 정리할 수 있는데, 유형들 간의 거리는 그것들 사이의 이론적 관계에 반비례함을 시사한다. 육각 모형은 개인 간 또는 개인 내에 있는 일관성의 정도를 나타내는 모형으로 여러 가지 실제적인 용도를 가지고 있다.

(4) 홀랜드(Holland) 검사의 실시

홀랜드의 진로탐색 검사는 중·고등학생용 진로탐색 검사와 대학생 및 성인용 적성탐색 검사로 나누어진다. 국내에서 안창규 (1996)가 SDS(Self-Directed Search)를 번안하여 표준화 작업을 하였다. 한국판 Holland 직업 및 적성탐색 검사는 총 396문항으로 RIASEC 각 하위척도별 66문항으로 구성되어 있다. 이 검사는 현재 한국가이던스에 유료로 검사를 진행하고 있다. 한편 워크넷 (www.work.net)에서는 한국고용정보원에서 개발한 청소년용 직업흥미검사 및 대학생과 성인을 대상으로 한 직업선호도 검사(S형, L형)를 무료로 실시하고 있다.

(5) 요약과 평가

홀랜드의 RIASEC 육각형 모형은 오늘날 거의 모든 직업흥미 검사에 강력한 영향을 미칠만큼 직업심리학의 역사상 가장 잘 검증된 결과물로 평가받고 있다(Rounds, 1995). 홀랜드의 이론은 복잡한 직업세계를 단순화하고 해석하는데 매우 유용한 방식이라 할 수 있다. 그의 이론은 환경의 다양한 유형 속에서 인간의 행동을 예언하고 이해하는데 필요한 구조의 개발에 기여해 왔다. 반면 사람들이 어떻게 그러한 유형이 되는지 발달과정에 대한 설명이 결여되어 있으며, 사람들이 환경 및 자기 자신을 변화시킬 수 있는 능력을 소지하고 있음을 고려하지 못했다는 한계점을 지닌다.

3) 호포크(Hoppock)의 구성이론

호포크(Hoppock, 1976)는 직업선택에 대한 복합적인 성격이론을 발전시켰다. 그는 욕구를 충족시키기 위한 직업선택에 대해 다음과 같이 제시하고 있다.

첫째, 직업은 개인의 욕구를 충족시키기 위해 선택된다.

둘째, 개인이 선택하는 직업은 그가 충족시키고 싶어하는 욕구를 충족시켜 줄 수 있으리라고 기대되는 것이다

셋째, 욕구는 직업선택에 영향을 미친다.

넷째, 어떤 직업이 개인의 욕구를 충족시킬 수 있다고 인식될 때 직업선택이 이루어진다.

다섯째, 직업선택의 능력은 개인이 선택하고자 하는 직업이 그의 욕구를 얼마나 잘 충족시킬 수 있을지를 예측할 수 있을 때 향상된다.

여섯째, 개인에 관한 정보는 개인으로 하여금 그의 욕구를 충족시킬 수 있는 진로를 선택할 수 있도록 도움을 줌으로써 진로선택에 영향을 미친다.

일곱째, 직업에 관한 정보는 개인의 욕구를 충족시킬 수 있는 직업을 발견하도록 도움을 줌으로써 진로선택에 영향을 미친다.

여덟째, 직업에 대한 만족도는 그 직업이 얼마나 개인의 욕구를 잘 충족시켜 주는지에 달려있다.

아홉째, 개인의 욕구를 보다 잘 충족시켜 줄 수 있으리라고 기대되는 직업이 나타날 때 개인은 새로운 선택을 하게 된다.

4. 의사결정이론

의사결정과정이란 일정한 목표를 달성하기 위하여 몇 가지 대안을 작성하고, 이를 일정한 준거와 방법에 의거하여 상호 비교함으로써 가장 합리적이고 실행 가능한 방안을 선택하는 행동을 의미한다. 이러한 개념에 의거하여 진로의사결정은 '개인이 정보를 조직하고, 여러 가지 대안들을 신중하게 검토하여, 진로선택을 위한 행동 과정에 전념하는 심리적인 과정(Harren, 1979)'으로 정의된다. 진로의사결정이론은 '진로에 관한 결정이 어떻게 이루어지는가?' 하는 진로결정의 과정과 단계에 초점을 맞추어 이론을 전개하며, '개인은 자신의 이익을 극대화하고 손실을 극소화하는 방향으로 행동한다'는 케인즈(Keynes)의 이론에 바탕을 두고 있다. 개인은 여러 가지 선택 가능한 직업 중에서 자신의 투자가 최대로 보장 받을 수 있는 직업을 선택한다는 것이 이론의 핵심이다. 이 이론의 대표적인 학자로는 겔라트(Gelatt, 1962), 힐튼(Hilton, 1962), 허센슨과 로스(Hershenson & Roth, 1966), 카츠(Katz, 1963), 네펠캠프와 슬렙피차(Knefelkamp & Slepitza, 1978), 하렌(Harren, 1979) 등이 있다. 본 장에서는 겔라트와 하렌의 의사결정이론을 중심으로 살펴보고자 한다.

1) 겔라트(Gelatt)의 의사결정이론

겔라트(Gelatt, 1962)는 직업선택은 의사결정과정으로 진로의사결정자는 의사결정과정에서 정보를 수집하고, 그 정보를 활용함으로써 자기 선택에 대한 책임을 가지고 보다 합리적인 지각양식을 가지게 된다고 본다. 겔라트는 직업정보를 예언적 체계, 가치체계, 결정준거의 3차원으로 구분하고 직업선택과 발달의 과정을 8단계의 의사결정의 순환과정으로 보았다(그림 6 참조).

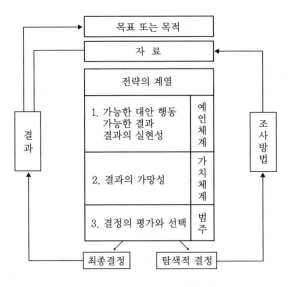

〈그림 6〉 Gelatt의 의사결정 참조체제

＊ 자료: Gelatt, H. B.(1962). Decision-Making: A Conceptual Frame of Reference for Counseling, Journal of Counseling Psycology, 9, 240-245.

그는 직업선택과 발달을 목적의식 수립, 정보수립 가능한 대안의 열거, 각 대안들을 선택했을 때에 예상되는 결과 예측, 각 대안들의 실현가능성 예측, 각 결과들에 대한 가치평가, 의사결정(대안의 선택), 의사결정의 평가, 재투입의 순환과정으로 설명하였다. 그는 직업선택의 결과보다 그 선택과정을 중요시하였다.

2) 하렌(Harren)의 의사결정이론

의사결정유형은 사람들이 그들의 삶에서 중요한 의사결정에 접근하고 해결하는데 활용하는 전략으로, 의사결정과제를 지각하고 그에 반응하는 개인의 특징적 유형 또는 개인이 의사결정을 내릴 때 선호하는 접근 방식을 의미한다. 의사결정유형이론을 연구한 하렌(Harren, 1979)은 딩클라지(Dinklage, 1968)가 분류한 8가지(계획형, 직관형, 순응형, 운명론형, 충동형, 지연형, 번민형, 마비형) 의사결정유형을 재분류하여 합리적 유형, 직관적 유형, 의존적 유형의 세 가지로 나누었다.

먼저 합리적 유형(rational style)이란 자아(self)와 상황에 대한 정확한 정보를 수집하고, 가능한 객관적이고 논리적으로 평가하며, 의사결정에 대한 책임을 수용한다. 둘째, 직관적 유형(intuitive style)이란 의사결정과정에서 개인의 생각이나 느낌 그리고 감정적인 자기인식을 사용한다. 정보탐색 행동이나 대안들에 대한 논리적 평가 과정을 거치지 않기 때문에 결정에 대한 적절성을 내적으로만 느낄 뿐 설명하지 못하는 경우가 발생한다. 그러나 직관형의 사람들은 선택에 대한 확신을 비교적 빨리 내리며 결정에 대한 책임을 수용하는 장점을 가지고 있다. 셋째, 의존적 유형(dependent style)은 의사결정과정에서 타인의 영향을 많이 받고 수동적이며 순종적이고 사회적 인정에 대한 욕구가 높은 반면 개인적 책임은 부정하고 그 책임을 외부로 귀책시키는 특징을 나타낸다. 최근에 스코트와 브루스(Scott & Bruce, 1995)는 이상의 세 가지 유형에 즉흥적 유형(spontaneous style)을 추가하였는데 이는 가능한 한 빨리 의사결정을 끝내고자 하는 조급함으로 설명할 수 있다.

하렌(Harren)의 의사결정유형 연구는 진로결정과 관련하여 조력을 필요로 하는 내담자를 변별하는데 도움을 준다. 효과적인 의사결정자는 적절한 자아존중감과 잘 분화되고 통합된 자아개념을 지니고 있으며, 합리적 의사결정유형을 하며, 성숙한 대인관계와 분명한 목적의식을 가진 사람이다. 이들은 전공선택 여부와 그 선택에 따른 만족이 높게 나타나는 것으로 밝혀졌다.

5. 사회학습이론

진로와 관련하여 사회학습이론은 진로상담과정에서의 학습적 측면을 강조한 입장으로 학습이론의 원리를 직업선택의 문제에 적용하였다. 미첼과 크럼볼츠(Mitchell & Krumbolz, 1990)는 사람들이 어떻게 현재의 진로(혹은 직업)를 선택하고, 어떻게 기술을 습득하는지에 대하여 연구하였다. 이들은 진로결정에 영향을 미치는 요인으로 유전적 요인과 특수한 능력, 환경적 조건과 여러 가지 사건들, 학습경험, 과제접근기술과 같은 4가지로 분류하고 이들 요인들 사이의 상호작용 관계를 밝혔다.

1) 유전적 요인과 특수한 능력

유전적 요인과 특수한 능력은 개인의 진로기회를 제한하는 타고난 특질을 의미한다. 즉 교육적·직업적 선호나 기술에 제한을 줄 수 있는 물려받거나 타고난 개인의 특성에 해당하는 것으로 인종, 성별, 신체적인 외모나 특징, 지능, 예술적 재능, 근육의 기능 등이 포함된다.

2) 환경적 조건과 사건

환경적 조건과 사건은 개인이 속해 있는 사회의 다양한 여건들이 있다. 예를 들면 일의 기회, 사회정책, 노동법, 보상, 자연환경, 교육제도, 기술의 발달, 사회조직의 변화, 가족의 영향, 공동체 및 지역사회의 영향 등이 진로에 영향을 미치는 요인이 된다. 이러한 여건들은 개인이 통제할 수 있는 것, 개인의 통제를 벗어나는 것, 계획되지 않은 우연적인 것이 있을 수 있다.

3) 학습경험

학습경험은 현재 또는 미래의 교육적·직업적 의사결정에 영향을 미치는데, 한 개인이 어떤 진로에 대해 '좋다' 혹은 '싫다'라는 경향성을 갖게 되는 것은 학습경험의 결과에서 비롯된 것임을 강조한다. 학습경험은 크게 도구적 학습경험과 연합적 학습경험으로 구분할 수 있다.

(1) 도구적 학습경험

도구적 학습경험이란 개인이 어떤 행동이나 인지적인 활동에 대하여 정적 혹은 부적 강화를 받았을 때 나타난다. 진로 선택과 관련하여 어떤 행동의 결과로 정적 강화를 받았을 때 보다 많은 강화물을 획득하기 위해 이와 관련된 행동을 반복하려는 경향을 보인다. 이러한 행동을 반복하는 과정에서 관련된 기술을 더욱 잘 숙지하게 되고 행동 그 자체에 내적인 흥미를 갖게 된다는 것이다. 이처럼 과거의 학습경험이 진로 선택에 있어 도구(Instrument)로 작용하는 것이다. 예를 들어 영어시험(행동)에서 좋은 성적(긍정적 결과)을 받았다면 영어와 관련된 분야의 직업에 호감을 가질 수 있을 것이다.

(2) 연상적 학습경험

연상적 학습경험이란 이전에 경험한 감정적 중립 사건이나 자극을 정서적으로 비중립적인 사건이나 자극과 연결시킬 때 일어난다. 예를 들어 영어라는 감정적 중립 자극이 영어 교사를 좋아하게 되면서 긍정적인 느낌과 연결되어 나중에 영어 교사가 되길 희망할 수 있을 것이다. 한편 대리학습 경험도 개인의 직업적 행동에 영향을 미치게 된다. 책이나 TV, 또는 타인의 행동을 관찰한 경험이 긍정적인 것이라면 그 직업에 대해 호감을 가질 수 있을 것이고, 반대로 부정적인 것이라면 싫어하는 경향을 보일 수 있을 것이다.

4) 과제접근기술

과제접근기술(Task Approach Skills)은 개인이 당면한 어떤 문제들을 이해하고 처리하기 위한 기술로써 유전적 요인, 학습경험, 환경적 조건이나 사건의 상호작용을 기반으로 하여 갖추게 되는 기술이다. 과제접근기술로는 인지적 과정, 감성적 반응, 정보수집능력, 문제해결기술 등이 포함된다.

6. 직업적응이론

1) 직업적응이론의 개관

직업적응이론(Theory of Work Adjustment)은 미네소타대학의 데이비스와 롭퀴스트(Dawis, R. V. & Lofquist, L. H.)가 1950년대 후반부터 지속적으로 수행해 온 직업적응프로젝트의 연구 성과를 바탕으로 발전된 이론이다. 데이비스와 롭퀴스트는 1969년과 1984년에 이어 1991년에 직업적응이론의 기본적인 의미를 제시한 바 있는데, 이 이론은 특성 · 요인이론의 성격을 지니는 복합적인 이론으로 개인의 특성에 해당하는 욕구와 능력을 환경에서의 요구사항과 연관지어 직무만족이나 직무유지 등의 진로행동을 설명하려는 이론이다. 이들은 최근에 이론의 적용 영역과 대상을 확장한 개인(P)−환경(E) 조화(fit)이론(Person−Environment Correspondence Counseling)으로 수정하고, 개인과 환경 간의 상호작용을 통한 욕구충족을 강조하였다(Dawis, 2005).

2) 직업적응양식

직업적응은 사람과 환경이 조화로운 욕구와 기술을 가질 때는 상응(correspondence) 상태로 이상적이지만, 양자의 변화 모두 근로자의 불만족을 야기할 수도 있다. 이 때 개인이 직업환경 내에서 자신의 적합성을 증가시키려는 시도가 직업적응이다. 따라서 직업적응이론은 개인이 직업환경 내에서 환경과의 조화로운 상태를 추구하는 적응적 행동양식과 자신의 욕구가 얼마나 충족하는가 하는 직업만족을 다룬다.

직업적응이론은 크게 직업성격적 측면, 직업환경적 측면 그리고 직업적응적 측면으로 구성되어 있다. 첫째, 직업성격(work personality)은 개인의 성격 중 직업과 밀접하게 관련되는 부분으로 개인의 능력과 가치의 목록 그리고 이들 사이의 관계를 의미한다. 직업성격은 민첩성, 역량, 리듬, 지구력의 네 가지 차원으로 구분된다. 민첩성은 과제를 얼마나 빨리 완성하는가에 대한 측면으로 반응 속도를 중시하는 측면이다. 역량은 근로자의 평균활동 수준을 의미한다. 리듬은 다양한 활동성을 의미하며, 지구력은 개인이 환경과의 상호작용에서의 반응길이를 의미한다. 개인의 직업성격은 개인의 능력을 평가하는 일반적성검사(General Aptitues Test Battery: GATB)와 개인의 욕구 가치를 평가하는 미네소타중요도검사(Minesota Importance Questionnaire: MIQ)를 통해 측정할 수 있다. 가치와 능력은 개인이 성장하면서 노출되는 환경에서 주어지는 강화에 의해 점차 안정적으로 변한다고 가정한다.

둘째, 직업환경은 직업(혹은 조직)이 개인에게 요구하는 특수한 능력과 직업이 개인의 욕구를 충족시켜 줄 수 있는지를 의미하는 강화인패턴(reinforcer pattern)으로 구성된다. 다위스와 롭퀴스트 (Dawis & Lofquist, 1984)는 직업강화인패턴과 직업적성패턴의 평가를 바탕으로 직업이 분류된 체계인 미네소타직업분류체계(Minnesota Occupational Classification System III: MOCSIII)와 환경의 충족정도를 측정하는 미네소타만족성척도(Minnesota Satisfactoriness Scales: MSS)를 개발하였다.

셋째, 직업적응은 개인과 직업환경의 상호적응과정적 측면을 설명하고 있다. 개인과 환경은 서로가 원하는 것을 충족시켜 줄 때 조화롭다고 할 수 있는데 개인은 환경이 원하는 기술을, 직업환경은 개인의 욕구를 충족시켜 줄 강화인을 가지고 있을 때 조화롭게 된다. 개인과 환경은 서로 조화를 이루려고 노력하는 역동적인 관계로 이를 직업적응이라고 한다. 개인과 환경의 적응과정에는 각각의 성격뿐만 아니라 적응 양식(adjustment style)이 영향을 주게 되는데 직업적응양식은 유연성, 인내, 적극성, 반응성의 네 가지 측면이 있다. 유연성은 개인이 직업환경과 개인환경 간의 부조화를 참아내는 정도를 의미한다. 인내는 직업 환경과 개인환경 간 부조화가 있더라도 환경을 떠나지 않고 부조화를 견뎌내며 노력하는 가간을 의미한다. 적극성은 개인환경과 직업환경 간의 차이를 조화롭게 만들어 가려는 노력 정도를 의미하며, 마지막으로 반응성은 개인이 직업성격의 변화로 인하여 직업환경에 반응하는 대처 방식을 의미한다. 지금까지 살펴본 직업적응이론의 관계를 도식화하면 다음 그림과 같다(그림 7 참조).

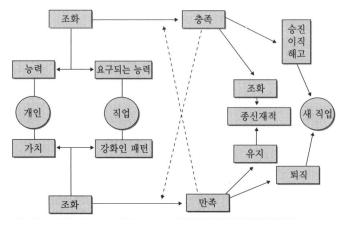

〈그림 7〉 직업적응이론의 일반적 모형

* 자료: Dawis R. V. & Lofquist L. H. (1984). A Psychological theory of work
adjustment. Minneapolis, MN: University of Minnesota Press, 62.

7. 최근의 진로발달이론

1) 인지적 정보처리이론

인지적 정보처리이론(Cognitive Information Processing: CIP)은 인지적
접근을 취하는 진로상담이론들 중 가장 영향력 있는 진로상담이
론이다. 인지적 정보처리이론은 개인이 어떻게 진로결정을 내리
고, 의사결정을 할 때 어떻게 정보를 활용하는지 측면에서 인지적
정보처리이론을 진로발달에 적용한 이론으로(김봉환, 김병석, 정철영,
2003), 피라미드 모형과 CASVE주기의 각 요소들을 활용함으로써
상담자들에게 효과적인 진로 프로그램을 설계하는데 도움을 준다
(이재창, 2005). 인지적 정보처리이론의 주요 전제는 다음과 같다.

첫째, 진로선택은 인지적 및 정의적 과정들의 상호작용의 결과이다.

둘째, 진로를 선택한다는 것은 하나의 문제해결 활동이다.

셋째, 진로문제 해결자의 잠재력은 지식과 인지적 조작의 가용성에 의존한다.

넷째, 진로문제 해결은 고도의 기억력을 요하는 과제이다.

다섯째, 동기의 근원을 앎으로써 자신을 이해하고 만족스런 진로선택을 하려는 욕망을 갖는다.

여섯째, 진로발달은 지식구조의 끊임없는 성장과 변화를 포함한다.

일곱째, 진로정체성은 자기 지식에 의존한다.

여덟째, 진로성숙은 진로문제를 해결할 수 있는 자신의 능력에 의존한다.

아홉째, 진로상담의 최종목표는 정보처리 기술들의 신장을 촉진시킴으로써 달성된다.

열째, 진로상담의 최종목표는 진로문제 해결자이고 의사결정자인 내담자의 잠재력을 증진시킴에 있다(Peterson, Sampson & Reardon, 1991).

이러한 가정에 기초한 인지적 정보처리이론의 목적은 개인들이 향상된 진로의사결정능력을 획득하는 것으로 이를 위해 자신의 진로의사결정에 대해 어떻게 생각해야 하는지에 대한 방안을 제시하는 것이다. 진로발달에 대한 인지적 정보처리이론을 좀 더 구체적으로 개념화 한 것이 인지적 정보처리 피라미드(Cognitive Information Processingn Pyramid)이다(그림 8 참조).

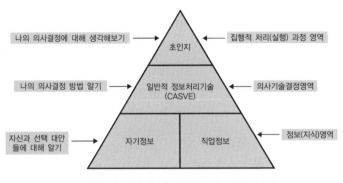

<그림 8> 진로의사결정상의 인지적 정보처리 피라미드

* 자료: Sampson, J. P. Jr., Peterson, G. W., Lenz, J. Gl, Reardon, R, C.(1992). A Cognitive approach to career services: Translating Concepts into practice. The Career Development Quarterly, 41(1), 67-74.

인지적 정보처리 피라미드는 정보영역, 의사결정기술영역, 실행과정의 세 가지 기본 요소로 구성되어 있다. 정보영역은 자기 자신에 대한 정보와 직업 및 직업 세계에 관한 정보로 구성된다. 자기정보는 가치, 흥미, 기술 등에 대한 개인의 지각을, 직업정보는 구체적인 직업과 교육적인 훈련기회를 인지하는 것을 의미한다. 그리고 의사결정기술영역에서는 정보영역에서 나온 정보를 바탕으로 개인이 어떻게 문제를 인식하고, 의사결정을 하며, 해결방안을 수립하는지에 대한 포괄적 정보처리 영역이다.

개인의 의사결정과정은 인지적 과정으로 〈그림9〉와 같이 CASVE의 순환 과정 즉 의사소통(Communication), 분석(Analysis), 종합(Synthesis), 가치화(Valuing), 실행(Execution)을 통해 증진시킬 수 있다. 의사소통 단계는 문제 사안에 대한 현재 상태와 원하는 상태 간의 차이를 인식한다. 즉, 자신과 환경에 대한 문제를 인식하는 것이다. 분석 단계는 문제를 둘러싸고 있는 여러 요소간의 관련성을 인식하게 된다. 이 때 문제의 원인을 진단하기 위해서 새로운 정보를 얻거나 현재의 정보를 명확하게 하는 것이 필요하다. 그 다음 종합 단계에서는 문제해결을 위해 고려하는 대안을 확장시킨 후 다시 축소하는 단계이다. 즉 문제 해결을 위한 대안을 도출하고 실행 가능성에 중점을 두어 가능성이 있는 대안으로 축소한다. 평가 단계에서는 대안들에 대해 자신과 중요한 타인, 소속된 문화집단, 지역 혹은 사회와 관련되어 손익을 평가하여 최선의 선택을 하게 된다. 만약 평가단계에서 자기이해와 직업정보가 부족하여 적절한 평가를 하지 못하게 될 때는 다시 자기이해의 단계로 돌아가서 정보를 얻는다. 마지막 실행단계에서는 계획을 실행하는 과정으로 목표에 따른 구체적인 전략을 수립하여 실천에 옮기게 된다.

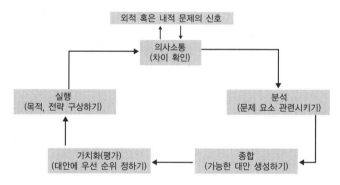

〈그림 9〉 진로의사결정과정에서 사용되는 정보처리기술의 CASVE 주기

＊ 자료: Sampson, J. P. et al (1992), 67-74.

2) 사회인지적 진로이론

사회인지적 진로이론(Social Cognitive Career Theory: SCCT)은 개인의 심리적 요소와 사회적·환경적 변인 등이 어떻게 진로결정이나 선택행동과 관련되어 있으며, 어떠한 경로로 영향을 미치는지를 설명하고자 시도하였다. 즉 주변의 상황적 요인이 개인의 인지적 요소나 신념에 어떠한 영향을 미치고 있으며, 이들 개인의 인지적 요소나 신념이 진로결정과 어떠한 관련이 있는지에 대한 이론적 틀을 제공하고 있다.

렌트, 브라운, 헤켓(Lent, Brown, Hackett, 1994)에 의해 제시된 사회인지적 진로이론은 반두라(Bandura, 1986)의 일반적 사회인지이론을 기초로 하여 크럼볼츠(Krumboltz, 1994)의 사회학습이론 및 헤켓과 베츠(Hackett & Betz, 1981)의 자기효능감 모형을 통합·포괄한 이론으로써 자기효능감, 결과에 대한 기대 그리고 학습 경험과 같은 개인의 인지적 요인들과 성격, 성별, 인종, 사회적지지 정도와 같은 환경적 요인들의 상호작용이 개인적 진로발달의 결정요인으로 진로행동에 영향을 미친다고 보았다.

3) 가치중심적 진로접근 모형

브라운(Brown, 1996)이 연구한 가치중심적 진로접근 모형은 인간의 행동이 개인의 가치에 의해 상당 부분 영향을 받는다는 가정에서 출발한다. 가치는 행동역할을 합리화하는데 있어서 매우 강력한 결정요인으로 자신과 타인의 행위를 판단하는 규칙이 된다. 다른 이론들과 달리 가치중심적 진로접근 모형에서는 흥미가 진로결정에 큰 역할을 하지 않은 것으로 설명한다. 그 이유는 흥미는 가치를 근거로 발전되어 온 선호도의 지표이며 흥미가 행동규준의 표준으로 작용하지 않기 때문이다. 반면, 가치는 개인이 원하는 목표설정에 중추적인 역할을 하기 때문에 진로결정과정에서 가장 중요한 작용을 한다고 본다. 가치중심적 모델의 기본 명제는 다음과 같다.

첫째, 개인이 우선권을 부여하는 가치들은 그렇게 많지 않다.

둘째, 우선순위가 높은 가치들은 다음과 같은 조건들을 만족시킬 경우 생애역할 선택에 있어서 가장 중요한 결정요인이 된다.

● 생애역할 가치를 만족시키려면 한 가지의 선택권만 이용할 수 있어야 한다.

● 생애역할 가치를 실행하기 위한 선택권은 명확하게 그려져야 한다.

● 각 선택권을 실행에 옮기는 난이도는 동일하다.

셋째, 가치는 환경 속에서 가치를 담은 정보를 획득함으로써 학습된다.

넷째, 모든 필수적인 가치들을 만족시키는 정도는 생애역할에 달려있다.

다섯째, 한 역할의 현저성은 역할 내에 있는 필수적인 가치들의 만족 정도와 직접 관련된다.

여섯째, 생애역할에서의 성공은 많은 요인들에 의해 결정되는데, 이들 중에는 학습된 기술도 있고 인지적 · 정의적 · 신체적 적성 등도 있다.

진로상담이론

진로상담은 개인의 진로발달 문제를 돕는 것뿐만 아니라 이를 방해하는 심리적 문제 그리고 내담자들이 인생 역할들 간에 균형과 조화를 이룰 수 있는 인생 계획을 발전시켜 가도록 도와주는 활동이다(Brown & Brooks, 1991). 한 내담자의 총체적 진로 계획을 다루는 진로상담을 효율적으로 실시하기 위해서는 먼저 여러 가지 진로상담이론과 접근법을 충실하게 이해하는 것이 요구된다. 따라서 본 장에서는 크릿츠(Crites, 1981)의 관점에 따른 대표적인 진로상담이론을 살펴보고자 한다.

1. 특성요인 진로상담

1) 상담의 목표

특성요인 진로상담(Trait-Factor Career Counseling)은 특성요인 이론에 기초하여 발전된 진로상담 방법으로 개인차 심리학에 그 배경을 두고 있다. 특성요인 이론은 인간의 행동이나 성격이 능력, 흥미, 태도, 기질 등의 요인이 복합적으로 상호작용해서 나타난 결과라고 주장한다. 따라서 인간의 성격이나 행동의 특성은 여러 차원으로 분류될 수 있으며, 심리검사 등의 방법을 통해서 측정되고 평가될 수 있다고 본다(김충기 등, 2011).

특성요인 모형은 상담의 목표를 내담자로 하여금 합리적 해결과 선택을 하도록 하고 내담자의 자기이해, 자기지도, 자기성장을 촉진시키는 데 두고 있다. 이러한 목표를 달성하기 위한 구체적인 목표는 다음과 같다. 첫째, 특성요인 상담의 목적은 선한 생활, 즉 탁월성을 갖도록 하는 것이다. 둘째, 특성요인 상담은 개인의 전체적인 발달을 목적으로 삼고 있지만 상담자는 내담자가 소유하고 있는 모든 개성을 발달시키는 것이 아니라 내담자로 하여금 어떤 특정방향으로 발달하도록 영향을 주는 것이라고 주장하였다. 셋째, 특성요인 상담의 목표는 내담자가 올바른 선택과 의사결정을 할 수 있는 가치체계를 발전시켜 나가도록 도와주어야 한다. 따라서 진로 상담자는 내담자에게 많은 검사정보와 직업정보를 제공해주고 이를 토대로 진로선택을 하도록 돕는 것이다. 상담자는 상담과정 동안 내담자를 교육하고 설득하며, 자신의 추론이 합리적임을 내담자에게 확신시켜 주어야 한다.

2) 진단

특성요인 진로상담에서 가장 중요한 것은 변별진단(differential diagnosis)이다. 변별진단이란 일련의 사실과 자료들로부터 일관된 의미를 논리적으로 파악하여 문제를 해결하는 과정이다. 그리고 내담자의 장래 방향설정과 적응을 위해 일관된 형식이 갖는 의미를 판단하고 예측해주며 내담자의 장점과 경향성을 이해하는 활동이다(Williamson, 1939).

(1) 윌리엄슨의 변별진단

윌리엄슨(Williamson, 1939)은 진로의사결정에서 나타나는 여러 문제를 진단하는데 도움을 주기 위해 다음과 같이 네 가지 범주를 제시하였다.

① 진로 무선택: 공식적인 교육이나 훈련을 마친 이후에도 자신의 직업선택 의사를 표현하지 못하며, 자신이 무엇을 원하는지 조차 모른다.

② 불확실한 선택: 직업을 선택했고 또 그것을 직업 명칭으로 말할 수도 있지만 자신의 결정에 대하여 확신이 없다. 확신과 불확신의 정도는 최고 확신, 보통 확신, 낮은 확신으로 구분할 수 있다. '최고 확신'은 자신이 선택한 직업에 대해 조금의 의심도 없으며 그것을 바꾸기를 기대하지 않는다. '보통 확신'은 자신이 선택한 직업에 대하여 다소 의심이 있으며 때때로 자신이 올바른 선택을 했는지 궁금하게 여긴다. '낮은 확신'은 자신이 선택한 직업에 상당한 의심을 나타낸다.

③ 현명하지 못한 선택: 내담자의 능력과 흥미 간의 불일치 또는 내담자의 능력과 직업이 요구하는 것들 간의 불일치로, 내담자가 충분한 적성을 가지고 있지 않은 직업을 선택하는 경우이다.

④ 흥미와 적성 간의 모순: 흥미를 느끼는 직업에 대해서 적성을 가지고 있지 못하거나, 적성을 가지고 있는 직업에 대해서는 흥미를 느끼지 못하는 경우이다.

(2) 크릿츠(Crites)의 직업선택의 문제

윌리엄슨의 변별진단의 체계가 연구결과 불확실한 것으로 나타나(Pepinsky, 1948), 크릿츠(Crites, 1969)는 직업선택에서 내담자의 진로선택에서 발생할 수 있는 문제를 독립성이 있고 상호 배타적인 진단체계를 고려하여 다음과 같이 제시하였다.

① 적응문제
- 적응된 사람(adjusted): 적응된 사람은 자신의 흥미분야와 적절한 적성수준에서 직업을 선택한다. 이러한 사람은 다양한 흥미유형을 갖고 있을지 모르나 적어도 직업선택에 있어서는 그런 유형 중의 하나와 일치시킨다. 이런 사람은 자신의 선택에 대해 확신이 없어서 진로상담을 요청할 수는 있으나 실제로는 특별한 문제는 없는 상태이다.
- 부적응된 사람(maladjusted): 부적응된 사람의 직업선택은 그의 흥미분야나 적성수준과 일치하지 않는다. 이런 사람의 문제는 의사결정 과정에 관련된 변인들 사이의 완전한 불일치이다.

② 우유부단의 문제
- 가능성이 많은 사람(multi-potential): 가능성이 많은 사람은 두 번 또는 그 이상의 선택을 하기도 하지만, 이런 선택의 각각

은 그의 흥미 분야나 적성수준에서 일치한다. 가능성이 많은 사람은 흥미가 다양할 수 있지만 직업선택에서는 자신의 흥미 중의 하나와 일치하는 것을 선택한다. 이런 사람의 문제는 여러 가지 가능성이 많은 대안들 중에서 하나를 결정할 수 없다는 것이다.

● 우유부단한 사람(undecided): 우유부단한 사람은 선택을 하지 못한다. 이런 사람은 여러 흥미유형을 갖고 있을 수 있고, 적성수준이 높거나 보통이거나 또는 낮을 수도 있다. 그러나 문제는 이런 변인들의 수준에 관계없이 미래에 자신이 갖고자 하는 직업에 대해 확신을 갖고 있지 못하다는 것이다.

③ 비현실성의 문제

● 비현실적인 사람(unrealistic): 비현실적인 사람은 그의 흥미분야와 일치하거나 또는 일치하지 않는 분야를 선택한다. 이런 사람의 문제는 측정된 그의 적성수준보다 높은 적성을 요구하는 직업을 선택하는 것이다.

● 불충족한 사람(unfulfilled): 수행불가능한 사람은 그의 흥미분야와는 일치하지만 측정된 적성수준보다 낮은 적성을 요구하는 직업을 선택한다.

● 강요된 사람(coerced): 강요된 사람은 적절한 적성수준에서 선택을 하지만, 그의 흥미분야와는 일치하지 않는 직업을 선택한다. 강요된 사람의 문제는 적응이나 우유부단의 문제로 보이지만 선택이 이루어졌기 때문에 이 분류에 해당한다. 이런 사람의 선택이 비현실적으로 되는 이유는 그것이 적절하지 못한 흥미영역에서 이루어지기 때문이다.

3) 상담과정

윌리엄슨(Williamson, 1939)은 진로상담과정을 분석, 종합, 진단, 예후, 상담, 추수지도의 6단계로 기술하였다. 특성요인 진로상담과정에서는 6단계 중에서 진단과 상담을 가장 중요한 과정으로 본다. 상담과정은 전반적으로 상담자 중심으로 이루어지며, 내담자는 상담 및 치료과정에서만 적극적으로 참여가 이루어진다.

① 분석: 내담자에 관한 각종 자료들로부터 태도, 흥미, 가족배경, 지식, 교육적 능력, 적성 등에 관한 자료를 수집한다.

② 종합: 내담자의 특성이나 개별성을 탐색하기 위하여 사례연구나 검사 결과에 의하여 자료를 수집하고 종합하여 내담자의 독특성과 개성을 파악한다.

③ 진단: 내담자의 진로문제와 특성을 분류하고, 학문적 · 진로적 능력 및 특성을 비교하여 진로 문제의 원인을 탐색하고 진단한다.

④ 예측: 가능한 대안과 조정가능성을 탐색하고 결과의 다양한 가능성을 판단한다.

⑤ 상담: 미래 또는 현재의 직업 면에서 바람직한 적응을 위해 무엇을 해야 할지를 내담자와 함께 상의한다.

⑥ 추수지도: 내담자가 바람직한 행동계획을 수행할 수 있도록 조력하고 지도한다. 상담종료 후에 내담자에게 다시 진로문제가 발생하였을 경우 실시된다.

4) 상담기법

특성요인 진로상담은 합리적이고 인지적 모형을 반영하고 있다. 면담기법이나 검사의 해석절차, 직업정보의 이용 등이 함께 엮어져 내담자의 의사결정문제에 대한 논리적·합리적으로 접근한다. 특성요인 접근법이 지나치게 상담자 주도적이고 지시적이란 비판이 있으나 이는 상담자의 태도에 관한 부분이 아닌 방법에 관한 것으로 기본적으로 상담자는 내담자의 감정이나 태도에 대해 판단하지 않고 수용한다. 윌리엄슨은 특성요인 진로상담기법을 다음과 같이 5가지로 제시하였다.

① 촉진적 관계형성: 상담자는 내담자가 신뢰할 수 있도록 분위기를 만들고 문제해결을 촉진할 수 있는 관계를 형성한다.

② 자아이해의 신장: 상담자는 내담자가 자신의 장점이나 특성에 대해 개방된 평가를 하도록 도우며, 그러한 장점이나 특성이 내담자의 진로문제를 해결하는 것과 어떤 관련성이 있는지에 대한 통찰력을 갖도록 격려한다.

③ 실행계획의 권고나 설계: 상담자는 내담자가 이해하는 관점에서 상담이나 조언을 한다. 또 내담자가 말한 학문적·직업적인

선택이나 내담자의 감정, 태도 등에 대해 언어로서 명료화시켜 준다. 그리고 실제적인 행동을 계획하고 설계하도록 조력한다.

④ 계획의 수행: 행동계획이 세워졌으면 상담자는 진로선택에 직접적인 도움이 되는 여러 가지 제안을 함으로써 내담자가 직접 직업선택을 해 보도록 조력한다.

⑤ 의뢰: 한 상담자가 모든 분야의 전문가는 될 수 없기 때문에 필요에 따라서는 다른 전문가에게 문의하거나 다른 적절한 상담자에게 의뢰하는 것이 필요하다.

5) 검사의 활용

특성요인 진로상담에서는 내담자의 특성에 대한 자료를 과학적으로 수집하고 분석·종합하여 객관적이고 합리적인 의사결정을 하도록 조력하는데 중점을 둔다. 따라서 검사의 결과를 충고, 설득, 설명, 조언을 통해 해석해주는 과정을 매우 중요하게 여긴다.

6) 직업정보의 활용

브레이필드(Brayfield, 1950)는 직업정보는 정보제공기능, 재조정기능, 동기화기능의 세 가지 기능으로 구분하였다. 특성요인 진로상담에서 상담자가 내담자에게 직업정보를 제공하는 목적은 내담자가 진로선택에 대해 더 많이 인식하도록 하고, 이미 선택한 직업을 확신시켜 주기 위한 것이다. 직업정보 제공방법은 상담자가 내담자에게 직접 구두로 소개해주거나 팜플렛이나 안내서를 선정하여 정보자료로 사용할 수도 있다.

2. 인간중심 진로상담

1) 상담의 목표

인간중심 진로상담(Person-Centered Career Counseling)은 로저스(Rogers, 1951)의 인간중심 상담의 원리를 바탕으로 패터슨(Patterson, 1964)이 진로상담에 적용하여 개념화하였다. 특성요인 진로상담이 개인을 특성과 요인의 집합체로 보고 적절한 검사도구를 사용하여 개인의 특성을 밝혀내고 직업관련 요인과 비교하여 적합한 직업선택을 하도록 상담자가 내담자를 적극적으로 돕는다. 반면 인간중심 진로상담은 인간을 본질적으로 스스로의 문제를 해결할 수 있는 능력을 가지고 있다고 본다. 그리고 개인을 자아실현의 경향성을 지닌 존재로 규정하고 각 개인의 구체적이고 현상적인 경험의 세계를 중요시한다. 따라서 진로상담의 목표도 내담자로 하여금 로저스가 말하는 인간관을 가진 사람이 될 수 있도록 하는 데 있다. 즉 내담자가 자아와 경험을 보다 많이 일치시키고, 내담자가 자아와 일에 대한 정보가 부족하거나 왜곡되지 않도록 하고, 자아개념이 직업적 자아개념인 직업정체감과 보다 일치하도록 돕는 과정이다(Patterson, 1964). 이 때 상담자는 내담자가 진로관련 문제를 스스로 해결할 수 있도록 돕는 조력자의 역할이 강조된다.

2) 진단

특성요인 진로상담에서는 진단이 가장 중요한 개념인데 비해서 인간중심 진로상담에서는 진단을 중요시하지 않는다. 패터슨은 진로상담은 각 개인의 생활 중 진로문제라는 특정한 문제를 다루는 것으로 지나치게 심리검사에 의존해서는 안 된다고 주장하였다. 하지만 크릿츠(Crites, 1981)는 진로상담에 있어서 내담자의 문제가 정보나 경험의 부족 때문인지, 자아와 일의 세계에 대한 정보의 거부 및 왜곡 때문인지 진단하고 상담하고 상담을 이끌어 가야 한다고 보았다. 점차적으로 후기의 인간중심 진로상담자는 어느 정도의 심리검사는 필요하다고 보았다.

3) 상담과정

인간중심 진로상담은 7단계의 진로상담과정을 다음과 같이 제시하였다(Rogers, 1961).

① 1단계: 내담자는 자신에 대해 이야기하고 싶어하지 않으며 자기 이외의 외부적인 것에 대한 피상적인 대화에 머문다.

② 2단계: 내담자는 자신의 문제가 아닌 외부사건을 언급하며 과거경험에 대해서만 이야기한다. 자아와 관계되는 주제는 계속적으로 회피한다.

③ 3단계: 내담자는 대화의 내용에 대해 신경을 덜 쓰게 됨으

로써 감정적으로는 이완되지만 상담자와 친밀한 접촉은 하지 않는다.

④ 4단계: 내담자는 자신의 경험과 감정을 보다 진실하고 강도 있게 다루지만 상담자의 도움을 통해서만이 자기 감정을 원활하게 표현할 수 있다.

⑤ 5단계: 내담자는 '지금-여기'에서 느끼는 감정들을 표현하기 시작한다. 내담자는 자기의 경험을 노출하며 직면하고 있는 자기 문제에 대해 책임을 갖고 해결하려고 한다.

⑥ 6단계: 내담자의 경험과 과정이 생생하게 되고, 감정 표현도 자유로워지면서 경험과 자각 간의 모순이 사라지고 민감해진다. 자신의 문제에 대해 회피하지 않고 직면하여 적극적으로 대처한다.

⑦ 7단계: 내담자는 자기의 경험을 주관적으로 인식한다. 잘 조화된 감정과 더불어 내면적 의사소통이 가능해지며, 내담자는 효율적이고 새로운 존재방식을 자발적으로 선택한다.

이와 같은 일련의 인간중심 진로상담 과정 초기에는 상담자의 허용적인 분위기 속에서 내담자의 충분한 자기이해가 요구되며, 자기이해가 깊어지고 난 후 자아와 일의 세계와 관련지어 보다 구체적인 진로에 관한 문제를 상담해야 한다.

4) 상담기법

인간중심 진로상담에서는 상담을 성공적으로 이끌기 위해서 특정한 상담기법보다는 능동적인 상담자의 태도와 자질을 더 중요하게 여긴다. 로저스(Rogers, 1957)는 상담자가 갖추어야 할 태도는 일치성, 공감적 이해, 무조건적 수용이라고 보았다. 인간중심 진로상담의 목표는 내담자의 자아개념을 직업적 자아개념으로 전환시키고 내담자의 경험을 풍부히 해주는 데 있다. 이와 같은 목표를 달성하기 위해 상담자는 안내, 반영(재진술, 명료화, 해석, 충고, 정보제공), 지지, 주의 환기와 같은 기법을 사용할 수 있다.

5) 검사의 활용

로저스(Rogers, 1946)는 심리검사가 내담자를 자기 방어적으로 만들고, 자아 수용 및 책임감을 감소시키며, 전문가에게 의존하는 태도를 발생시키는 경향이 있으므로 사용을 반대하였다. 그러나 점차적으로 개인의 직업적성이나 흥미를 평가하는 것도 좋다고 보았다. 그러나 검사결과를 지나치게 의존해서는 안 되며 상담과정에서 꼭 필요할 때 보조적으로 사용하는 것이 바람직하다고 보았다.

6) 직업정보의 활용

패터슨(Patterson, 1964)은 인간중심 진로상담에서 내담자에게 직업정보를 제시할 때 내담자의 입장에서 직업정보에 대해 필요하다고 인정할 때에만 사용하며, 내담자에게 영향을 주거나 내담자를 조종하기 위해 사용되어서는 안 된다. 그리고 직업정보를 제공하는 데 있어서 내담자의 자발성과 책임감을 극대화시킬 수 있는 방법으로 정보를 얻도록 격려해야 한다. 이를 위해서는 출판주, 고용주 그리고 그 직업과 관련된 사람들로부터 직접 정보를 찾아보도록 지도하는 것이 필요하다. 마지막으로 직업정보를 제공 후 직업과 일에 대한 내담자의 태도와 감정은 자유롭게 표현되어야 하며, 상담 과정에서 치료적으로 이용되어야 한다.

3. 정신역동적 진로상담

1) 상담의 목표

정신역동적 진로상담(Psycho-Dynamic Career Counseling)은 프로이트(Freud, 1917)의 정신분석학 원리를 바탕으로 보딘(Bordin, 1963), 나흐만(Nachman, 1960), 시걸(Segal, 1963) 등이 진로상담에 적용하여 개념화하였다. 이 접근법은 특성요인 접근법과 내담자중심 접근법을 포괄하면서 내담자의 동기유발과 방어기제에 초점을 두는 이론이다. 정신역동 진로상담은 사람과 직업을 연결시키는 것을 기초로 하고 있지만, '어떻게 그와 같은 선택이 이루어지는가?' 에 대한 즉 선택 과정에 대한 복잡한 개념들을 설명하려고 노력한다.

보딘(Bordin, 1968)은 선택의 자유를 갖고 있는 개인은 자기의 직업활동에서 만족을 추구할 수 있는 최선의 방법을 추구하며 불안으로부터 사람을 보호할 수 있는 최고의 직업을 선호하는 경향이 있다고 하였다. 이처럼 정신분석 진로상담은 진로결정에 정신분석적 원칙을 적용시킨 것으로 진로선택은 내담자의 욕구를 포함한 것이며, 그것은 발전적 선택과정이라는 것이다. 따라서 정신역동 진로상담의 목표는 내담자가 현명한 진로의사결정을 하고 자신의 선택에 대해 책임을 수용할 수 있도록 돕는 것이다. 동시에 진단을 통해서 나타난 심리적 어려움을 해결하도록 한다. 이러한 진로상담 과정을 통해 내담자의 진로문제뿐만 아니라 성격문제를 해결하기 위해 노력하는 방법과 개인 상담을 통해 진로를 너무 강조하지 않으면서 불안을 감소시키고 성격구조의 변화를 도모할 수 있다.

2) 진단

보딘(Bordin, 1968)은 정신역동적 진로상담에서는 진단의 범주를 의존성, 정보의 부족, 자아의 갈등, 진로선택에 대한 불안, 문제가 없음으로 분류하였다.

① 의존성(dependence): 내담자들은 자신의 진로문제를 해결하고 책임을 지는 것이 어렵다고 느낀다든지, 발달과업을 주도적으로 완수하는 것이 어렵다고 느낀다. 그들은 다른 사람에게 지나치게 의존하거나 자신의 욕구를 중재하는 것을 다른 사람에게 의존한다.

② 정보의 부족(lack of information): 경제적으로나 교육적으로 궁핍한 환경에서 자란 사람들은 적합한 진로 정보를 접할 기회가

없기 때문에 진로결정에 어려움을 겪고 현명한 선택을 하지 못하는 경우가 많다.

③ 자아갈등(self-conflict): 진로선택이나 진로결정 등 삶에서 중요한 결정을 해야 할 때 개인은 심리적 갈등을 겪는다.

④ 진로선택에 대한 불안(career anxiety): 개인은 자신이 하고 싶어하는 일과 자신에게 중요한 타인이 기대하는 일이 다를 경우 진로선택에서 불안과 갈등을 경험한다.

⑤ 문제가 없음(non problem): 이 유형은 문제는 없고 확신이 부족한 경우로, 내담자가 현명한 선택을 하였지만 선택에 대한 확신이 결여된 상태로 여러 가지 문제를 야기시킬 수 있다.

3) 상담과정

보딘(Bordin, 1968)은 정신역동 진로상담 과정으로 탐색과 계약체결, 비판적 결정단계, 변화를 위한 노력의 3단계를 다음과 같이 제시하였다.

① 탐색과 계약체계단계: 상담자는 내담자가 자신의 욕구 및 자신의 정신역동적 상태를 탐색할 수 있도록 돕고, 충고하기보다는 허용적이고 온정적 관심을 보이며, 상담과정을 구조화하여 상담계약을 한다.

② 비판적 결정단계: 진로에 대한 비판적 결정뿐 아니라 인성변화를 포괄하는 문제들도 포함하는 결정단계이다. 즉 내담자가 성격적 제한을 그대로 받아들이고 그 성격에 맞게 직업을 선택할 것인지, 아니면 직업선택에 제한을 가해 성격을 변화시키는 노력을 통해 다른 직업 선택 대안을 탐색할 것인지 결정하는 단계이다.

③ 변화를 위한 노력단계: 자신이 선택하고자 하는 직업과 관련지어 자신의 성격, 욕구, 흥미 등에서 좀 더 많은 변화를 시도하려고 노력하는 단계이다. 이 과정에서 상담자는 내담자가 자아를 보다 명확히 인식하고 이해하도록 조력한다.

4) 상담기법

정신역동적 진로상담의 기법은 정신분석 진로상담기법과 특성요인 진로상담기법 그리고 인간중심 진로상담 기법들을 절충한 접근기법이다. 보딘(1968)은 정신역동적 진로상담기법으로 명료화, 비교, 소망ㆍ방어체계에 대한 해석의 세 가지 기법을 제시하였다. 명료화는 현재의 진로문제와 관련된 내담자의 생각과 감정을 언어로서 명료하게 재인식시키는 것이다. 비교는 내담자가 지니고 있는 문제와 진로발달의 관계, 역동적인 현상 간의 유사점과 차이점을 설명하는 방법이다. 소망ㆍ방어체계에 대한 해석은 상담자가 내담자의 욕구나 소망, 방어체계를 해석해 주는 방법으로 내담자의 내적 동기 상태와 진로의사결정 사이의 관계를 인식하고 그에 따른 도움을 주는 방법이다.

5) 검사의 활용

정신역동적 진로상담은 심리검사에 의한 진단이 핵심이다. 보
딘(Bordin, 1968)은 심리검사를 통해 상담자가 내담자의 심리상태를
정확히 이해하고, 상담에 대한 내담자의 기대를 충족시키기 위해
검사결과를 활용해야 한다고 보았다. 내담자는 진로선택의 문제
를 해결하는 데 가장 유용한 자기평가에 관한 검사를 선택할 수
있다.

6) 직업정보의 활용

정신역동적 진로상담에서는 개인의 욕구분석에 대한 정보를
중요시한다. 이것은 특성요인이론의 영향을 받은 것으로 개인이
자기(Self)와 직업세계와의 정신역동적 구조를 잘 이해하게 되면
자신의 욕구를 가장 잘 충족시켜주는 직업을 선택할 수 있고, 욕
구와 현실과의 타협을 할 수 있다는 가정에 기초하는 개념이다.

4. 발달적 진로상담

1) 상담의 목표

발달적 진로상담(Developmental Career Counseling)은 전 생애에 걸
쳐 이루어지는 개인의 진로발달 측면을 중요시한다. 발달적 접근
법은 시간에 따라 일어나는 모든 행동의 변화가능성, 다시 말해,

변화와 발달을 전제로 출발한다. 진로발달은 개인적·사회적인 발달의 측면과 관련되어 있으므로 진로상담을 통해 진로발달을 돕는 것은 개인발달의 다른 측면을 돕는 것이 된다. 대표적인 학자들로 수퍼(Super), 긴즈버그(Ginzberg), 타이드먼(Tiedman), 헐리(Hearley) 등이 있다.

발달적 진로상담의 목표는 내담자의 긴장을 이완시키고, 느낌을 명료화하며, 통찰을 돕고, 자신이 일하는 분야에서 유능감을 경험하게 함으로써 진로적응을 돕고, 일상적인 삶에서의 적응력을 증진시키도록 돕는 것이다(Super, 1955). 발달적 진로상담은 직업 세계에 대한 인식을 증진시키고, 직업목표를 설정하고 실행하게 하며, 진로발달과제를 완수하게 함으로써 내담자의 직접적인 진로발달을 돕는다. 나아가 내담자의 일반적인 적응력을 기르고 인간관계를 개선시키는 것을 목표로 한다. 이처럼 발달적 진로상담은 개인의 진로발달뿐만 아니라 일반적 발달 향상을 함께 도모한다.

2) 진단

수퍼(Super, 1957)는 진단이라는 용어 대신에 '평가(appraisal)'라는 용어를 사용했는데, 이는 평가라는 개념이 진단이라는 개념보다 포괄적이고 긍정적이기 때문이다. 수퍼는 내담자의 잠재능력에 초점을 두어 문제의 평가, 개인의 평가, 예언평가의 세 가지 평가를 다음과 같이 제시하였다.

① 문제의 평가(Problem Appraisal): 내담자가 경험한 곤란과 진로

상담에 대한 기대가 평가된다. 내담자의 문제를 확인하기 위해서
자기변화의 동기, 문제해결의 책임, 적응력, 유연성, 침착성, 유
머감각, 구조적 및 통합적 행동과 관련된 요인으로 나누어 평가
된다. 직업문제와 관련된 요인으로는 직업선택에서 가족의 관여
여부, 직업선택에 관한 문제에서는 성격관련, 재정적 문제, 군복
무, 결혼 계획, 학업 계획 등이 평가대상이다.

② 개인의 평가(Personal Appraisal): 내담자의 심리적 · 사회적 및
신체적 차원에서 개인의 상태에 대한 평가를 한다. 개인의 평가
는 적성, 흥미 성격, 학업 성취도, 사회경제적 지위, 대인관계 등
의 현재의 상태와 가족적 배경, 출생순위, 부모의 양육태도, 과거
의 적성과 흥미 등의 기능별 생애발달사로 나누어 평가한다. 이
러한 개인적 평가는 심리검사, 임상적 방법, 사례 연구 등을 통해
개인적 정보를 수집하고 평가한다.

③ 예언평가(Prognostic Appraisal): 문제의 평가와 개인적 평가를
바탕으로 내담자가 성공하고 만족할 수 있는 직종에 대한 예언이
이루어진다.

3) 상담과정

발달적 진로상담의 과정은 진로발달이론에 기초한다. 상담자와
내담자의 관계는 내담자가 진로발달의 어느 단계에 도달해 있는지
에 따라 달라진다. 따라서 상담자는 내담자의 진로성숙도를 측정
하고 이에 따라 상담전략을 수립해야 한다. 수퍼(Super, 1957)는 진로

상담에서 자아탐색, 의사결정, 현실분석 등의 이성적 측면과 정서적 측면들을 모두 고려하기 때문에 지시적 상담과 비지시적 상담 방법을 반복적으로 사용하는 진로상담이 이루어진다고 하였다. 수퍼는 발달적 진로상담 과정 6단계를 다음과 같이 제시하였다.

① 1단계(문제탐색 및 자아개념 탐색): 내담자가 문제를 탐색하고 자아개념을 표출할 수 있도록 비지시적 상담을 실시한다.

② 2단계(심층적 탐색): 내담자의 심층적 탐색을 위해 지시적인 상담방법으로 진로탐색의 문제를 설정한다.

③ 3단계(자아수용 및 자아통찰): 내담자가 느낌을 반영하고 명료화하여 자아를 수용하고 통찰할 수 있도록 비지시적 상담을 실시한다.

④ 4단계(현실검증): 내담자의 현실검증을 위해 심리검사, 직업정보분석, 과외활동 경험 등과 같은 사실적 자료들을 탐색하도록 지시적 상담을 실시한다.

⑤ 5단계(태도와 감정의 탐색 및 처리): 내담자가 현실검증에서 얻어진 태도와 감정을 탐색하고 직면하고자 비지시적 상담을 실시한다.

⑥ 6단계(의사결정): 내담자의 의사결정을 돕기 위해 가능한 대안과 행동을 고찰하도록 비지시적 상담을 실시한다.

한편 헐리(Hearly, 1982)는 각 내담자의 독특한 발달특성을 발견하는데 강조를 두고 내담자 특성 찾기, 전략확인 및 선택, 수행돕기, 목표달성 확인하기의 4단계로 제시하였다.

4) 상담기법

발달적 진로상담기법으로 상담자는 재진술, 반응, 명료화, 요약, 해석, 직면 등 지시적 및 비지시적 방법을 사용하여 상담을 진행한다. 상담자는 내담자의 내용설명에는 지시적으로 반응하고, 감정표현에는 비지시적으로 반응해야 한다. 특히 진로자사전과 의사결정일기쓰기는 내담자의 의사결정방식을 이해하고 자각과 민감성을 증가시킬 수 있는 대표적인 활동이다.

5) 검사의 활용

수퍼(Super, 1950)는 내담자에 대한 정보를 얻기 위해 집중검사와 정밀검사를 개발하였다. 집중검사는 특성요인 진로상담에서처럼 진로상담 초기에 내담자의 특성을 평가하는 것이며, 정밀검사는 진로상담이 진행되는 과정 중 내담자의 진로발달 과정과 유형을 개별검사를 통해 평가하는 것이다. 발달적 진로상담에서는 정밀검사로 상담자는 정밀검사를 실시하기 전에 내담자에게 검사의 필요성을 설명하고 동의하도록 해야 한다. 그리고 검사 결과를 제시할 때 프로파일을 시각적으로 제시하기보다는 언어적인 설명을 통해 검사결과의 정보를 진로선택을 위한 사고과정 속에 더 잘 통합될 수 있도록 해야 한다.

내담자의 진로발달유형을 평가하기 위해서는 진로성숙도를 측정한다. 진로성숙도는 크릿츠(Crites, 1973)의 진로성숙검사(CMI)를 사용하여 내담자의 진로발달단계를 확인하고 내담자가 그의 동료들에 비해 상대적으로 부족한 진로성숙 범주를 정확히 인식하게 함으로써 발달적 진로선택 문제 진단에 예언을 줄 수 있다.

6) 직업정보의 활용

발달적 진로상담에서는 내담자의 다양한 직업적 욕구를 충족시켜 줄 수 있는 직업유형에 대한 정보를 중요시한다. 상담자는 내담자의 진로성숙 수준에 맞추어 직업세계의 구조, 직업의 추세와 예상, 지위와 업무, 고용기회에 대한 정보들을 내담자에게 제공하기 위하여 직업전망 핸드북과 같은 소책자, 팸플릿을 주어 직업정보를 제공할 수 있다. 직업관련 자료를 모으고 평가하는 과정을 통해 내담자는 자신의 진로선택이나 발달에 관하여 폭넓고 적극적인 참여를 경험하게 된다.

5. 행동주의 진로상담

1) 상담의 목표

행동주의 진로상담(Behavioral Career Counseling)은 학습이론을 바탕으로 내담자의 진로행동을 변화시키는 데 있다. 굿스타인(Goodstein, 1972)은 진로선택 문제의 원인을 불안이라고 보고 불안을 선행불안과 결과불안으로 구분하였다. 행동주의 진로상담의 목표는 선행원인과 결과로써의 불안을 감소 또는 제거하고, 새로운 적응 행동을 학습하며, 진로결정 기술을 습득하는 것이다. 행동주의 진로상담은 진로의사결정에 영향을 미치는 학습과정을 다룬다. 내담자가 가진 문제행동을 학습된 부적응행동이라 보고, 다양한 방법에 의해 내담자의 부적응 행동을 바람직한 새로운 행동으로 변화시키도록 조력할 것을 강조한다.

2) 진단

굿스타인(Goodstein, 1972)은 진로선택 문제의 원인을 불안이라고 보고, 불안이 원인이 되어 진로선택과 관련된 상황에서 우유부단한 진로행동, 무결단적인 진로행동을 보인다고 하였다. 크릿츠(Crites, 1969)는 내담자의 우유부단과 무결단성을 다음과 같이 제시하였다.

① 우유부단

굿스타인은 단순한 우유부단의 주요 원인은 경험이 제한된 데서 기인되는 자아와 일의 세계에 대한 정보의 결핍 때문이다. 이러한 상태에서 내담자는 선택을 할 수 없거나 혹은 현실적이지 못한 선택을 한다. 결과적으로 내담자는 "당신이 성장하면 무엇을 하려고 하는가?"와 같은 질문에 대답을 말로 표현 못하는, 즉 진로발달과업을 숙달하지 못한 불안을 느낀다. 이 과정에서 불안은 우유부단의 결과불안이다.

② 무결단성

우유부단이 정보의 결핍에서 비롯된다면 무결단성은 선택하지 않은(No Choice) 상태로 온 내담자가 자신과 직업에 대한 정보가 주어지고 상담이 끝난 후에도 아직 결정하지 못하는 상태라고 할 수 있다. 무결단성은 진로선택에 관한 결정과 연관되는 지속된 불안에서 일어나는데, 불안으로 인해 진로결정을 못하게 된다. 무결단성은 종종 위압적이거나 지나친 요구를 하는 부모에게서 비롯된다.

3) 상담과정

행동주의 진로상담에서는 내담자의 의사결정 문제를 불안으로 보기 때문에 불안을 먼저 제거한 후 인지적 과정을 통해 진로선택을 돕는다. 그러나 불안을 제거하는 것이 핵심 목표가 아닌 부적응 행동을 치료하거나 적응 행동을 학습하게 하는 조건형성 학습과정에 강조점이 있다. 상담과정은 진로의사결정에서 발생한 문제가 선행불안이 원인일 경우와 결과불안이 원인일 경우로 나누어 상담과정이 다르다. 선행불안이 진로문제 부적응의 원인일 경우 먼저 상담자는 의사결정과 연관된 불안을 역조건으로 형성함으로써 제거시킨다. 다음 단계로 내담자가 필요로 하는 정보를 찾아보거나 진로선택에서 요구되는 반응을 획득할 수 있는 학습을 경험하도록 한다.

한편 진로의사결정과정에서 발생한 문제가 결과불안이 원인일 경우에는 진로상담은 바로 도구적 학습 단계에서 시작한다. 내담자는 지금까지 진로발달에 유용하지 못했던 경험들을 노출시키게 된다. 이 때 내담자가 필요로 하는 학습은 어떻게 진로 선택을 하며, 어떤 선택이 자신에게 유리하며, 선택의 결과가 무엇인가 하는 것이다.

4) 상담기법

행동주의 진로상담에서는 상담의 목표나 가치보다 상담기법을 강조하므로 다양한 기법들이 개발되었다. 행동주의 진로상담에서 가장 보편적으로 사용하는 기법은 크게 불안제거기법과 학습촉진기법이다. 불안을 제거하는 기법으로는 적응 또는 둔감화(adaptation or desensitization), 반조건 형성(counterconditoning), 내적금지(interal inhibition)가 있고, 학습을 촉진시키는 기법으로는 강화(reinforcement), 사회적 모방과 대리학습(social modeling and vicarious learning), 변별학습(discrimination learning) 등이 있다.

5) 검사의 활용

행동주의 진로상담에서는 고전적 조건반응이론이나 조작적 조건반응이론을 적용하고 있다. 왜냐하면 개인과 환경 간의 상호작용관계는 행동주의 진로상담의 기본가정이기 때문이다. 그러나 심리검사는 개인의 특성이나 개인차를 측정하는 데는 좋지만, 개인과 환경 간의 상호작용은 반영하지 않기 때문에 심리검사의 결과를 해석하는데 큰 비중을 두지 않는다. 행동주의 진로상담에서는 다른 표준화된 검사보다는 흥미검사를 사용하는데, 그 이유는 흥미는 학습에 영향을 주는 요인으로 가정하기 때문이다(Krumboltz

& Baker, 1973).

6) 직업정보의 활용

행동주의 진로상담의 가장 큰 공헌 중의 하나는 직업정보의 제공이다. 크럼볼츠와 베르크란트(Krumboltz & Bergland, 1969)는 20여 가지의 직종에 관한 직업정보를 상세하게 제시했으며, '진로문제 해결 상자(Problem-solving Career Kits)'를 고안하여 다양한 직업정보를 제공하였다.

6. 포괄적 진로상담

1) 상담의 목표

특성요인 진로상담은 내담자의 능력과 흥미 그리고 인성에 있어서 개인차에 초점을 맞추었고, 인간중심 진로상담은 내담자의 자아개념과 현상학적인 장을 강조한다. 정신역동 진로상담은 내적인 동기변인을 중시하면서 이에 관련된 방어기제를 중요시하고, 발달적 진로상담은 전 생애에 걸친 개인의 진로성숙도에 초점을 맞춘다. 행동주의 진로상담은 진로결정에 영향을 미치는 학습과정을 다룬다. 포괄적 진로상담(Comprehensive Career Counseling)은 이러한 진로상담이론들의 장점들을 서로 절충하고 단점을 보완하여 더욱 설득력 있고 일관성 있는 체제로 통합시키려는 진로상담이다(Crites, 1981). 포괄적 진로상담의 목표는 변별적이고 역동

적인 진단과 명확하고 과학적인 해석 그리고 문제해결을 위한 도
구적 학습을 통해 내담자를 독립적이고 현명한 의사결정자로 만
드는 것이다. 진로상담을 통하여 진로결정에 요구되는 적절한 태
도와 능력을 학습하게 되면 삶의 전반에서 적응적인 생활을 할
수 있다.

2) 진단

포괄적 진로상담에서의 진단은 여러 접근들에서 제시하고 있는
진단체계들을 모두 고려하고 있으므로 다양한 이론들의 진단체계
를 알고 있어야 한다. 내담자가 진로상담을 요청하였을 때 '내담
자의 진로 결정상의 문제는 무엇인가?' 라는 질문은 특성요인 진
로상담의 변별적 진단이 되고, '왜 내담자에게 문제가 생기는가?'
라는 질문은 정신역동 진로상담의 역동적 진단이 되며, '내담자의
문제를 어떻게 제거시킬 것인가?' 는 행동주의 진로상담 접근법이
된다. 그리고 '선택이 이루어졌다면, 왜 그런 선택을 하였는가?'
라는 질문은 진로선택 방법의 차이를 알기 위한 결정적 진단이 될
수 있다. 이와 같이 변별적 · 역동적 · 진단적 · 결정적 진단의 실
시는 상담자가 내담자의 문제가 무엇이고, 왜 발생하였으며, 어떻
게 다루어져야 하는가에 대해서 우연적인 결론을 도출하기 보다
는 내담자가 더욱 합리적으로 결론을 도출할 수 있게 한다.

3) 상담과정

포괄적 진로상담은 진로상담 과정을 내담자와 상담자 간의 상

호작용으로 본다. 이를 위해 첫째, 상담자는 내담자에 대한 문제를 파악하고 자료를 모으기 둘째, 검사 실시 및 해석을 통해 문제를 명료화하기 셋째, 검사와 상담을 바탕으로 한 진로정보를 제공하는 상담과정이 이루어진다.

(1) 1단계: 진단의 단계

내담자의 진로문제를 진단하기 위해 내담자의 태도, 능력, 의사결정유형, 성격, 흥미 등 내담자에 대한 폭넓은 검사자료와 상담을 통한 자료가 수집되는 단계이다. 이 단계에서는 인간중심적 접근과 발달적 접근을 활용한다.

(2) 2단계: 명료화 및 해석단계

문제를 명료화하거나 해석하는 단계이다. 내담자와 상담자는 상호협력하여 의사결정과정을 방해하는 진로문제에서의 태도와 행동을 확인하고 대안을 탐색한다. 이 단계에서는 정신역동적 접근을 활용한다.

(3) 3단계: 문제해결 단계

내담자가 자신의 문제를 확인하고 적극적으로 문제해결에 참여하기 위해 실제로 취해야 하는 행동을 결정하는 단계이다. 이 단계에서는 특성요인 접근과 행동주의 접근을 활용한다. 특별히 본 단계에서는 내담자가 진로행동을 추구할 수 있도록 모방(modeling), 강화(reinforce) 등의 기법을 활용한 도구적 학습에 초점을 맞춘다.

4) 상담기법

포괄적 진로상담은 특성요인 진로상담, 인간중심 진로상담, 행동적 진로상담의 다양한 기법들을 절충하고 있다. 상담의 초기단계에는 인간중심 접근법과 발달적 접근법이 주로 활용된다. 재진술, 상담 내용과 감정에 대한 반영 등의 반응을 자주 사용하여 문제의 본질과 원인 요인, 문제해결에 도움이 되는 촉진요인을 찾는다. 상담의 중간단계에서는 정신역동적 접근법이 활용된다. 내담자의 진로문제 범위를 좁히고, 중재와 병치 전략을 통해 문제의 발생 요인을 명료하게 밝혀서 제거시키고, 촉진요인은 강화시키는 단계이다. 여기에서 중재란 내담자가 자신의 문제를 모호하게 진술할 때 그 한계를 명확히 하도록 돕는 전략이고, 병치란 내담자가 진술한 말들 사이의 관계성을 비교·대조하게 하는 명료화의 기법이다. 상담의 마지막 단계에서는 특성요인 및 행동주의 접근법이 활동된다. 또한 모방, 강화 등의 기법들은 문제해결에 적합한 기법들이다. 이 때 상담자는 더욱 능동적이고 지시적인 태도로 내담자의 문제해결에 개입한다.

5) 검사의 활용

포괄적 진로상담에서는 검사의 역할을 중시한다. 포괄적 진로상담에서 검사는 특성요인 접근법에서 직업 성공을 예측하기 위한 수단으로 사용하는 것과 달리 상담의 진단, 과정, 결과를 통합하여 전체 단계에서 검사를 효율적으로 활용한다. 내담자가 가진 진로상의 문제를 변별하기 위해 진단검사를 실시하는데 주로 진로성숙검사(CMI), 직업적성검사, 직업흥미검사 등을 사용한다. 이후 검사들을 통해 얻어진 자료들은 포괄적이고 역동적으로 해석하는 역동적 진단을 실시한다. 마지막으로 결정적 진단은 진로선택이나 의사결정과정에서 나타나는 내담자의 문제를 체계적으로 분석한다. 이 때 검사의 결과는 상담자와 내담자가 함께 해석해 나간다. 상담자는 검사 해석 시 심리측정의 특수용어를 사용하지 않고 내담자의 개념 · 언어적인 수준과 형태로 진술한다.

6) 직업정보의 활용

포괄적 진로상담에서는 단순한 우유부단 집단, 만성적으로 결단력이 없는 무결단성 집단, 비현실적 결정 집단에 따라 직업정보를 다르게 제공한다. 단순한 우유부단으로 인해 진로를 결정하지 못하는 집단은 정밀하고 체계적인 직업정보를 제공함으로 진로선택을 도울 수 있다. 또 만성적으로 결단력이 없는 무결단성의 집단은 진로정보의 제공이 오히려 불안을 야기시킬 수 있으므로 불안을 먼저 제거해주어야 한다. 그리고 비현실적 결정을 내린 집단은 왜곡을 시인하고 수정할 수 있도록 내담자가 목표하고 있는 직업과 직업세계의 현실을 인식할 수 있는 능력을 향상시킬 수 있도록 객관적인 직업정보를 제공해주어야 한다.

10 진로상담 과정과 기법

1. 진로상담 과정

1) 진로상담 과정의 특징

상담현장에서 내담자의 심리적 특성과 진로문제가 얽혀 있는 경우가 허다하기에 진로상담과 심리상담을 엄밀하게 구분하는 것은 쉽지 않다. 진로상담과 심리상담 간에는 공통 분모가 있고, 상호 얽혀 있는 경우가 많지만, 진로상담은 심리상담과 몇 가지 측면에서 다음과 같은 차이를 보인다.

첫째, 진로상담은 문제를 이해하고 그에 대한 목표를 수립하는 과정보다는 의사결정이나 행동화하기 위한 전략의 구상 또는 행동화를 위한 조력과정이 심리상담에 비해 더욱 중요하며 이를 중점적으로 다룬다.

둘째, 심리상담에 비해 진로상담, 특히 진학상담은 전문가에 의해 주도되기보다는 비전문가에 의해 실행되기 때문에 상담자의 가치관 및 사회 전반적인 진로문화에 의해 오염되는 경우가 많다.

셋째, 내담자의 경제적 현실 및 진로 상황에 따라 개인의 진로 선택 및 의사결정이 상당히 변화될 수 있으므로, 진로상담자는 개인의 심리적 특성 분석에 의해 선택이나 의사결정을 한다는 '심리적 환원주의' 의 오류를 벗어나야 한다.

2) 진로상담 5단계 과정

(1) 접수면접

진로상담의 첫 번째 단계는 접수면접이다. 접수면접은 실제상담 이전에 상담 호소문제가 무엇인지, 상담기관에서 다룰 수 있는 문제영역인지를 확인하고, 실제 상담자와 연결 짓기 위한 기본적인 정보를 수집하는 대화가 이루어지는 장이기 때문에 소홀히 취급될 수도 있다. 하지만 내담자들이 상담을 가장 처음에 접하는 장이기 때문에 접수면접에 대한 인상이 곧 상담에 대한 인상을 결정한다고 볼 수 있다. 따라서 접수면접 과정에서 상담자와 내담자 간의 협력적 관계 수립의 기본 토대가 마련되어야 한다.

접수면접 단계에서 상담자가 해야 할 중요한 과제는 상담을 신청한 내담자의 주된 문제가 진로문제인지, 아니면 심리적인 문제인지를 감별하는 것이다. 내담자가 호소하는 문제가 한 가지 영역이 아닌 경우도 많기 때문에, 상담자들은 이 내담자의 경우 과연 진로문제를 주 호소 영역으로 보아야 하는지 아니면 심리적인 문제를 주 호소 영역으로 보아야 하는지를 감별해야 한다.

(2) 관계수립 및 내담자 분류

① 관계수립

상담의 토대는 내담자와의 긍정적이고 협력적인 관계수립이다. 아무리 좋은 상담전략과 기법이 제시되더라도 내담자가 상담자에 대해 호의를 갖고 희망적으로 상담에 임하지 않으면 상담의 목표는 달성되기 어렵다. 이러한 중요성 때문에 일반 상담에서는 관계수립을 일종의 동맹관계로 보고, 치료적 동맹 또는 작업 동맹이란 용어로 상담자와 내담자 간의 유대, 협조, 목적의식의 공유 등을 지칭하고 있다. 여기서 진로상담자가 내담자와 좋은 관계를 형성하기 위해서는 몇 가지 고려해야 할 사항이 있다.

첫째, 상담을 하러 온 내담자들은 불안도가 높은 채 상담실로 온다.

둘째, 상담자는 자신의 문제를 해결하기 위해 그동안 행해 왔던 내담자의 노력을 인정하고 이를 격려할 필요가 있다.

셋째, 상담자는 내담자와 전문적이면서 개인적인 관계를 형성해야 한다.

넷째, 상담자들은 내담자의 바람과 욕구를 파악하는 한편, 왜 이 시점에서 내담자가 상담자를 찾아왔는지를 확인할 필요가 있다.

다섯째, 관계수립과 동시에 상담자는 진로상담에 대한 구조화 작업을 해야 한다.

② 내담자 분류

진로문제를 호소하는 내담자들은 각기 다른 배경과 어려움을 호소하고 있기 때문에 이를 적절한 기준에 근거하여 분류하게 되면 보다 효과적으로 상담전략을 구안하고 적용하게 되어 상담의 효율성을 높일 수 있게 된다.

(3) 문제평가 및 목표 설정
① 문제평가

내담자가 호소하는 문제의 내용과 심각도 그리고 내담자 상태를 파악하는 것은 상담자가 해야 할 가장 중요한 과제다. 상담자는 내담자의 주 호소 문제를 확인하는 한편, 호소 문제가 왜 발생하였고, 내담자는 이 문제를 어떻게 이해하고 있는지를 파악해야 한다.

② 목표설정

문제가 파악되면 내담자와 더불어 진로상담의 목표를 설정해야 한다. 상담자 입장에서 보면 내담자보다 자신이 상담의 전문가이기 때문에 목표를 자신이 설정하고 싶은 욕구가 있다. 하지만 문제를 안고 있는 사람은 내담자이며, 어떻게 보면 내담자는 해결의 전문가는 아니지만 문제의 전문가이기 때문에 반드시 내담자와 합의하여 목표를 설정해야 한다. 하지만 전문가의 입장에서 내담자에게 목표를 부여하게 되면 내담자의 참여도나 동기가 저하될 뿐만 아니라 주어진 과제의 실행력이 낮아지게 된다. 그러므로 내담자들이 진로상담을 하는 이유와 방향을 인식하고 적극적으로 목표 달성을 위해 노력하도록 촉진하려면 다소 시간이 걸리더라도 목표 수립과정에 내담자를 적극 참여시켜야 한다.

(4) 행동계획 수립 및 행동실행을 위한 조력
목표수립은 행동계획의 수립과 자연스럽게 연결된다. 행동계획을 세울 때 상담자들이 귀담아 들어야 할 사항들을 기스버스, 헤프너와 존스턴(Gysbers, Heppner & Johnston, 1998)은 다음과 같이 제시하였다.

첫째, 내담자로 하여금 현실적인 성과로 기대할 수 있는 것이 무엇인지 알게 한 후 빨리 그리고 자주 목표와 행동계획의 실행을 위한 기대와 욕구를 정하여야 한다.

둘째, 내담자들의 이전 경험은 합리적으로 계획을 세우는데 도움이 되지 못하므로 목표를 세우는 과정을 연습시키고 목표와 계획을 재검토하고 비판하며, 목표와 계획을 정교화할 수 있도록 도와주어야 한다.

셋째, 행동화하는 것보다 계획을 세우는 것이 훨씬 쉽기 때문에 목표를 달성하기 위하여 내담자에게 목표와 계획을 말하고, 쓰고, 연습하고, 시각화하는 기회를 주어야 한다.

넷째, 내담자의 욕구와 스타일에 따라 행동계획 과정을 개별화할 필요가 있으며, 일이 계획대로 안 될 때는 그동안 공들인 내담자와 자신의 노력을 평가 절하하지 말아야 한다.

(5) 종결 및 추수지도

모든 상담은 종결이라는 지향점을 갖고 출발한다. 하지만 때때로 상담자와 내담자 모두 종결을 의식하지 않고 상담을 진행하다가 여러 가지 이유로 조기 종결하거나, 종결준비가 부족한 채로 종결을 하여 미진하게 상담관계를 중단하는 경우가 있다. 하지만 상담과정의 시작 초기부터 종결을 염두에 두게 되면 내담자의 상담 참여도가 높아지고 종결에 따른 정서적인 어려움이 줄어들 수 있다. 따라서 진로상담자는 상담의 시작 단계에서부터 지속적으로 종결을 염두에 두고 있어야 하며 내담자에게도 이를 밝힐 필요가 있다.

2. 진로상담의 기술

1) 목표수립을 위한 진로상담 기법

상담목표를 정하는 것은 내담자와 상담자의 노력의 방향을 정하는 것이며, 여행에서 가고자 하는 목적지를 가는 것이라 할 수 있다. 목표 설정에는 세 가지 중요한 기능이 있다. 첫째, 상담자와 내담자 노력의 방향을 제공한다. 둘째, 상담자에게 적절한 조력방법을 선택하기 위한 자료를 제공한다. 셋째, 상담자와 내담자 노력의 결과를 평가하는 기준을 제공한다. 여기서 상담자는 내담자의 목표지 설정을 조력하기 위해 다음의 방법들을 활용할 수 있다.

(1) 목표설정을 위한 기법: 면담 리드

면담 리드란 상담자가 적절한 질문을 통해 내담자의 욕구나 가치 정보를 표현하도록 돕는 기법이다. 내담자의 초기 진술은 매우 중요하므로 상담자가 적절히 목표를 이끌어 내기 위한 면담 리드 기술은 매우 중요하다. 목표 설정을 위한 면담 리드 기술은 다음과 같은 질문으로 시작할 수 있다.

· 당신은 진로상담의 결과가 무엇이기를 원하십니까?
· 진로상담 후 당신이 달성하고자 하는 것은 무엇입니까?
· 진로상담이 종결되었을 경우를 상상해 보십시오.
· 당신이 원하는 모습은 어떤 모습입니까?
· 현재의 상황이 어떻게 달라지기를 원하십니까?

(2) 진로목표 설정의 준거

성공한 사람들은 뚜렷한 목표를 가지고 있다. 이와 마찬가지로 진로상담에서 만족스러운 결과를 도출하기 위해서는 구체적인 목표를 설정해야 한다. 진로목표를 설정할 때는 다음과 같은 내용을 고려하여 설정하는 것이 좋다.

첫째, 목표는 가능한 한 구체적으로 표현하도록 한다. 내담자는 목표에 대해 막연하게 진술하는 경향이 있으므로, 상담자는 내담자로 하여금 희망하는 직업의 종류나 원하는 돈의 액수, 특정한 전공 등과 같이 구체적으로 언급하도록 조력해야 한다.

둘째, 목표를 관찰 가능한 방식으로 표현하도록 한다. 인지적 제약이 있거나, 나이가 어릴수록 그리고 진로모델이 결여되어 있을수록 내담자들은 목표를 관찰 가능한 방식으로 표현하는 것을 어려워한다. 따라서 상담자는 진로목표를 구체적이고 관찰 가능한 방식으로 표현할 수 있도록 조력해야 한다.

셋째, 목표의 달성 시점을 지정한다. 목표 달성 시점을 정하는 것은 목표 달성 가능성을 높이고 내담자의 목표 달성 동기를 부여하는 역할을 한다.

넷째, 달성 가능한 목표를 설정한다. 상담자는 내담자의 열정을 손상시키지 않으면서 내담자의 상황과 능력을 고려한 달성 가능한 목표를 설정하도록 조력해야 한다.

다섯째, 실천 행동을 계획한다. 상담자와 내담자는 하나의 목표가 정해졌다면 '이런 일이 발생하도록 하려면 나는 정확히 무엇을 해야 하는가?' 라는 질문을 통해 보다 구체적인 실천계획을 세울수 있다. 그리고 가장 쉬운 것부터 가장 어려운 것까지 위계적 또는 순서에 따라 배열한 후 과제를 수행하도록 한다.

(3) 현실치료(WDEP)기법을 통한 진로상담 목표설정 활용

윌리엄 글래서(William Glasser, 1999)의 현실치료에서 인간은 긍정적이며 자신의 행동과 정서에 대해 책임을 지는 존재이며, 자신이 결정함으로써 책임을 다하고 성공적이며 만족스러운 삶을 살수 있다고 본다. 현실치료의 WDEP기법은 진로상담의 목표를 설정하는데 유용하게 활용될 수 있다.

W (want)질문
- 무엇을 원하는가?
- 어떤 직업 갖기를 원하는가?
- 당신의 삶이 어떻게 되기를 원하는가?
- 현재의 상태에서 변화를 원하는 것은 무엇인가?
- 당신의 부모(혹은 상담자)가 어떻게 해 주었으면 하는가?

D (doing)질문
- 당신은 지금 원하는 직업을 얻기 위해 무엇을 하고 있는가?
- 직업에서 보람을 느꼈을 때는 어떤 행동을 했는가?
- 일(혹은 학업)과 관련해서 재미있었을 때 어디에서 누구와 무엇을 하고 있었는가?

E (evaluation)질문
- 현재 당신은 직업을 얻기 위해 적절한 행동을 하고 있는가?

- 그런 행동을 계속하면 어디로 갈 것 같은가?
- 그런 행동을 계속하면 원하는 것을 얻게 되는 데 도움이 되는가?

P (plan)질문
- 무엇을 언제부터 하면 당신이 원하는 것을 얻게 될까?
- 지금 바로 실천할 수 있는 것으로 무엇이 있는지 찾아보겠는가?

2) 내담자 특성 파악을 위한 진로상담 기법

(1) 생애진로사정

생애진로사정(Life Career Assessment: LCA)은 아들러(Adler)의 개인
심리학에 기초한 것으로 상담자가 내담자의 체계적인 다양한 정
보를 수집하고 내담자는 자신에 대해 체계적으로 이야기를 해 나
가면서 자신의 경험에 대해 정리하고 자신의 삶의 방식을 알아가
는 과정이다. 아들러는 인간은 평생 3가지의 주요 과제 즉, 일,
사회(사회적 관계), 성(우정)을 해결해야 한다고 보았다. 이 세 영역은
하나의 변화가 다른 것의 변화를 수반하는 관계로 얽혀 있어서
서로 분리해서 다룰 수 없다고 보았다. 이러한 면에서 생애진로
사정은 개인의 일 즉 진로문제에만 국한시키지 않고 생애 전반에
걸친 사건을 다루고 있다.

생애진로사정은 크게 진로사정, 일상적인 하루 부분, 강점과
약점, 요약의 네 부분으로 구성되어 있다. 첫째, 진로사정은 내담
자가 그동안 경험했던 이전의 직업 경험에 대한 사정, 내담자가
그동안 받았던 교육과 훈련 경험 전반에 대해 이야기하고 평가하
는 교육과 훈련 부분, 내담자가 어떻게 여가시간을 보내는지에
관한 여가활동에 대해 탐색한다. 둘째, 일상적인 하루 부분은 내

담자가 일상적인 하루를 어떻게 조직하는지 탐색함으로써 성격 요인 중 독립적-의존적, 체계적-임의적 요인에 대해 탐색한다. 셋째, 강점과 약점 사정에서는 내담자가 스스로 생각하는 세 가지 주요 강점과 주요 약점에 대해 접근한다. 넷째, 요약에서는 내담자로 하여금 이 회기를 통해 깨달은 것을 요약함으로써 상담을 통해 얻은 정보를 강조하고, 수집된 정보들을 상담목표와 관련지어 생애진로 주제들을 극복하고 강점으로 발전시킬 수 있는 요소들을 제시해 줄 수 있다.

(2) 진로가계도

진로가계도(career genogram)는 보웬(Bowen)의 가계도를 응용한 것으로 진로상담의 '정보수집' 단계에서 내담자의 정보를 수집하는 질적 평가방법 중 하나이다. 이 기법은 3대에 걸친 내담자 가족이 어떠한 직업을 선택해 왔는지, 그것이 내담자에게 어떠한 영향을 미쳤는지 파악하도록 함으로써 내담자를 더 깊이 이해하도록 돕는다. 진로가계도는 진로가계도의 목적을 내담자와 공유하는 1단계, 내담자가 자신의 진로가계도를 그릴 수 있도록 방법에 대해 설명하는 2단계, 그리고 그 내용을 구체적으로 살펴보면서 내담자 진로에 영향을 미친 것들에 대해 탐색하는 3단계로 이루어진다.

진로가계도 작성을 통해 내담자의 진로기대 형성에 중요한 역할을 한 사람에 대한 이해, 내담자의 직업세계 이해, 중요한 타인에 의해 형성된 진로 장벽, 성역할 편견 등을 탐색 및 통찰할 수 있다.

(3) 직업카드 분류법

직업카드 분류법이란 미국심리학회(APA) 심리상담분과에서 연설을 한 타일러(Tyler, 1961)에 의해 제안되어진 것으로 직업카드를 개발하고 이를 분류하는 활동을 통해서 직업 흥미를 탐색하는 방법 또는 질적 도구를 의미한다. 직업카드 분류 방법은 내담자들의 흥미, 욕구, 가치, 능력, 선입견, 직업 선호 등을 분류하거나 우선순위를 매기는 비표준화된 접근법으로 상담자의 상담목적과 내담자의 특성에 따라 다양한 방법으로 활용할 수 있다.

(4) 표준화된 검사

검사는 진로상담의 과정과 결과를 증진할 뿐만 아니라 진로를 선택하고 결정하는데 있어 비교적 정확하고 객관적인 자료를 제공하기 때문에 보다 과학적인 상담을 가능하게 해 준다. 표준화된 검사는 검사의 실시와 채점 그리고 결과의 해석이 동일하도록 모든 절차와 방법을 일정하게 만들어 놓은 검사이다. 표준화 검사는 표본집단의 점수를 기초로 규준이 만들어진 검사이므로 개인의 점수를 규준에 맞추어 해석, 비교하는 것이 가능하다. 표준화 검사는 대규모로 제작되고, 내용의 표집이 광범위하며, 전문적이고 체계적인 절차를 거치므로 신뢰성과 타당성이 높다.

진로와 관련된 표준화된 심리검사에는 어떤 일을 수행하는 데 있어서 요구되는 특수한 능력이나 잠재능력을 측정하는 진로적성검사, 어떤 종류의 활동 또는 사물에 대하여 특별한 관심이나 애착 정도를 측정하는 진로흥미검사, 일상적인 생활 속에서 나타나는 개인의 일관된 행위로 욕구, 자아개념, 성취동기, 포부수준, 대인관계 등 여러 가지 요인을 포함하는 복합적인 심리적 특성을 측정하는 성격검사, 개인이 어떤 특정한 방향으로 행동하게 하는 원리나 믿음 또는 신념을 측정하는 진로가치관 검사, 동일한 연령층의 학생들과의 비교에서 나타나는 상대적인 직업준비의 정도를 측정하는 진로성숙도 검사, 진로선택에 대한 확실한 결정 정도를 측정하는 진로결정 검사 등이 있다.

3) 의사결정 조력을 위한 진로상담 기법

(1) 의사결정 유형검사 활용

의사결정 유형에는 합리적 양식(rational style), 직관적 양식 (intuitive style), 의존양식(dependent style) 등이 있다. 이 때 하렌 (Harren, 1984)이 개발한 진로의사결정 검사척도를 유용하게 활용할 수 있다(본 저서 12장에 제시된 '의사결정유형 검사 〈표 16〉' 참조).

(2) 진로자서전 쓰기

내담자가 과거에 진로와 관련하여 어떻게 의사결정을 했는지 알아보기 위해 학교선택, 고등학교 졸업 후의 직업훈련, 시간제 일을 통한 경험, 고등학교에서 배운 지식과 기술들, 중요한 타인들에 대해 내담자가 스스로 기술하게 한다. 이 때 '학교생활 중 가장 기억에 남는 선생님은 누구이며, 그 이유는 무엇인가?', '학업적인 면에서 가장 좋아하는 과목은 무엇이며, 그 이유는 무엇인가?', '학교 생활 중에 가장 즐거웠던 경험과 가장 좌절감을 경험했던 경험은 무엇인가?', '재량활동 시간에 선택한 활동은 무엇인가?' 등을 중심으로 작성할 수 있다.

(3) 주관적 기대효과 활용

'주관적 기대효용(Subjective Expected Utility: SEU) 최적화 (maximization)'란 선택에 있어 개인은 다른 사람이나 사회가 아닌 자신의 행복이나 즐거움, 만족에 대한 감정은 충족함을 뜻하며 이를 기준으로 선택을 한다는 것이다. 개인이 살아가면서 행하는 선택은 의식을 하던지 혹은 숙달되어 너무 빠르게 이루어져 의식하지 못하던지 간에 목표를 정하고, 마음에 드는 항목을 결정하며, 선택한 항목 중에서 한 가지를 선택하는 3단계의 의사결정 단계를 거친다. 이 때 자신이 원하는 것이 무엇인지 더 잘 인식하고 있을수록 자신이 소중하게 여기는 것을 보다 분명히 이해하게 된다. 그래서 설사 고통스러운 선택의 순간에서도 의사결정을 내리는 것이 수월해진다. 이처럼 중요한 의사결정을 위해 자신을 인식하는 것은 매우 중요하다.

(4) 근거 없는 믿음 확인하기

엘리스(Ellis, 1977)의 현실치료의 ABCDE모델을 활용한 것으로 진로와 관련된 근거 없는 믿음에 대해 합리적으로 생각하게 하는 것이 진로의사결정 과정에 활용될 수 있다. 진로신화에 대한 내용들은 어떤 일을 해보지도 않고 그렇게 될 것이라는 것을 확신하는 것이다. 이러한 잘못된 믿음을 갖고 있는 내담자들에게는 그들이 묶여 있는 믿음이 근거 없는 것이라는 것을 인식하도록 하는 것이 중요하다. 내담자들이 그러한 믿음과 노력이 잘못된 것이라는 것을 통찰하는 순간 그들은 새로운 대안을 찾을 수 있게 된다. 그리하여 좀 더 이성적인 신념을 지니고 합리적 선택을 할 수 있게 되는 것이다.

(5) 은유로 저항감 다루기

진로상담에서 전혀 동기화가 되어 있지 않거나 저항감을 나타
내는 내담자를 만나게 되는 경우가 있다. 상담자가 내담자에게 잠
재적인 책임감을 갖게 하는 위협 등을 식별하고 인식한 후, 은유
를 사용한다면 내담자의 저항을 줄이고 의사결정을 도울 수 있다.

일반 진로상담의 다양한 연구에 비해서 기독교 상담학자들에 의한 진로상담에 관한 구체적인 연구가 이루어지 못하고 있음을 본다. 특히 한국에서는 기독교적 관점에서 저술된 진로상담 저서는 물론이고 번역서도 한 권 없다. 그뿐만 아니라 구체화된 진로상담 모델도 없다. 기독교 상담에서는 심리학을 어떻게 수용하느냐에 따라 다양한 기독교 상담학파로 나뉘어질 수 있다. 그리고 분류된 기독교 상담학파에 따라 기독교 진로상담도 다양하게 접근할 수 있다.

로렌스 크랩(Lawrence J. Crabb, 1977)은 신학과 심리학의 관계를 4가지로 구분하였다. 첫째, 신학과 심리학은 분리되었으나 동등하다고 보는 견해(seperate but equal)이다. 둘째, 신학과 심리학이 문제해결에 있어 모두 유용하다고 보는 혼합적 견해(tossed salad)이다. 셋째, 영적-신앙적 견해로 일반심리학을 거부하고 오직 은혜, 오직 예수, 오직 성경만을 강조하는 입장이다. 넷째, 통합적 접근(Spoiling the Egyptians)으로 성경의 조명 아래서 심리학의 학문적 결과를 취급하고, 성경에 비추어서 맞지 않은 요소들을 걸러냄으로써 성경과 심리학의 통합을 이루는 접근법이다.

본 장에서는 네 번째 입장인 통합적 접근을 통해서 기독교 진로상담 과정을 피력하고자 한다.

1. 상담의 목표

일반적으로 진로상담의 목표는 자신에 대한 보다 정확한 이해 증진, 직업세계에 대한 이해 증진, 합리적인 의사결정 능력의 증진, 정보탐색 및 활용능력의 함양, 일과 직업에 대한 올바른 가치관 및 태도를 형성하도록 하는데 있다. 이와 같은 내용이 중요하지 않은 것은 아니지만 기독교 진로상담에서는 우선 순위에서 첫째, 일차적 소명을 깨닫게 해야 한다. 로마서 11장 36절에 "만물이 주에게서 나오고 주로 말미암고 주께로 돌아감이라"라고 하였다. 따라서 기독교 진로상담은 '나는 누구인가?' 하는 존재에 대한 대답에서 시작되어야 한다. 왜냐하면 하나님이 우리를 창조할 때 의도하신 모습대로 하나님께 드려질 때에야 진정한 자신의 모습이 될 수 있기 때문이다. 둘째, 세상의 필요를 채우는데 내담자가 가장 잘할 수 있는 은사를 분별하고 깨달을 수 있도록 해야 한다. 기독교인은 자신의 은사를 분별할 때 자신을 향한 하나님의 뜻을 깨달을 수 있다. 하나님이 어떤 특정한 직업으로 부르시는 일은 그 개인이 해야 할 필요가 있으며 동시에 세상이 그 개인에게 가장 필요로 하는 일이다. 셋째, 깨닫게 된 은사에 대해 적극적인 청지기가 되기 위해서 준비하는 방법을 알 수 있도록 한다.

2. 진로진단

1) 신앙적 진단

내담자가 하나님의 인도하심을 어느 정도 원하며, 기대하고, 추구하는가? 그리고 하나님의 인도하심에 대해 안심정도는 어느 정도인가? 그리고 하나님과의 관계에 대한 평가를 통해서 직업에 대한 1차 소명과 2차 소명에 대한 신앙적 진단이 필요하다. 왜냐하면 기독교 진로상담에서 신앙적 자원이 가장 중요하기 때문이다.

2) 진로 심리검사

진로상담은 다른 상담에 비하여 비교적 단기로 진행되는 경우가 많다. 따라서 빠른 시간 내에 내담자의 흥미, 적성, 성격, 신념, 가치관 등 개인의 여러 가지 심리적 특성을 정확하게 평가하고 이해하는 과정이 요구된다. 이 때 진로 심리검사는 상담자와 내담자 모두에게 도움이 되는 많은 객관적 정보를 제공한다. 또한 진로 심리검사는 내담자가 합리적인 결정을 내리는데 유용한 도움이 된다. 진로 상담자는 10장에서 살펴본 진로상담 기법인 생애진로사정(Life Career Assessment: LCA), 진로가계도(career genogram), 직업카드 활용 그리고 표준화된 검사 등을 통하여 내담자 특성을 파악할 수 있다. 표준화된 검사의 구체적인 활용에 대해서는 12장 '진로상담에서의 심리검사 활용'을 참조하기 바란다.

3. 진로결정 과정과 상담

패럿(Leslie Parrott & Les Parrott, 1995)이 제시한 진로결정의 순환적 8단계와 크랩(Crabb)의 7단계 성경적 상담, 그리고 오윤선의 말씀 묵상기도(오윤선, 2011)를 중심으로 진로상담 결정과정과 상담을 제시하면 다음과 같다.

1) 직업 인식과 문제감정 확인

직업을 새롭게 갖거나 전환하려고 할 때 두려움과 불안 그리고 기대와 흥분 등으로 인해 마음이 혼란해진다. 기독교인으로서 직업을 선택함에 있어서 직업에 대한 바른 인식을 하지 못하거나 선택을 방해하는 문제감정들을 정확하게 파악하지 못하게 되면, 두려움 때문에 선택을 뒤로 미루거나 중압감으로 인해 경솔한 결정을 내릴 수 있게 된다. 따라서 상담자는 내담자로 하여금 하나님의 뜻을 분별하고 내담자의 문제감정을 확인하는 작업을 도와주어야 한다.

내담자들은 자신의 선택에 대한 불확실성, 어떠한 결정도 내릴 수 없는 상황에 대한 무력감과 자기 무능감 등 미래 진로에 대한 불안과 두려움을 지닐 수 있다. 따라서 기독 상담자는 내담자의 직업인식에 따른 문제와 주 호소 감정에 깊이 공감함으로써 신뢰관계를 형성하며 초기상담을 진행해 나가도록 해야 한다.

2) 자기평가와 문제행동 및 문제사고 확인

객관적인 자기 평가도구를 통해 내담자가 원하고 바라는 것이 무엇이며, 극복해야 할 장애물들이 무엇인지를 알아야 한다. 특히 내담자가 원하고 바라고 성취하기 위한 것 가운데 자신을 제한하고 있는 문제행동과 문제사고가 있다면, 분석하여 성경적 사고와 행동을 통해서 극복하도록 해야 한다. 문제행동이 나타날 경우에는 권고방법을 통해서 성경적 행동으로 나가도록 하고, 문제 사고는 교화 작업을 통해서 성경적 사고로 나가도록 한다.

3) 직업탐색

직업탐색의 목표는 다양한 직업세계의 정보활동과 준비 가능한 여러 대안을 확인하고 점검하는데 있다. 따라서 내담자가 다양한 직업탐색을 통해서 구체적으로 대안을 모색할 수 있도록 충분한 양질의 정보가 수집되고 분류되어 있어야 한다. 특히 기독교인들에게 직업은 하나님의 이차적 부르심으로 하나님의 뜻을 이루고 개인적 · 환경적 충족조건을 고려해야 함으로 더욱 양질의 충분한 정보를 수집해야 한다. 따라서 이 단계에서 상담자는 내담자의 진로 및 직업탐색검사를 통해서 그에 따른 직업탐색정보를 직 · 간접적으로 제공하고 상담해야 할 것이다.

4) 진로통합

이 단계에서는 내담자가 찾아낸 진로 및 직업에 대해서 실행으로 옮길 수 있는 가능성을 점검한다. 좀 더 객관성을 가지기 위해서 내담자가 탐색하여 실행시키려는 진로와 직업에 대해서 전문성 있는 주위 사람들의 견해, 재정부분, 시간부분 등 실제적이고 중요한 요소들을 측정해야 한다. 특히 내담자는 진로통합 과정에서 종종 두려움, 자신의 무능감, 의존감 등에 사로잡힐 수 있다. 이 과정에서 상담자는 내담자의 믿음과 태도를 평가하여 신앙 및 심리적 지원과 코칭을 제공해야 할 것이다.

5) 결단(헌신)

전진을 위해서는 결단이 필요하다. 내담자가 직업 성취에 대한 결과 여부를 예측할 수 없기에 두려움은 피할 수 없고 거기에 따르는 위험도 있지만, 전진하기 위해서는 결단이 필요하다. 최선의 노력을 수반한 헌신의 결과는 성장과 배움이라는 결실을 맺기에 결단해야 한다. 신앙적 결단을 위해서는 말씀 묵상과 기도가 필요하며, 성령의 인도하심을 따라야 한다. 상담자는 내담자의 결단(헌신)을 위해서 격려와 권면을 통하여 지원해 줄 필요가 있다.

6) 실행

이제 방향을 결정하였으면 행동으로 옮기는 단계가 필요하다. 현실에서는 결정했던 일들로 인해서 예상했던 것보다 훨씬 많은 어려움과 장애를 경험하게 된다. 그리고 목표를 실행하는 것이 종종 막히거나 연기될 수도 있다. 그러므로 결정한 일들을 실행함에 있어서 믿음으로 마음을 잘 통제하지 않으면 흔들리고 회의에 빠질 수가 있다. 따라서 상담자는 내담자가 결정한 것을 잘 실행할 수 있도록 지지자가 되어야 할 것이다.

7) 재평가

결정하여 실행한 일도 새로운 정보와 경험을 통해서 관점과 가능성에 변화가 생기면 재평가를 실시할 필요가 있다. 따라서 이러한 상황에 직면할 때 효과적으로 대처하기 위해서는 다양한 직업 정보에 대해서 민감해야 하지만 무엇보다 하나님의 말씀을 정기적으로 묵상하며, 기도 가운데 하나님의 뜻을 분별하여 재평가를 실행해야 할 것이다.

8) 재인식

이 일을 멈추고 또 다시 직업을 바꿔야 할 것인가 하는 불안과 중압감이 커지면, 내담자에게 다시 직업 인식과 문제감정 확인의 처음 단계부터 밟게 한다. 이 때 내담자는 이전 그대로가 아닌 새롭게 정립된 인식을 바탕으로 보다 한층 성숙된 차원에서 상승적인 단계로 발전해 나가게 된다. 계속되는 사회적 변화 속에서 내담자는 재평가와 재인식을 하고, 보다 발전된 차원에서 다시 시작하는 과정을 통해 신앙적 성숙과 인식의 지평도 넓어질 수 있게 될 것이다.

chapter 12 진로상담에서의 심리검사

진로상담의 영역은 자기 이해, 직업세계의 이해, 진로계획 수립, 진로결정, 진학 및 취업 등의 내용이 포함된다. 진로상담은 스스로 자기를 이해할 수 있도록 돕는 작업, 즉 자기 이해를 위한 자기 탐색부터 시작된다. 개인의 흥미, 적성, 성격, 신념, 가치관 등 개인의 여러 가지 심리적 특성을 정확하게 평가하고 이해하는 데 있어 심리검사는 상담자와 내담자 모두에게 도움이 되는 많은 정보를 제공한다. 또한 심리검사 결과를 통해 학습이나 진로 문제와 관련해 합리적인 결정을 내리는데 유용한 도움이 된다. 따라서 본 장에서는 진로상담을 실시할 때 중요한 역할을 하게 되는 심리검사 기초에 대한 이해, 표준화된 진로심리검사를 이용하는 방법과 다양한 사정도구, 상담 영역에 따른 진로심리검사의 유형과 특징, 심리검사의 활용에 대한 쟁점과 유의사항 등에 대해 알아보도록 하겠다.

1. 심리검사의 기초 이해

1) 심리검사의 개념

심리검사(Psychological Testing)는 심리적 현상에서의 개인차를 비교하고 개인의 전체 인격적, 행동적 측면을 이해하기 위해 다양한 도구들을 이용하여 양적, 질적으로 측정하고 평가하는 일련의 과정이라고 할 수 있다. 즉, 심리검사는 개인에 대한 진단과 평가의 도구가 되는 동시에 학문적인 연구의 도구가 된다.

모든 심리검사는 유형에 상관없이 다음과 같은 몇 가지 공통적인 특징을 갖고 있다.

첫째, 심리검사는 개인의 대표적인 행동표본(behavior sample)을 심리학적 방식으로 측정한다. 즉, 개인행동을 모두 측정해보지 않더라도 소수의 표본 행동을 측정하여 그 결과를 바탕으로 개인의 전체 행동을 예견할 수 있게 해준다. 검사 제작과정에서 문항선정이 적절하게 이루어진다면 이러한 조건은 충족될 수 있을 것이다.

둘째, 이러한 심리학적 측정은 표준화(Standardization)된 방식에 따른다. 표준화란, 검사를 시행하고 채점하는 과정이 일정한 방식으로 진행된다는 의미이다. 이러한 검사의 표준화는 심리검사 반응이 실시조건이나 채점방식의 차이에 따라 다르게 나타나는 것을 방지해주고 검사 반응이 순수한 개인차를 나타낼 수 있도록 보장해준다.

셋째, 심리검사는 체계적 과정이다. 이는 하나의 심리검사가 여러 개인들에게 실시될 때 동일한 종류의 정보가 수집된다는 의미이다.

이러한 심리검사는 표준화와 체계화 조건으로 인하여 주관적 판단을 방지해주며, 양적 측정을 통하여 개인간 행동을 비교할 수 있고, 횡단적인 시행을 통하여 개인 내 비교도 가능하게 해준다는 장점을 지니고 있다.

2) 심리검사의 목적

심리검사의 목적은 크게 개인행동의 예측, 분류 및 진단, 자기이해 증진, 조사 및 연구에 있다. 이를 구체적으로 설명하면 다음과 같다.

(1) 개인행동의 예측

개인에게 있어서 선택과 결정은 예측을 통해 나타나게 된다. 일반적으로 개인이 결정을 내리는데 기초가 되는 능력을 비롯한 기타의 특성을 측정하기 위하여 검사가 사용된다. 특히 신뢰할만한 표준화된 검사를 통해 얻어진 수량화 된 자료는 더욱 신뢰할만하고 정확하게 개인 행동을 예측하게 한다.

(2) 분류 및 이해

분류는 체계화된 구분에 따라 계층이나 집단으로 배치하는 것을 의미하는데, 분류에 앞서 현재의 상황에 대한 진단은 필수적이다. 심리검사는 한 개인의 행동상의 원인적인 요인을 진단(diagnosis)하는 것이다. 따라서 적절한 심리검사는 개인의 행동에서 나타나는 결함이나 결점뿐만 아니라 그 원인을 찾는데 도움을 준다. 이처럼 분류 및 진단은 인간의 특성을 계량화한 검사의 점수를 보다 효과적이고 과학적으로 활용할 수 있도록 한다.

(3) 자기이해의 증진

심리검사는 개인의 특성을 발견하여 자기이해 또는 자신의 발전을 도모하고, 인력의 적재적소의 배치를 위해 사용된다.

(4) 조사 및 연구

심리검사는 특정 집단의 일반적인 경향을 조사 또는 연구하여 기술하거나 규명하려는 목적으로 사용한다. 이를 통해 특정한 집단의 훈련방법이나 교수방법 등 다양한 프로그램을 계획하고 평가할 때 유용한 도구로 활용된다. 이와 같은 목적을 가지고 심리검사는 교육, 임상의학, 상담과 생활지도, 산업장면, 범죄의 분류심사, 교정 등의 다양한 분야에서 활용되고 있다.

3) 심리검사의 요건

심리검사는 그 과정이 객관적이고 타당한 방법일 때 의미가 있다. 그러므로 충실한 경험적 자료를 얻기 위해서 조사도구에 대한 신뢰성과 타당성을 측정해야 한다. 신뢰성이란 동일한 두 개의 척도가 사람에게 사용되었을 때, 정확하게 동일한 결과를 낳지 않아도 두 측정 사이에 일정한 유형(consistent pattern)을 보이는 경향(Stanley, 1971)을 의미한다. 물론 경우에 따라서 두 측정의 결과가 정확하게 동일할 수도 있지만 응답자의 개인사정, 시간과 환경의 변화에 의해서 언제나 일치하지는 않는다. 그래서 일정한 유형은 정도(degree)로 표현되는데, 이것을 신뢰도(reliability)라고 부른다. 즉 신뢰도란 검사가 측정하고자 하는 것을 얼마나 일관성 있게 측정하였는가와 관련된 개념이다. 따라서 신뢰도가 높다는 것은 두 측정 사이에 완벽한 일치는 보이지 않아도, 일치의 정도가 높다는 의미이다.

심리검사의 측정결과는 일관성이 있어서 신뢰할 수 있어야 하지만 그 일관성이 추상적 개념을 추정함에 있어서 타당성(validity)을 지녀야 한다. 연구자가 작성한 척도가 어떤 것이든지 원하는 바를 완벽하게 측정한다고 말할 수 없다. 그래서 타당성 역시 정도(degree)로 나타낼 수 있는데, 이것이 바로 타당도(validity)이다. 즉, 타당도란 검사가 측정하려고 하는 내용이나 목표를 얼마나 충실하게 측정하였는가와 관련된 개념이다. 정리하면, 신뢰도는 경험적 측정결과의 일정성(consistency)에 관심을 갖는 것이고, 타당도는 이론적 개념과 경험적 측정 결과 사이의 관계성(relationship)에 관심을 보이는 것이다(Carmines, E. G., & Zeller, R. A., 1979).

신뢰도가 높다고 해서 타당도가 높은 것은 아니며, 반대로 타당도가 높다고 해서 반드시 신뢰도가 높은 것은 아니다. 즉, 반복되는 측정결과가 높은 일관성을 보인다 해도 이것이 연구자가 의도하는 바를 측정한다고 단언할 수 없으며, 연구자가 원하는 바를 측정한다고 해서 그 측정결과가 일정하지만은 않다는 것이다. 결과적으로, 척도는 신뢰도와 타당도에서 모두 높아야 함은 물론이지만 이 둘은 서로 독립적이다.

(1) 신뢰도 검증

척도의 신뢰도 검증에는 검사-재검사 방법(test-retest method), 동형검사 방법(alternative form reliability), 반분신뢰도 방법(halves reliability) 그리고 내적 일치도 방법(the internal consistency method)이 있다. 이 네 가지 방법들을 살펴보면 다음과 같다.

첫째, 검사-재검사 방법은 신뢰도의 가장 대표적인 것이며 동일한 검사를 일정간격을 두고서 동일한 사람에게 실시하는 것이다. 첫 번째와 두 번째 검사의 차이점은 단지 시간적 간격밖에 없다. 첫 번째와 두 번째에서 얻은 결과가 완전하게 일치된다면, 상관계수 "r=1"이다. 계수가 1인 경우는 첫 번째 검사의 결과와 두 번째 검사의 결과가 정확하게 일치한다는 것을 의미한다. 즉, 측정도구의 결과가 완벽하게 일관성을 보여주는 신뢰로운 것이라는 의미이다. 그러나 대부분의 경우 두 검사에서 완벽한 상관을 기대하기는 어렵다. 왜냐하면 시차 사이에 여러 가지 이유들이 포함되기 때문이다. 응답자들은 첫 번째와 두 번째 검사에서 동일한 질문을 받지만 이월효과, 반응민감성 효과, 측정 속성의 변화, 물리적 환경의 변화 등의 이유 때문에 두 개의 검사에서 다른 답을 주어서 신뢰도를 낮출 수 있다.

둘째, 동형검사 방법은 동일한 사람에게 두 번의 검사를 실시하는 점에서는 검사-재검사 방법과 같지만 첫 번째 검사와 두 번째 검사에서 응답자에게 주는 질문지가 다르다는 것이 차이점이다. 그러나 검사 내용 자체가 완전히 다른 것은 아니다. 예를 들어 어떤 주제를 측정하기 위해서 10개의 질문으로 완성될 수 있지만 20개의 질문을 만들거나 혹은 두 개의 질문지가 유사성을 갖도록 하면서 별도로 만들 수 있다. 즉, 동형검사 방법이란 내용상으로는 동일하지만 문구가 다른 쌍둥이 질문지를 만드는 것이다(Nunnally, 1978; (Carmines, E. G., & Zeller, R. A., 1979)). 이 경우에는 측정하려고 구성되었던 개념에 측정오류가 발생하는 문제점을 지니고 있다.

셋째, 반분신뢰도(split half reliability) 방법은 동형검사의 난제를 해결하려는 노력에서 시도되었는데, 하나의 척도를 반으로 나누어서 나누어진 두 개의 반쪽들을 가지고 신뢰도를 측정하는 방법이다. 그러나 이렇게 얻는 상관계수는 전체에서 두 개로 나누어진 반쪽들의 측정이므로 둘의 상관계수를 구한 다음 전체에 관한 상관계수를 구해야 한다. 이런 통계적 방법을 스피어만 브라운(Spearman-Brown) 공식이라 부른다(Spearman, 1910; Brown, 1910). 반분신뢰도 방법은 홀수와 짝수 두 부분으로 나누어지기 때문에 홀수와 짝수 방법(odd-even method)이라고도 한다.

넷째, 내적 일치도 방법(a method of internal consistency)은 검사의 각 문항을 독립된 한 개의 검사단위로 생각하고 그 합치성 및 동일성을 종합하는 방법이다. 이 방법은 검사 척도에 포함된 문항들이 상호 일치성을 갖는다면, 문항들이 나타내는 결과에서 일정성을 나타낸다는 가정하에서 신뢰도의 대안으로 사용된다. 이 방법에는 크론바흐 알파(Cronbach's alpha)와 쿠더-리처드슨 20(Kuder-Richardson Formula 20: KR-20) 방법이 있다.

크론바흐 알파 방법은 척도를 만든 후 시간적 그리고 경제적 여유가 없을 경우에 사용할 수도 있는데, 크론바흐 알파의 값은 문항의 수와 평균상관계수에 달려 있다. 그래서 평균상관계수의 값이 증가하고, 문항의 수가 증가하면 할수록 크론바흐 알파 값도 그만큼 증가한다. 그러나 여기서 두 개의 제한점을 찾아볼 수 있는데, 첫째는 문항수의 증가가 어느 수준에서 신뢰도를 크게 증가시키지 못한다는 것이고, 둘째는 문항수가 많을수록 시간과 경비가 더 소비된다는 것이다. 그리고 어떤 경우에 문항의 추가가 평균상관계수를 낮추며, 신뢰도 역시 낮아진다. 이런 이유 때문에 무조건 문항의 수를 많이 만들 필요가 없다.

신뢰도와 타당도를 측정하는 것은 매우 번거롭고 또한 많은 노력이 요구된다. 그래서 대부분의 사람들은 일단 조사를 한 후에 얻은 자료를 근거로 해서 신뢰도를 구하면 된다는 생각에서 크론바흐 알파를 계산한다. 그러나 이 방법은 문항들의 일차원성이 있다고 추측하는 것이지 확신하는 것은 아니다(Hair, J. F., Anderson, R. E., Tatham, R. L., & Black, W. C., 1995). 즉, 문항간의 내적 일치도를 추정하기 때문에 신뢰도가 있을 것이라고 가정하는 법이다. 그래서 이 방법은 전적으로 권장될 수 있는 것이 아니라 궁여지책으로 사용되는 것에 불과하다.

쿠더-리처드슨 내적 일치도 방법은 그들이 1937년에 제시한 20번째 공식이기 때문에 쿠더-리처드슨 공식 20 또는 약자로 KR20이라고 하는데 이것은 이분척도에서 이용된다. 즉, '예' 혹은 '아니오', '0' 혹은 '1'과 같이 양분된 선택지 중에서 하나를 선택하는 척도를 의미한다. 이 방법은 크론바흐 알파의 특별한 경우이며 해석 또한 동일한 내용을 갖는다.

이상 신뢰도를 측정하기 위한 네 가지 척도 가운데서 검사-재검사 방법은 측정 절차가 약간 수월하지만, 첫 번째 검사결과의 기억이 두 번째에 영향을 준다는 약점을 갖는다. 이런 단점을 보완하는 방법으로 동형검사와 반분 신뢰도 검사가 이용된다. 이들 두 방법 중에서 동형검사는 유사한 척도를 두 개 만들어서 하나만 사용하고 나머지는 버려야 한다. 그리고 반분신뢰도 검사는 반분되어서 만들어지는 짝이 많지만, 각 짝들의 상관계수의 값이 서로 동일하지 않아서 어느 짝을 사용해야 할지 결정하기 힘들다. 마지막으로 크론바흐 알파는 다른 방법과 달리 하나의 완성된 척도와 한 번의 검사로 자료를 얻은 후에 신뢰도 계수를 얻는다는 장점을 갖지만, 신뢰도의 확실한 답을 주는 방법은 아니다.

지금까지 설명한 여러 가지 신뢰도 측정방법 중에서 어느 것이 가장 효과적인 방법인가? 이에 대한 명쾌한 답은 없다. 그러나 어느 것을 사용하든지 상관계수의 값이 .80을 넘어서야 한다는 점에서는 학자들 간에 일치를 보이고 있다. 왜냐하면 이런 수준에서는 검사 실시 상에서 무선적 과오(random error)를 범할 확률이 비교적 낮기 때문이다.

(2) 타당도 검증

타당도 검증을 위한 방법에는 각각의 장점과 약점을 지니고 있는 다양한 방법들이 있다. 여러 방법들 중에 가장 많이 활용되고 있는 내용 타당도(content validity), 준거 타당도(criterion validity) 그리고 구성 타당도(construct validity)를 중심으로 살펴보면 다음과 같다.

첫째, 내용 타당도(content validity)는 계산을 위해서 더하기, 곱하기, 나누기 등 복잡한 계산과정을 요구하지 않고, 측정하려는 내용이나 개념을 척도가 모두 포함하고 있는지 전문가가 검토하고 평가한 후 결정하는 방법이다. 내용 타당도는 연구자가 자신이 관심을 갖는 주제의 전 영역을 포함해서 척도를 제작했는지를 점검해야 하며, 단순 무선방법에 의해서 선택된 항목들은 검사를 받을 수 있는 리커트(Likert)형, 양분형 등의 척도의 형태를 갖추어야 한다. 물론 내용 타당도 검사자는 질문지를 보고서 적절한 내용이 포함되었는지를 점검한다. 내용 타당도의 제한점은 사회과학의 이론적 개념들이 정확하게 기술될 수 없다는 점과 내용을 표집한다는 것이 쉽지 않다는 것이다(Carmines, E. G., & Zeller, R. A., 1979).

둘째, 준거 타당도(criterion validity)는 연구자가 관심을 갖는 어떤 행동 특성(기준)을 척도가 어느 정도 측정하는지를 검사하는 방법으로써 일명 예언 타당도라고도 하며, 크게 공인 타당도(concurrent validity)와 예측 타당도(predictive validity)로 분리된다.

공인 타당도(concurrent validity)는 검사결과와 준거 행동의 측정 사이에 시간적 차이가 필요 없을 때, 혹은 시간적 차이를 줄이고 싶을 때 이용한다. 예를 들어서, 어느 회사 사장이 성공적인 사원을 채용하기 원한다면, 신입사원 채용시험에서 얻은 결과와 이미 회사에 입사해서 성공한 사원의 측정 결과 사이에 상관관계를 구하여서 신입사원의 자질을 파악할 수 있다고 하겠다.

예측 타당도(predictive validity)는 연구자가 개발한 척도의 결과와 관심의 대상이 되는 미래의 어떤 행동 간의 관계정도를 의미한다. 예를 들어, 대학수학능력시험 성적과 입학 후 학생이 얻는 성적(GPA) 사이에 높은 일치 정도를 갖는다면, 대학수학능력시험의 타당성을 인정받는 것이다.

셋째, 구성 타당도(construct validity)란 측정하고자 하는 추상적 개념이 실제로 측정도구에 의해 제대로 측정되었는가의 정도를 의미한다. 사회과학에서 다루는 대부분의 변인은 직접 측정이 불가능한 추상적 개념들이다. 성격, 태도, 동기 등과 같은 인간행동의 본성을 구성하는 심리적 특성이나 성질은 추상적인 구성 개념이라고 할 수 있는데, 이러한 추상적 구성개념을 측정도구에 의해 제대로 측정되었는지의 정도를 알아보는 것이 구성 타당도이다. 구성 타당도를 검증하는 방법으로는 상관을 이용하는 방법과 요인분석을 이용하는 방법이 있다. 상관을 이용하는 방법에는

'서로 다른 측정방법을 사용하더라도 동일한 개념을 측정한다면 그 측정값은 하나의 차원으로 수렴한다'라는 수렴 타당도와 '서로 상이한 개념을 측정하는 경우에는 서로 다른 측정방법을 사용하더라도 그 측정값 간에는 차별성이 나타난다'는 변별 타당도가 있다. 검사의 구성 타당도를 검증하는 방법으로 가장 많이 사용되는 통계적 방법은 요인분석이다. 요인분석의 기본 원리는 항목들 간의 상관관계가 높은 것끼리 하나의 요인으로 묶이며, 요인들 간에는 상호 독립성을 유지하도록 하는 것이다. 요인분석은 요인 내의 항목들은 수렴적 타당성에 해당하며, 요인 간에는 변별적 타당성이 적용된 것이라 할 수 있다(김효창, 2013).

4) 심리검사의 분류

심리검사의 분류는 학자에 따라서 측정 영역, 수행양식, 인원수, 도구, 측정내용, 검사목적, 문항구성 형식 등 분류하는 방법이 다양하다. 심리검사는 실시방식에 따라 속도검사와 역량검사, 개인검사와 집단검사, 지필검사와 수행검사로 나눌 수 있다. 그리고 측정내용에 따라 인지적 검사와 정서적 검사, 검사의 목적에 따라 규준참조 검사와 준거참조 검사, 문항의 구성 양식에 따라 투사적 검사와 객관적 검사로 구분한다.

강봉규(2001)는 심리검사의 분류를 측정영역, 측정방법, 목적·용도에 따라 구분하였는데, 측정영역에 따른 심리검사에는 지능검사, 학력검사, 적성검사, 성격검사, 흥미검사가 있고 측정방법에 따른 심리검사에는 기구에 의한 검사, 지필검사가 있다. 그리고 목적·용도에 따른 심리검사 방법에는 교육, 임상의학, 상담,

산업, 범죄, 교정, 선발, 진단, 배치 등이 있다고 하였다.

그리고 탁진국(2007)은 수행양식, 인원수, 도구에 따라 심리검사를 분류하였는데, 도구(기구)에 따른 분류에 있어서는 강봉규와 같이 동일하게 분류했으나 수행양식과 인원수에 강조점을 두고 있음을 볼 수 있다. 수행양식은 극대수행검사(maximum performance test)와 습관적 수행검사(typical performance test)로 구분된다. 일반적으로 능력검사라고 하는 극대수행검사는 일정하게 주어진 시간 내에 피검사자가 자신의 능력을 최대한 발휘해서 반응하도록 만들어진 검사로 지능, 적성 및 성취검사 등이 여기에 속한다. 또한 평소에 습관적으로 어떠한 행동을 보이는지를 측정하기 위한 습관적 수행검사로는 성격검사, 흥미검사 및 각종 태도조사 등이 있다. 습관적 수행검사는 능력검사와는 달리, 일정한 시간제한이 없고 각 문항에 정답 또는 오답이 없다. 인원수에 따라서는 개인검사와 집단검사로 분류할 수 있다. 개인검사로는 로샤검사(Rorschach), 그림검사, 주제통각검사(TAT), 비네(Binet)지능검사와 웩슬러 성인용 지능검사(Wechsler Adult Intelligence Scale, WAIS) 및 웩슬러 아동용 지능검사(Wechsler Intelligence Scale for Children, WISC) 등이 있으며, 집단검사에는 아미-알파(Army-α)검사를 포함하여 일반적으로 사용되고 있는 질문지법 검사들의 대부분이 집단검사이다.

2. 진로상담에서의 심리검사 활용

1) 지능검사의 활용

진로상담에서 능력에 대한 평가는 매우 중요하다. 일반적으로 인지능력이 높을수록 다양한 일에 배치되었을 때 새로운 일을 배우고 적용을 더 잘할 것이며, 문제해결 능력과 추상적 능력이 뛰어날 것이라는 예언 때문이다. 사실상 회사나 조직은 직원을 선발할 때 다양한 능력검사를 활용하여 선발한다. 진로상담에서 지능검사는 학생들의 학습상담에 필요한 기초 자료를 제공하며, 직업이나 상급학교 진학 시 직업군을 안내하는데 필요한 자료로 활용된다.

대표적인 개인용 진단검사인 웩슬러(Wechsler) 지능검사는 여러 연령집단을 대상으로 6개의 언어성 검사과 5개의 동작성 검사를 실시하여 언어능력과 동작능력을 측정한다. 그리고 언어능력과 동작능력의 점수를 더해 전체 지능점수를 도출한다. 이러한 채점 방법은 지능을 하나의 일반적인 능력이라기보다는 여러 가지 다른 능력의 총화로 취급한다는 것을 의미한다.

웩슬러 지능검사의 활용은 비록 1시간 20분 내외의 다소 긴 검사 시간이 소요되어 내담자가 검사 수행동안 스트레스를 받을 수 있지만 검사 결과의 내용을 바탕으로 내담자가 선택하고자 하는 직업과 직업이 요구하는 인지능력과의 관계를 검토할 수 있는 유용한 정보를 제공한다. 이 검사의 활용을 위해서 진로상담자는 별도의 검사도구를 필요로 하며, 지능검사 실시와 해석에 대한 별도의 훈련이 요구된다.

최근에는 간편하게 능력을 평가하고 자기 이해의 도구로써 자기추정능력에 대한 검사를 활용한다. 가드너(Howard Gardner, 1983)의 다중지능 검사는 다수의 능력이 인간의 지능을 구성하고 있으며, 이러한 능력들의 상대적 중요성은 동일하다고 가정한다. 다중 지능의 하위 영역은 음악 지능(musical intelligence), 신체 - 운동 지능(bodily - kinesthetic intelligence), 논리 - 수학적 지능(logical - mathematical intelligence), 언어적 지능(linguistic intelligence), 시 · 공간적 지능(spatial intelligence), 대인관계 지능(interpersonal intelligence), 자기이해 지능(intrapersonal intelligence), 자연탐구 지능(naturalist intelligence)으로 구성되어 있으며 단순히 전통적인 지능 측정방법인 문제해결 능력이나 학습 능력보다는 자기가 스스로 자신의 능력을 어떻게 인식하고 있느냐에 따라서 측정하는 방법이다.

2) 진로흥미검사의 활용

진로검사의 전체 맥락 안에서 무엇보다 중요한 것은 내담자의 흥미를 탐색하는 것이다. 아무리 좋은 직업일지라도 자신에게 흥미가 없다면 아무런 의미가 없다. 흥미는 어떤 종류의 활동 또는 사물에 대하여 특별한 관심이나 주의를 가지게 하는 개인의 일반화된 행동 경향을 의미한다(장대운, 김충기, 박경애, 김진희, 1996). 개인이 종사하는 직업에 대한 흥미여부는 그 직업에 있어서 노력의 방향이나 지속성 또는 직무 만족도를 결정짓는 데 중요한 역할을 한다.

일반적으로 흥미를 평가하기 위해서는 체크리스트나 표준화된 흥미검사를 사용하는데 우리나라에서는 다양한 흥미검사가 개발되어 활용되고 있다(표9 참조). 흥미검사는 대표적으로 일반흥미검사, 직업흥미검사, 학습흥미검사로 구분할 수 있으며, 진로흥미사정에서 가장 일반적으로 사용되고 있는 검사는 스트롱 흥미검사와 쿠더 흥미검사 그리고 홀랜드 검사가 있다.

〈표 9〉 흥미검사종류

번호	검사명	대상	검사 방법	검사기관	사이트	비용
1	청소년용 직업흥미검사	중/고	on/off	한국고용정보원 워크넷	www.work.go.kr	무료
2	직업선호도 검사(S형)	만18세 이상	on/off	한국고용정보원 워크넷	www.work.go.kr	무료
3	직업선호도 검사(L형)	만18세 이상	on/off	한국고용정보원 워크넷	www.work.go.kr	무료
4	직업흥미검사	중/고	on	한국직업능력개발원 커리어넷	www.career.go.kr	무료
5	홀랜드 진로발달검사	초/중	on/off	한국가이던스	www.guidance.co.kr	유료
6	스트롱 진로탐색검사	중/고	on/off	(주) 에세스타	www.assesta.com	유료
7	학습종합 진로검사	초/중/고	on/off	한국심리자문 연구소	www.psypia.co.kr	유료

(1) 스트롱 흥미검사

스트롱 흥미검사(Strong Interest Inventory: SII)는 전문적인 직업에 성공적으로 종사하고 싶어 하는 대학생의 필요를 충족시켜주기 위해 제작된 도구로써, 여러 가지 다양한 직업에서 성공한 사람들과 일반인의 흥미유형 간에 차이가 있다는 경험적 사실에 근거하여 제작된 검사이다. 스트롱 흥미검사는 1927년에 처음 제작된

스트롱 직업흥미검사(Strong Vocational Interest Blank: SVIB)가 몇 차례의 개정을 거쳐 1994년에 최종 개정되어 현재까지 사용되고 있다 (Harmon, Hansen, Borgen & Hammer, 1994). 이 검사는 남자용 399문항, 여자용 398문항이며 그 중 249문항은 공통문항으로 구성되어 있었으나 현재는 단일 검사로 통합되었다.

(2) 쿠더 흥미검사

쿠더 흥미검사(Kuder's Preference Record: KPR)는 피검자에게 직업이나 학교 및 여가 생활에서 행해지는 여러 가지 특정 활동과 관련된 세 가지의 가능한 생활 중에서 가장 좋아하는 것과 가장 싫어하는 것을 선택하게하여 피검자의 흥미 영역을 결정한다. 쿠더 흥미검사의 흥미영역은 기계적 흥미, 계산적 흥미, 과학적 흥미, 설득적 흥미, 예술적 흥미, 문학적 흥미, 음악적 흥미, 사회봉사적 흥미, 사무적 흥미의 9개의 영역으로 군집되어 있다.

(3) 홀랜드 진로탐색검사

국내외 진로상담 과정에서 가장 널리 활용되어 오고 있는 흥미검사의 뿌리는 공통적으로 홀랜드의 육각형 이론에 있다고 해도 과언이 아니다. 홀랜드의 진로탐색검사(Holland's Self-Directed Search: SDS)는 1953년에 홀랜드가 처음 제작한 직업선호도검사(Vocational Preference Inventory: VPI)를 8차례의 개정을 거쳐 진로탐색검사로 발전시킨 것이다. 홀랜드는 실재형, 탐구형, 예술형, 사회형, 기업형, 관습형의 여섯 가지 유형을 성격특성과 환경특성과의 상호작용에 주안점을 두어 검사를 개발하였다.

홀랜드 진로탐색검사는 RIASEC 육각형 모형에 기초하여 성격, 유능감, 직업, 활동, 자기평정의 5개 하위 영역에 대한 점수와 전체 요약 점수를 결과로 제시하며, 일관도, 변별도, 긍정응답률, 진로정체감, 검사 전후의 진로 코드 및 최종적인 진로 코드 등을 분석하고 검토한다. 이 검사는 신뢰도와 타당도가 높고 실시가 간편하며 자가 채점이 가능하여 편리할 뿐만 아니라 특별한 점수 패턴을 가진 사람에게 적합한 직업을 안내하는데 필요한 광범위한 정보를 제공해 주기 때문에 진로상담에서 내담자의 흥미를 파악하는 데 널리 활용되고 있다.

우리나라에서는 중·고등학생용 홀랜드 진로탐색검사와 고등학생용 홀랜드 전공탐색검사 그리고 대학생 및 일반인용 홀랜드 적성탐색검사가 개발되어 유료로 사용되고 있으며(안창규, 1996; 안창규, 안현의, 2003), 한국판 홀랜드 직업 및 적성탐색 검사는 총 396문항으로 RIASEC 각 하위척도별 66문항으로 구성되어 있다. 한편 한국고용노동부 '워크넷(www.work.net)'에서는 청소년 및 만18세 이상을 대상으로 직업흥미검사와 직업선호도검사를 무료로 제공하고 있다.

다음 〈표 10〉의 직업탐색검사는 대학생 이상의 성인을 대상으로 개인이 선호하는 활동을 체크하여 홀랜드 직업 유형을 알아볼 수 있는 간이검사지이다. 해당하는 곳에 표하여 가장 많은 점수를 얻은 유형이 자신의 직업흥미유형이라 할 수 있다. 홀랜드 직업 성격 유형에 따른 성격특징, 직업흥미, 대표직업은 본 저서 8장의 〈표 8〉을 참고하여 해석하기 바란다.

〈표 10〉 직업탐색검사

문항	내 용	예
1	정밀기계를 조립한다.	
2	농작물을 재배한다.	
3	자동차를 정비한다.	
4	기계나 기구를 제작한다.	
5	크고 무거운 기계나 차를 조종한다.	
6	기계제작을 위해 설계를 한다.	
7	전자제품을 점검하고 수리한다.	
8	가죽, 가방 등 가죽제품을 만들고 수선한다.	
9	현장 건축기사로 일한다.	
10	용접기계를 조작하여 부서진 기구를 용접한다.	
R 계		개
1	동물이나 식물의 세포구조를 연구한다 .	
2	암세포의 원인을 밝히는 연구를 한다.	
3	수학적 원리를 증명한다	
4	각종 컴퓨터 프로그램을 개발한다.	
5	물리학 실험실에서 실험을 한다.	
6	사회현상이나 사회문제를 조사한다.	
7	연구실에서 연구논문을 읽거나 쓴다.	
8	지구의 역사를 연구한다.	
9	유전자를 연구한다.	
10	지도를 제작하기 위해 해발고도, 등고선, 해안선 등을 탐사한다.	
I 계		개
1	시, 소설 등 문학작품을 써서 출판한다.	
2	무대에서 연극, 무용, 음악 등의 공연을 한다.	
3	광고 포스터를 제작한다.	
4	음악작품을 독창적으로 해석하고 연주한다.	
5	그림, 조각 등 미술작품을 창작한다.	
6	악기연주자로서 일한다.	

문항	내 용	예
7	연극의 각본을 쓴다.	
8	그림을 그린다	
9	무용안무가로 일한다.	
10	실내장식을 위해 디자인을 한다.	
	A 계	
1	유치원에서 아이들을 가르친다.	개
2	중등학교의 교사가 된다.	
3	특별한 교육방법을 활용해 장애아동을 가르친다.	
4	정신적으로 고통받는 사람들을 치료 · 상담한다.	
5	레크레이션 지도자로서 일한다.	
6	구직자와 상담하고 직업을 알선한다.	
7	사회봉사단체에서 활동한다.	
8	병원의 간호사로 일한다.	
9	아이들의 식사, 놀이 등을 돌봐준다.	
10	빈민 구제단체에서 일을 한다.	
	S 계	개
1	상품판매원들의 관리책임자가 된다.	
2	증권을 팔고 사는 투자상담가가 된다.	
3	고객명단을 작성하여 영업에 활용한다.	
4	업무와 직원 관리에 대한 계획을 세운다.	
5	추진력있는 지도자로서 일한다.	
6	상품을 더 많이 판매할 수 있는 방법에 대해 협의한다.	
7	현장취재 신문기자로 일한다.	
8	기업체의 판매담당 영업사원으로 일한다.	
9	직원을 모집하기 위하여 회사선전을 한다.	
10	상품의 구매 또는 판매업무를 대행한다.	
	E 계	개

문항	내 용	예
1	기업체의 회계장부를 정리한다.	
2	직장에서 업무에 필요한 전화연락, 우편물, 서류 등을 정리한다.	
3	은행에서 현금 출납업무를 맡는다.	
4	기관장 또는 사장의 업무비서로 활동한다.	
5	회사의 물건 판매량과 비용을 기록한다.	
6	과일과 야채를 다듬고 품질 등급을 매겨 포장한다.	
7	공문서를 작성하고 타이핑을 한다.	
8	세관에서 수출입 물품을 검사한다.	
9	서류를 분류하고 정리한다.	
10	컴퓨터 통신망에서 다양한 정보를 검색 · 분석한다.	
	C 계	개

* 자료: http://www.career.go.kr

3) 진로적성검사의 활용

적성이란 일반적으로 어떤 특정한 활동이나 작업을 수행하는데 필요한 특수한 능력이나 잠재능력을 의미한다. 지능이 일반적이고 개괄적인 능력의 가능성을 가리키는데 비하여 적성은 구체적인 특정 활동이나 작업에 대한 미래의 성공 가능성을 예언한다. 따라서 적성이라는 개념은 지능에서 진로지도를 위해서 한 발 더 나아간 개념이라고 할 수 있다. 적성검사는 개인의 기본적인 적성 수준을 알려주고, 각 적성에 부합한 직장 분야와 종류를 시사해주며, 학과 선택에 도움이 될 각자의 적성수준을 알려준다.

적성검사는 특수한 직종에 적합한 사람을 선발한 목적으로 사용하는 것이 일반적이며 그 종류는 크게 일반적성검사, 특수적성검사, 중다적성검사의 3가지로 구분된다. 우리나라에서는 적성을 평가하기 위해서 표준화된 적성검사를 개발하여 활용하고 있다(표 11 참조).

<표 11> 적성검사 종류

번호	검사명	대상	검사방법	검사기관	사이트	비용
1	청소년용 적성검사	중/고	on/off	한국고용정보원 워크넷	www.work.go.kr	무료
2	성인용 적성검사	만18세 이상	on/off	한국고용정보원 워크넷	www.work.go.kr	무료
3	직업적성검사	중/고	on	한국직업능력개발원 커리어넷	www.career.go.kr	무료
4	홀랜드 적성탐색검사	만18세 이상	on/off	한국가이던스	www.guidance.co.kr	유료
5	학습잠재능력 검사	초/중/고	on/off	한국심리자문 연구소	www.psypia.co.kr	유료

(1) 일반적성검사

일반적성검사(General Aptitude Test Battery: GATB)는 미국노동청 고용위원회가 1945년에 연구·개발한 검사로 우리나라에서는 이 검사를 표준화한 검사들로 중앙적성검사연구소(1968)에서 'GATB 직업적성검사'를 발행하였으며, 최근에는 한국고용정보원에서 만 13세 이상 18세 미만의 중·고등학생용 일반직업적성검사(1999)와 만 18세 이상을 대상으로 하는 성인용 직업적성검사(2000)를 개발하여 사용하고 있다.

GATB 적성검사는 기구대조검사, 형태대조검사, 명칭비교검사, 타점속도검사, 표식검사, 종선기입검사, 평면도판단검사, 입체공간검사, 어휘검사, 산수추리검사, 계수검사, 환치검사, 회진

검사, 조립검사, 분해검사의 15개의 하위검사로 구성되어 있으며, 일반능력(G), 언어적성(V), 수적성(N), 공간적성(S), 형태지각(P), 운동조정속도(K), 손가락의 기교도(M), 사무지각(Q)의 9개의 적성 요인을 측정할 수 있다. 측정방식은 11개의 지필검사와 4개의 동작검사로 구성되어 있다.

일반적성검사는 직업상담이나 진로지도에 가장 많이 활용되는 검사 중 하나로, 개인이 특정 분야에 적성이 있는지를 파악함으로써 대학진학시 전공선택, 산업체의 인력선발, 구직자의 직업선택 등에 유용한 정보를 제공해준다.

(2) 특수적성검사

특수적성검사(Special aptitude test)는 과학, 예능 등 특수 분야의 적성을 측정하기 위한 검사로 감각운동능력검사, 기계적성검사, 사무적성검사, 직업적성검사, 예능적성검사 등으로 분류할 수 있다(한국진로교육학회, 1999). 감각운동능력검사는 시각능력, 청각능력, 운동 및 수공 능력 등을 측정한다. 기계적성검사는 기계적 추리, 공간, 지각 등을 측정한다. 또 예능적성검사는 혼(Horn)의 미술적성검사, 시쇼어(Seashore)의 음악재능검사, 캐럴(Carroll)의 산문감상력검사 등 예술 분야의 적성을 측정하기 위한 것으로 현재 우리나라에서는 음악적성검사가 일부 제작되어 시판되고 있다(현경실, 2000).

(3) 중다적성검사

중다적성검사(Multiple aptitude test)는 여러 개의 특수적성을 모은 총집합(battery) 형태의 검사로 광범위한 분야의 다양한 능력을 각기 측정해서 비교 및 해석할 수 있도록 제작한 검사이다. 현재 우리나라 직업상담용으로 사용할 수 있는 적성검사총집으로는 'GATB 직업적성검사'가 있다.

4) 성격검사의 활용

성격이란 일상적인 생활 속에서 나타나는 일관된 행위로 개인의 특질, 가치관, 태도, 신체적 · 지적 속성 그리고 사회적 기술과 대인관계 경험들로 구성되어 개인의 행동을 예언하는 역할을 한다. 진로상담에서 성격은 개인의 진로선택과 직업적응에 영향을 미치는 큰 요인이 된다. 따라서 성격검사를 활용하여 첫째, 각 개인의 성격적인 특성에 따라서 진학 시 학과 선택과 가장 적절한 직업의 직무영역을 예측하도록 돕고 둘째, 학교 생활 및 직장 생활에 필요한 대인관계 문제 및 적응 문제를 예측하도록 돕는 것이 필요하다. 진로상담에서 활용할 수 있는 대표적인 성격검사로 NEO 인성검사, MBTI 성격유형검사, 에니어그램 성격유형검사, MMPI 다면적 인성검사가 있다(표 12 참조).

번호	검사명	대상	검사 방법	검사기관	사이트	비용
1	청소년 직업인성검사	중/고	on/off	한국고용정보원 워크넷	www.work.go.kr	무료
2	NEO-Ⅱ 아동 성격검사	초	on/off	학지사 심리검사연구소	www.kops.co.kr	유료
3	NEO-Ⅱ 청소년 성격검사	중/고	on/off	학지사 심리검사연구소	www.kops.co.kr	유료
4	NEO-Ⅱ 대학생 성격검사	대학생 /성인	on/off	학지사 심리검사연구소	www.kops.co.kr	유료
5	MBTI 성격유형검사	고등학생 이상	on/off	(주) 에세스타	www.assesta.com	유료
6	MMTIC 성격유형검사	초/중	on/off	(주) 에세스타	www.assesta.com	유료
7	에니어그램 성격유형검사	대학생 /성인	off	한국에니어그램 연구소	www.kenneagram.com	유료

(1) NEO 인성검사

NEO 인성검사는 폴 코스타와 로버트 맥크래(Paul Costa & Robert McCrae, 1992)가 제안한 성격 5요인 이론에 기초하여 Big-5 성격 차원을 평가하기 위해 개발된 것이다. 미국 특성심리학의 아버지 라고 할 수 있는 올포트(Allport, 1937)는 사람들이 나타내는 행동의 내적, 심리적 근거에는 일관성과 안정성이 있고 또한 개인차를 잘 나타내주는 특성인 심리적 구성체가 있다고 가정하고, 그러한 구성체를 인성의 요인으로 찾아보려고 하였다. 그 결과 35개의 특성요인을 추출하였고 이들 요인들을 다시 요인분석하여 나온 결과에서 반복적으로 중요한 5개 요인들이 추출되었다.

5요인 구조는 신경성(Neuroticisim), 외향성(Extraversion), 경험에 대 한 개방성(Openness to Experience), 친화성(Agreeableness), 성실성 (Sincerity)으로 NEO 인성검사는 다른 사람들과 비교하여 자신만의

독특한 사고와 감정 및 대인관계의 특징이 어떻게 나타나는지를 설명해 준다. 신경성은 정서적으로 얼마나 안정되어 있고 자신이 세상을 얼마나 통제할 수 있으며, 세상을 위협적이지 않다고 생각하는지의 정도를 나타낸다. 외향성은 타인과의 교제나 상호작용을 원하고 타인의 관심을 유발하고자 하는 정도를, 개방성은 적극적인 상상력, 미적인 민감성, 내적인 감정에 대한 집중력, 다양한 변화에 대한 선호, 지적인 호기심 그리고 독자적인 판단력 정도를 나타낸다. 또 친화성은 타인과 편안하고 조화로운 관계를 유지하는 정도를, 성실성은 사회적 규칙들을 기꺼이 지키려는 정도를 나타낸다. 성격의 5요인은 진로의사결정과 직무수행에서의 유용한 정보를 제공한다.

(2) MBTI 성격유형검사

MBTI 성격유형검사(Myers-Briggs Type Indicator)는 가장 일반적으로 사용되는 성격유형검사로 1921년에 융(Jung)의 심리유형론을 바탕으로 브릭스와 마이어스(Briggs & Myers)가 개발하였다. MBTI는 주의 초점과 에너지 방향을 기준으로 외향과 내향(E-I), 인식 및 정보수집 기능을 중심으로 감각과 직관(S-N), 판단 및 결정기능을 기준으로 사고와 감정(T-F), 생활양식을 기준으로 판단과 인식(J-P)으로 구분한다. 이러한 네 차원을 중심으로 개인에게 우세한 특성을 조합하여 16가지의 성격 유형으로 나타낸다. MBTI 검사는 대인관계나 의사소통의 문제는 물론 학업적응 및 진로 탐색 등 다양한 상담 과정에서 활용될 수 있다.

(3) 에니어그램 성격유형검사

에니어그램(Enneagram)이라는 말은 에니아스(Enneas, 아홉)와 그라모스(Grammos, 무게·그림·점)가 합쳐진 희랍어에서 유래한다. 아홉 개의 점으로 이루어진 그림이라는 뜻이다. 에니어그램을 현대 사회로 도입해 전수시킨 사람들로는 구르지예프(George Gurdjieff)로 이들은 에니어그램을 정신과치료, 영적 지도, 심리치료, 상담과 교육, 경영전략 등 다양한 영역에 확장 보급시켜 왔다.

에니어그램은 인간의 성격 유형을 크게 장유형, 가슴유형, 머리유형의 3가지로 구분하고, 구체적으로는 개혁가, 조력가, 성취자, 낭만주의자, 탐구자, 충성가, 낙천가, 도전가, 평화주의자의 9가지 성격유형으로 분류하고 있다. 더 세부적으로는 각 유형마다 2가지의 다른 날개를 가지고 있으며, 동시에 각 유형마다 통합과 분열이라는 2가지의 다른 에너지 흐름을 나타낸다. 에니어그램은 정체되어 있는 단면적 성격의 특정적 구분만을 보여주는 성격 검사가 아닌 끊임없이 변화하고 성숙하며, 때론 퇴행하는 인간의 마음을 역동적으로 통찰할 수 있도록 보여준다. 에니어그램은 진로지도 과정에서 자신을 탐색하고 이해하도록 돕는 것은 물론 직업적 잠재력과 적성을 인식시켜 장래의 진로 및 직업 선택에 효과적으로 활용할 수 있다(윤운성, 조주영, 박현경, 2012).

(4) 미네소타 다면적 인성검사

MMPI 즉, 미네소타 다면적 인성검사(Minnesota Multiphasic Personality Inventory)는 세계적으로 임상장면에서 많이 사용되고, 연구도 가장 활발하게 이루어지고 있는 객관적 성격검사이다. 총 566문항으로 이루어져 있고, 피검사자는 '예'와 '아니오'로 답을 하여야 한다. 검사태도를 통해 무응답척도(?), 허위척도(L), 신뢰성 척도(F), 교정척도(K)의 4가지의 타당도 척도와 주요 비정상행동의 종류를 특징하는 10가지 임상척도가 있다. 임상척도로는 건강염려증, 우울증, 히스테리, 반사회성, 남성성·여성성, 편집증, 강박증, 정신분열증, 경조증, 내향성이 있다. 각 척도별로 70점 이상일 경우 정신병리를 예측할 수 있다. 2004년에는 MMPI의 문제점과 해석에 있어서의 부족한 점을 보완하기 위하여 MMPI-2가 개발되어 사용되고 있다.

5) 진로가치관검사의 활용

가치관이란 개인이 특정 상황에서 어떤 선택이나 결정을 내려야 할 때 어떤 특정한 방향으로 행동하게 하는 원리나 믿음 또는 신념을 의미한다. 개인의 가치관은 인생관 및 직업관 형성에 중요한 역할을 한다. 또한 가치관은 개인의 직업적 능률과 만족감에 직접 관여하기 때문에 진로결정에 있어 자신의 직업가치를 이해하고, 자신의 가치관에 적합한 직업을 탐색하는 가치관 검사는 중요하다고 할 수 있다. 가치관을 탐색하기 위해서는 가치관 명료화 프로그램이나 표준화된 가치관 검사를 활용할 수 있다. 표준화된 가치관 검사는 개인가치관검사와 직업가치관검사가 있다.

(1) 개인가치관검사

개인의 가치체계를 측정하기 위해 개발된 검사로 지토프스키와 워만(Zytowsky&Warman, 1982)이 개발한 가치관 연구(Study of Value: SV)와 수퍼(Super, 1986) 등이 개발한 가치관 척도(Value Scale: VS)와 중요도 검사(Salience Inventory: SI)가 있다. SV는 고등학교 고학년이나 대학생을 대상으로 이론적, 경제적, 심미적, 사회적, 정치적, 종교적 영역에 대한 상대적 가치를 측정한다. VS는 피검사에게 여러 가치 가운데 자신이 상대적으로 더 중요하게 여기는 가치와 그렇지 않은 가치관에 대한 정보를 제공해주며, SI는 Super의 진로무지개 모형에 기초하여 공부, 일, 가정 및 가족, 여가, 봉사의 5개의 서로 다른 역할의 중요성을 측정한다. 그러나 VS와 SI는 모두 엄격한 표준화에 이르지 못하고 있다(김봉환 외, 2013).

(2) 직업가치관검사

직업가치관 검사는 수퍼(Super, 1970)가 개발한 작업가치관 검사(Work Value Inventory: WVI)와 월락, 굿데일, 위팅 그리고 스미스(Wollack, Goodale, Wijting & Smith, 1971)가 개발한 직업가치관 조사(Survey of Work Value: SWV), 라운즈, 핸리, 데이비스, 롭퀴스트 그리고 바이스(Rounds, Hanly, Dawis, Lofguist & Weiss, 1981)가 개발한 미네소타 중요도 질문지(Minesota Importance Questionnaire: MIQ) 등이 있다. WVI는 직업 활동에 대한 가치와 만족여부를 묻는 45개 문항으로 구성되어 있으며, SWV는 직업의 역할, 직업활동선호, 지위향상, 보수에 대한 태도, 자긍심, 소속감을 내용으로 54문항으로 구성되어 있다. MIQ는 20개의 욕구에 대한 개인의 중요도를 측정하며, 성취, 편안함, 지위, 이타성, 안정성, 자율성의 6개의 가치 요인으로 분류되는 위계구조를 가진다. 진로상담 과정에서 MIQ를 활용하여 개인에게 가장 중요한 욕구를 확인하고 이를 강화물로 제공해주는 직업환경을 찾아볼 수 있다.

한편 한국고용정보원이 운영하는 워크넷에서는 직업가치관 검사를 무료로 제공하고 있다. 대상연령은 만 15세 이상의 중·고등학생 대상과 대학생 및 일반구직자 대상으로 구분되어 있으며 개인이 생각하는 직업가치관을 측정하여 성취, 봉사, 개별활동, 직업안정, 변화지향, 몸과 마음의 여유, 영향력 발휘, 지식추구, 애국, 자율, 금전적 보상, 인정, 실내활동의 총 13개 하위요인으로 구성되어 있다(표 13 참조).

〈표 13〉 직업가치관검사 종류

번호	검사명	대상	검사 방법	검사기관	사이트	비용
1	직업가치관검사	대학생 / 성인	on/off	한국고용정보원 워크넷	www.work.go.kr	무료
2	직업가치관검사	중/고	on/off	한국고용정보원 워크넷	www.work.go.kr	무료

6) 진로성숙도검사의 활용

진로성숙이란 동일한 연령층의 학생들과의 비교에서 나타나는 상대적인 직업준비의 정도로 의미한다(Crites, 1978). 한국교육개발원(1992)에서는 진로성숙을 자아의 이해와 일과 직업세계의 이해를 기초로 하여 자신의 진로를 계획하고 선택하는 과정에서 동일한 연령이나 발달단계에 있는 집단의 발달과업수행 정도에서 차지하는 개인의 상대적인 위치라고 정의하고 있다. 진로성숙과 유사한 개념들로는 직업성숙, 진로의식성숙 등 성숙과 관련된 것과 진로발달, 직업발달, 진로의식발달, 직업의식발달 등 발달과 관련된 개념들이 있다. 진로성숙 혹은 진로발달정도를 측정하기 위한 검사도구는 진로발달검사(Career Development Inventory: CDI), 진로

성숙도검사(Career Maturity Inventory: CMI)가 있다(표 14 참조).

〈표 14〉 진로성숙도검사 종류

번호	검사명	대상	검사 방법	검사기관	사이트	비용
1	청소년 진로발달검사	중/고	on/off	한국고용정보원 워크넷	www.work.go.kr	무료
2	진로성숙도검사	중/고	on/off	한국직업능력개발원 커리어넷	www.career.go.kr	무료

(1) 진로발달검사

진로발달검사(Career Development Inventory: CDI)는 수퍼, 톰슨, 린더맨(Super, Thompson, Linderman, 1979)이 중학생에서 대학생들의 진로발달 정도를 측정하고, 학생들의 교육 및 진로계획 수립에 도움을 주기 위하여 수퍼의 진로발달 모형에 기초하여 제작하였다. 진로발달 검사도구는 진로계획(Career Planning: CP), 진로탐색(Career Exploration: CE), 의사결정(Decision Making: DM), 일의 세계에 대한 정보(World of Work Information: WW), 선호하는 직업군(Preferred Occupation Group: PO)의 진로발달 특수영역을 측정하기 위한 5개의 하위영역과 CP와 CE를 포함하는 진로발달과 태도(Career Development-Attitude: CDA), DM과 WW를 포함하는 진로발달 지식 및 기술(Career Development Knowledge and Skill: CDK), 총체적 진로발달성향(Career Development Orientation Total: CDT)의 척도들을 조합한 3개의 하위척도로 구성되어 있다.

(2) 진로성숙도검사

진로성숙도검사(Career Maturity Inventory: CMI)는 초등학교 6학년

부터 고등학교 3학년 학생들을 대상으로 진로의사결정에 대한 태도와 능력을 측정하기 위해 제작된 것으로 1961년 크릿츠 (Crites)에 의해 직업발달척도(Vocational Development Inventory)로 처음 개발된 후 4번 개정되었다. 최종적으로 2011년 크릿츠와 사비카스(Savickas)에 의해 타당하고 신뢰할 수 있는 척도로 개발되었으나 아직 국내 진로 상담연구에서의 타당화 작업은 이루어지지 않았다.

CMI 척도는 태도척도(Attitude Scale)와 능력척도(Competency Scale)로 구성되어 있으며, 태도척도는 선발척도(Screenig Form)와 상담척도(Counseling Form) 두 가지로 개발되었다. 선발척도(Form A-2)는 직업발견 및 진로선정과 관련된 긍정적 지술과 부정적 지술 50개로 이루어져 있다. 이 척도는 상담을 위하여 학생들을 분류하거나 진로교육의 결과를 평가할 때 적합하다. 상담용 척도(Form B-1)는 75개의 문항으로 구성되어 있는데 그 가운데 50문항은 선발척도의 문항과 동일하다. 상담용 척도는 진로결정성, 참여도, 독립성, 성향, 타협성의 5가지 하위영역으로 구성되어 있으며, 일에 대한 태도와 관점에서 교육 또는 상담이 효과를 자세히 분석하는데 유용하다. 한편 능력척도는 진로의사결정에서 가장 중요시되는 자기평가, 직업정보, 목표선정, 계획, 문제해결의 5가지 하위 영역을 측정하는 문항들로 구성되어 있다. 각 영역은 20문항씩 전체 100문항으로 구성되어 있다.

7) 진로결정검사의 활용

진로상담의 최종적인 결과는 진로의사결정으로 드러나기 때문에 진로상담에서도 진로의사결정은 매우 핵심적인 개념이다(김봉환 외, 2006). 진로의사결정을 위해 개인은 정보를 조직하고, 여러 가지 대안들을 신중하게 검토하며, 진로선택을 위한 행동 과정에 전념한다(Harren, 1979). 그렇다면 왜 어떤 사람들은 자신의 진로에 대해서 확실한 결정을 하는 반면, 어떤 사람들은 불확실해하고 고민하는 것일까? 크릿츠(Crites, 1969)는 진로 미결정을 '개인이 구체적인 진로의 준비와 시작에 필요한 행동들을 선택하거나, 그러한 과정에 관여하는데 있어서의 무능력'이라고 정의하였지만, 고든(Gorden, 1995)은 진로미결정을 단순한 무능력이 아닌 '교육적·직업적 결정을 내리고 싶어하지 않거나, 내릴 수 없거나, 또는 내릴 준비가 되어있지 않은 상태'라고 보았다.

진로미결정의 구성개념은 단순히 결정과 미결정으로 나누는 것은 부적합하다(Larson, Heppener, Ham & Bugan, 1988). 진로미결정에는 서로 다른 하위집단이 존재한다. 진로미결정 연구와 관련해서 진로미결정을 구성하는 다차원적인 요인들을 측정하는 검사도구로는 진로결정검사(Career Decision Profile: CDP), 진로결정수준검사(Career Decision Scale: CDS), 진로미결정검사(Career Decision Difficulties Questionnaire: CDDQ), 진로미결정척도(탁진국과 이기학, 2001)가 있다.

(1) 의사결정 유형검사

의사결정유형은 사람들이 그들의 삶에서 중요한 의사결정에 접근하고 해결하는데 활용하는 전략으로, 의사결정과제를 지각하고 그에 반응하는 개인의 특징적 유형 또는 개인이 의사결정을 내릴 때 선호하는 접근 방식을 의미한다. 하렌(Harren)의 의사결정

유형 검사(표 15 참조)는 진로결정과 관련하여 조력을 필요로 하는 내담자를 변별하는데 도움을 준다. 문항들을 하나씩 읽어 가면서 그 내용이 자신의 입장과 같으면 「그렇다」 밑의 괄호 안에, 자신의 입장과 매우 다르거나, 상당히 다르면 「아니다」 밑의 괄호 안에 표를 한다. 합계의 개수가 가장 많은 유형이 자신의 의사결정 유형이다.

<표 15> 의사결정유형 검사

번호	문 항	그렇다	아니다
1	나는 중요한 결정을 할 때 매우 체계적으로 한다.		
2	나는 중요한 결정을 해야 할 때, 누군가가 올바른 방향으로 이끌어 주었으면 한다.		
3	나는 내 자신의 즉각적인 판단에 따라, 매우 독창적으로 결정을 한다.		
4	나는 대체로 미래보다는 현재의 내 입장에 맞춰서 일을 결정한다.		
5	나는 모든 정보를 수집할 수 있는 상태에서는 중요한 결정을 좀처럼 하지 않는다.		
6	나는 왜 그렇게 결정했는지 이유는 모르지만, 곧잘 올바른 결정을 한다.		
7	나는 어떤 결정을 할 때 그것이 나중에 미칠 결과까지도 고려한다.		
8	나는 어떤 결정을 할 때 친구의 생각을 중요시 한다.		
9	나는 남의 도움을 없이는 중요한 결정을 하기가 정말 힘들다.		
10	나는 중요한 결정이라도 매우 빠르게 결정한다.		
11	나는 어떤 결정을 할 때 내 자신의 감정과 반응에 따른다.		
12	나는 내가 좋아서 결정하기 보다는 남의 생각에 따라 결정하는 경우가 많다.		
13	나는 충분한 시간을 두고 생각을 한 후에 결정을 한다.		

번호	문　항	그렇다	아니다
14	나는 어떤 일을 점검해 보거나 사실을 알아보지도 않고 결정하는 경우가 많다.		
15	나는 친한 친구와 먼저 상의하지 않고서는 어떤 일이든 좀처럼 결정하지 않는다.		
16	나는 결정하는 것이 어려워 그것을 연기하는 경우가 많다.		
17	나는 중요한 결정을 해야 할 때 우선 충분한 시간을 갖고 계획을 세우며 실천할 일들을 골똘히 생각한다.		
18	나는 결정에 앞서 모든 정보가 확실한지 아닌지를 재검토한다.		
19	나는 진지하게 생각해서 결정하지 않는다. 즉, 마음속에 있던 생각이 갑자기 떠올라 그에 따라서 결정한다.		
20	나는 중요한 일을 할 때 미리 주의 깊은 세밀한 계획을 세운다.		
21	나는 다른 사람들의 많은 격려와 지지가 있어야만 어떤 일을 결정할 수 있을 것 같다.		
22	나는 어떤 일을 결정한 후에 대개 그 결정이 내 마음에 들지 안 들지를 상상해 본다.		
23	나는 평판이 좋을 것 같지 않은 결정을 해 봤자 별 의미가 없다고 생각한다.		
24	나는 내가 내리는 결정에 굳이 합리적인 이유를 따질 필요가 없다고 생각한다.		
25	나는 참으로 올바른 결정을 하고 싶기 때문에 성급하게 결정을 하지 않는다.		
26	나의 어떤 결정이 감정적으로 만족스러우면 나는 그 결정이 옳은 것으로 생각한다.		
27	나는 훌륭한 결정을 내릴 자신이 없어서 대개 다른 사라들의 의견을 따른다.		
28	나는 내가 내린 결정 하나 하나가 최종 목표를 향해 발전해 나가는 단계라고 곧 잘 생각한다.		
29	친구가 나의 결정을 지지해 주시 않으면 나는 나의 결정에 그다지 자신을 갖지 못한다.		
30	나는 어떤 결정을 하기 전에 그 결정이 가져올 결과를 가능한 한 많이 알고 싶다.		

* **채점방법**
▶ 합리적 유형 : 1, 5, 7, 13, 17, 18, 20, 25, 28, 30번- 총 ___개
▶ 직관적 유형 : 3, 4, 6, 10, 11, 14, 19, 22, 24, 26번- 총 ___개
▶ 의존적 유형 : 2, 8, 9, 12, 15, 16, 21, 23, 27, 29번- 총 ___개

* **의사결정 유형별 해석방법**
a. 합리적 유형
▶ 의사 결정을 할 때 자신과 상황을 고려하고 유익한 결정을 내리는 유형이다.
▶ 정확한 정보를 얻고, 신중하게 결정한다.
▶ 자신의 결정에 책임을 진다.
▶ 장점 : 의사 결정이 합리적이고 심리적 독립과 성장에 도움이 된다. 잘못하거나 실패할 확률이 낮다.
▶ 단점 : 의사결정에 시간이 걸린다.

b. 직관적 유형
▶ 의사결정을 할 때 자신과 상황에 대해 감정적으로 평가하는 유형이다.
▶ 환상, 감정, 상상을 이용하고, 즉흥적인 느낌을 중시한다.
▶ 자신의 결정에 책임을 진다.
▶ 장점 : 빠른 의사 결정, 스스로의 선택에 책임을 진다.
▶ 단점 : 잘못하거나 실패할 확률이 높다.

c. 의존적 유형
▶ 의사결정을 할 때 다른 사람의 영향을 많이 받고 내가 원하든 원하지 않든 그대로 따른다.
▶ 사회적으로 인정받으려 하고, 나의 상황이 여러 가지로 제한 받는다고 느낀다.
▶ 자신의 의사결정에 책임을 지지 않으려 한다.
▶ 장점 : 뚜렷한 장점이 없다.
▶ 단점 : 다른 사람의 눈치를 보는 관계로 소신있게 일을 처리하지 못한다. 실패했을 때 남의 탓을 한다.

(2) 진로결정수준검사

진로결정수준검사(Career Decision Scale: CDS)는 오시포(Osipow, 1980)와 그의 동료들에 의해 진로선택 과정에 있는 고등학생과 대학생을 대상으로 최초로 개인의 진로결정수준과 동시에 진로미결정의 원인을 측정하고자 한 척도이다. 오시포는 요인분석을 통해 진로미결정의 하위 요인을 밝히기도 했으나 이후 연구에서 이 요인들이 반복적으로 지지되지 않아 총점을 사용하기를 추천하였다.

오시포 등이 개발한 진로결정 수준 검사는 고향자(1992)가 우리 문화에 적절한 문장 표현으로 번안하였다(표 16 참조). 각 문항의 응답은 리커트(Likert) 4점 척도(1=전혀 그렇지 않다, 2=그렇지 않은 편이다, 3=다소 그런 편이나, 4=아주 그렇다)이다. 이 척도는 점수가 높을수록 진로결정을 확신하고 있음을 나타내어 진로결정 수준이 높은 것을 의미한다. 척도의 해석에 있어, 척도의 총점이 18~24점이면 진로결정 수준이 매우 낮으며, 25~48점이면 진로결정 수준이 보통이며, 60~72점이면 진로결정 수준이 높다고 할 수 있다.

〈표 16〉 진로결정수준검사

번호	내 용	전혀 그렇지 않다	그렇지 않은 편이다	다소 그런 편이다	아주 그렇다
1	나는 장래 직업을 결정했으며 그 결정에 대해 편안함을 느낀다.				
2	나는 현재의 내 전공에 편안함을 느낀다.				
3	나에게 재능이 있고 기회도 주어진다면 나는 ○○○이 될 수 있다고 믿지만, 실제로 그것은 불가능한 일이다. 그렇다고 나는 다른 어떤 대안을 생각해 보지 않았다.				
4	나는 똑같이 호감이 가는 직업들 중에서 하나를 결정하느라고 애를 먹고 있다.				
5	나는 결국 직업을 가져야 하지만 내가 아는 어떤 직업에도 호감을 느끼지 못한다.				
6	나는 ○○○이 되고 싶지만 가족이나 친지들의 생각과 다르기 때문에 당장 진로 결정이 어렵다. 내 자신과 그들의 생각이 일치되는 직업을 발견하고 싶다.				
7	본 경험이 별로 없고 또 당장 진로결정을 할 정도의 충분한 정보가 없기 때문에 혼란스럽다.				
8	진로선택에 관한 모든 것이 너무 모호하고 불확실해서 당분간 결정하는 것을 보류하고 있다.				
9	나는 내가 어떤 진로를 원하는지 알고 있다고 생각했지만 최근에 그것을 추구하는 것이 불가능하다는 것을 알게 되었다. 그래서 이제 가능한 다른 진로를 모색하려고 한다.				

번호	내 용	전혀 그렇지 않다	그렇지 않은 편이다	다소 그런 편이다	아주 그렇다
10	나의 진로선택에 확신을 갖고 싶지만 내가 아는 어떤 진로도 나에게 이상적으로 생각되지 않는다.				
11	진로선택을 해야 한다는 것이 부담스럽기 때문에 빨리 결정해버리고 싶다. 내가 어떤 진로를 택해야 할지 알려줄 수 있는 검사라도 받고 싶다.				
12	나의 전공분야가 내가 만족할 만한 진로를 제공해 줄 수 있는지 잘 모르겠다.				
13	나는 나의 적성과 능력을 잘 모르기 때문에 진로결정은 당장 할 수 없다.				
14	나는 나의 관심분야가 어떤 것인지 잘 모른다. 흥미를 끄는 분야가 몇 가지가 있지만 나의 진로 가능성과 어떤 관계가 있는지 모르겠다.				
15	나는 많은 분야에 관심이 있으며 어떤 진로를 선택하든지 잘할 수 있다는 것을 안다. 그러나 내가 원하는 하나의 직업을 찾기가 힘들다.				
16	나는 진로결정을 했지만 그것을 어떻게 수행해 나갈지 확실하지가 않다. 내가 선택한 ○○○이 되기 위해 어떤 준비가 필요한지 모르겠다.				
17	진로결정을 하기 전에 여러 가지 직업들에 관해 더 많은 정보가 필요하다.				
18	나는 어떤 직업을 선택해야 할지 알고 있지만 결정을 내리기 위해서는 남의 도움이 필요하다고 느낀다.				

(3) 진로미결정검사

진로미결정검사는 국내에서 진로결정수준 검사(CDS)를 기반으로 탁진국과 이기학(2001)이 대학생을 대상으로 진로미결정 요인을 탐색하기 위해 만들어진 척도이다. 개발한 척도로 총 22문항으로 구성되어 있다. 각 문항의 응답은 리커트(Likert) 5점 척도(1=전혀 그렇지 않다, 5=매우 그렇다)이다. 진로미결정 하위요인은 직업정보 부족 요인, 자기 명확성 부족 요인, 우유부단한 성격, 필요성 인식 부족, 외적 장애의 4가지로 이루어져 있다.

직업정보 부족은 어떤 직업이 장래성이 있는지 모르거나, 직업에서 요구되는 지식과 능력이 무엇인지 인지하지 못하는 정도를 측정한다. 또 자기명확성 부족은 자신의 적성이나 흥미를 정확하게 파악하지 못하는 정도를 측정한다. 그리고 우유부단한 성격은 매사에 소극적이고 우물쭈물하는 성격으로 인해 직업결정에 어려움을 겪는 정도를 측정한다. 필요성 인식 부족은 현시점에서 직업선택이나 결정이 크게 중요하지 않다고 생각하고 있는 정도를 측정한다. 외적 장애는 자신이 바라는 직업에 대한 부모의 반대나 주변의 인식 정도를 측정한다.

다음 〈표 17〉은 대학생들의 진로미결정 요인을 탐색하기 위해 탁진국과 이기학(2001)이 개발한 척도로 총 22문항으로 구성되어 있다. 각 문항의 응답은 리커트(Likert) 5점 척도(1=전혀 그렇지 않다, 2=그렇지 않은 편이다, 3=그저 그렇다, 4=그런 편이다, 5=매우 그렇다)이다. 하위요인은 직업정보 부족 요인, 자기 명확성 부족 요인, 우유부단한 성격, 필요성 인식 부족, 외적 장애로 이루어져 있다. 해당문항의 점수를 합하여 점수가 높을수록 진로를 결정하지 못하고 있는 것으로 해석할 수 있다.

〈표 17〉 진로미결정검사

번호	내 용	전혀 그렇지 않다	그렇지 않은 편이다	그저 그렇다	그런 편이다	매우 그렇다
1	내 적성이 무엇인지 모르겠다.					
2	여러 종류의 직업이 있는지 잘 모르겠다.					
3	내가 바라는 직업의 장래성에 대한 정보가 부족하다.					
4	어떤 직업이 전망이나 보수가 좋고 사회의 수요가 많은지 모르겠다.					
5	직업에 대한 정보를 수집하는 방법을 모른다.					
6	내가 하고 싶은 직업이 있지만 직업을 추구하는 방법을 잘 모른다.					
7	어떤 직업이 나의 전공과 관련되는지에 대한 정보가 부족하다.					
8	내 흥미가 무엇인지 모르겠다.					
9	내 장점과 단점이 무엇인지 모르겠다.					
10	내가 무엇을 원하는지 모르겠다.					
11	내가 바라는 직업에서 잘 해낼 수 있을지 모르겠다.					
12	나는 어떤 결정을 내리기가 힘들다.					
13	중요한 결정을 내릴 때 우물쭈물하는 경향이 있다.					
14	나는 모든 문제에서 우유부단한 사람이다.					
15	현재로서는 직업선택을 할 필요성을 느끼지 않는다.					

번호	내 용	전혀 그렇지 않다	그렇지 않은 편이다	그저 그렇다	그런 편이다	매우 그렇다
16	아직 이르기 때문에 직업선택에 대해 잘 생각해 보지 않았다.					
17	미래의 직업을 현시점에서 결정 해야 한다는 필요성이 피부에 와 닿지 않는다.					
18	내 인생에서 직업이 왜 필요 한지 잘 모르겠다.					
19	내가 바라는 직업을 주변에서 반대하는 사람이 많다.					
20	내가 바라는 직업을 부모님이 반대하시기 때문에 갈등이 된다.					
21	집안의 경제적 사정 때문에 내가 바라는 직업을 추구하기가 어렵다.					
22	나이를 강조하기 때문에 내 직업을 추구하는데 어려움이 있다.					
진로미결정 점수(총점)						점

* **채점방법**
▶ 직업정보부족: 2, 3, 4, 5, 6, 7번– 총 ＿＿점
▶ 자기명확성 부족: 1, 8, 9, 10번– 총 ＿＿점
▶ 우유부단한 성격: 11, 12, 13, 14번– 총 ＿＿점
▶ 필요성 인식 부족: 15, 16, 17, 18번– 총 ＿＿점
▶ 외적 장애: 19, 20, 21, 22번– 총 ＿＿점

참고문헌 · 찾아보기

국내서적

강봉규(2001). **심리학의 이론과 기법**. 서울:동문사.

강경미(2009). 직업선택에 대한 기독교 상담학적 조명. **한국복음주의 기독교상담 학회: 복음과 상담**, 13, 73-95.

고향자(1992). 한국 대학생의 의사결정유형과 진로미결정의 분석 및 진로결정상담 의 효과. 숙명여자대학교 대학원 박사학위논문.

김미경(2012). 노년기 영성회복을 위한 성경적 모델: 모세와 갈렙을 중심으로. 한국 복음주의 기독교상담학회: **복음과 상담**, 19, 74-99.

김봉환(1997). 대학생의 진로결정 수준 및 진로준비행동의 발달 및 이차원적 유형 화. 서울대학교 대학원 박사학위논문.

김봉환, 강은희, 강혜영, 공윤정, 김영빈, 김희수, 외.(2014). **진로상담**. 서울: 학지사.

김봉환, 김계현(1997). 대학생의 진로결정수준과 진로준비행동의 발달 및 이차원적 유형화. 한국심리학회 : **상담 및 심리치료**, 9(1), 311-333.

김봉환, 김병석, 정철영(2003). **학교진로상담**. 서울: 학지사.

김봉환, 이제경, 유현실, 황매향, 공윤정, 손진희, 외.(2013). **진로상담이론**. 서울: 학지사.

김순원(2009). 성경적 낙관성과 그리스도인의 행복연구 : 로마서 5장 3-5절을 중 심으로. 총신대학교 대학원, 석사학위논문.

김재철(2014). 멘토링 제자훈련을 통한 교회 활성화 방안연구-초대교회를 중심으 로. 장로회신학대학교 대학원, 박사학위논문.

김충기(2007). **진로교육과 진로상담**. 서울: 동문사.

김충기, 장선철(2011). **진로상담**. 서울: 태영출판사.

김충기, 황인호, 장성화, 김순자, 윤향숙(2011). **진로상담과 진로교육**. 서울: 동문사.

김효창(2013). SPSS 21.0 Ver. **혼자서 완성하는 통계분석**. 서울:학지사.

박 건(2006). **멘토링 사역 멘토링 목회**. 서울: 나침반.

박영숙, 제롬 글렌(2015). **유엔미래보고서 2045**. 파주: 교보문고.

방선기(2000). Christian@Work. 서울: 도서출판 한세.

방선기, 임성빈, 송인규(2013). **급변하는 직업 세계와 직장 속의 그리스도인**. 서울: 한국기독학생회출판부(IVP).

안창규(1996). **홀랜드 진로탐색검사**. 서울: 한국가이던스.

양돈규(2001). 지각된 사회적 지지, 낙관성 및 해슬 간의 상관성. 한국청소년학회: **청소년학연구**, 8(1), 1-23.

양승훈(2003). **기독교적 세계관**. 서울: CUP.

오윤선(2008). **청소년! 이젠 이해할 수 있다**. 서울: 예영B&P.

오윤선(2014). **힐링과 행복코칭**. 서울: 예영B&P.

유수복(2013). 대학생의 진로장벽과 사회적 지지가 진로자기효능감과 진로준비행동에 미치는 영향. 충북대학교 대학원, 박사학위논문.

이관직(2009). **성경 인물과 심리 분석**. 서울: 생명의 말씀사.

이승구(2014). **기독교 세계관이란 무엇인가?**. 서울: SFC.

이재창(2005). 대학생의 진로상담에 관한 연구. **교육연구**, 12, 81-99.

조화진(2004). 부모와의 애착 및 분리-개별화가 대학생활적응에 미치는 영향. 연세대학교 석사학위 논문.

지용근, 김옥희, 양종국, 김희수(2009). **진로상담의 이해**. 서울: 동문사.

최명선, 문은미(2012). **청소년 진로 상담하기**. 서울: 이담북스.

최윤식(2014). **2020 · 2040 한국교회 미래지도**. 서울: 생명의말씀사.

최윤식(2015). **2030 대담한 미래**. 서울: 지식노마드.

최윤식, 최현식(2015). **2020 · 2040 한국교회 미래지도 2**. 서울: 생명의말씀사.

탁진국, 이기학(2001). 직업결정척도 개발을 위한 탐색적 연구. **디지털 경영연구**, 1(1), 167-180.

탁진국(2007). **심리검사: 개발과 평가방법의 이해**. 서울 : 학지사.

황영선(2002). 성경적 지도자 교육 방법으로서의 멘토링에 대한 연구. 총신대학교 대학원, 석사학위논문.

외국서적

Allport, G. W. (1961). *Pattern & Growth in Personality*. NY: Rinhear.

Andre Bieler (2005). *Calvin's Economic and Social Thought*. World Council of Churches.

Bandura, A.(1986). *Social Foundations of thought and actions: A social cognitive therapy*. Englewood Cliffs, NJ: Prentice Hall.

Betz, N. E.(1989). Implications of the null environment hypothesis for women's career development and for counseling psychology. *The Counseling Psychologist, 17*, 136-144.

Bolles, R.(1991). *How to Find Your Mission in Life*. Berkeley: Ten Speed Fress.

Bordin, E. S.(1968). *Psychological counseling(2ed)*. NY: Appleton Century Crofts.

Bordin, E. S., Nachman, B., & Segal, S. J.(1963). An Articulated Framework for Vocational Development. *Journal of Counseling Psychology*, 10.

Brayfield, A. H.(1950). Putting occupational information across. In A. H. Brayfield(Eds.). *Reading in modern methods of counseling*. NY: Appleton Century Crofts.

Brennfleck, Kevin & Brennfleck, Kay Marie.(2006). Live Your Calling. 강선규 역. 부르심에 합당한 삶을 위한 소명찾기. 서울: IVP.

Brown, D., & Brooks, L.(1991). *Career choice and development*. San Francisco: Jossey Bass.

Brown, S. D., Lent, R. W.(1996). A social cognitive framework for career choice counseling. *The Career Development Quarterly*, 44, 354-366.

Brown, W. (1910). Some experimental results in the correlation of mental abilities. *British Journal of Psychology*, 3, 296 322.

Buechner, Frederik (1973). *Wishful Thinking: A Theological ABC*. New York: Harper and Row.

Caplan, G. & Killilea, M. (1976). *Support Systems and Mutual Help*. New York: Grune and Stratton.

Carmines, E. G., & Zeller, R. A. (1979). *Reliability and validity assessment*. Beverly Hills, CA: Sage.

Carney, C. & Wells, C.(1991). *Discover the Career Within You*, 3d. Ed. Pacific Grove, Calif., Brooks/Cole.

Cassel, J.(1976). The Contribution of the Social Environment Host Resistance. *American Journal of Epidemiology*, 104(2), 107-123.

Cobb, S.(1976). Social support as a mediator of life stress. *Phychometic Medicine*, 38(5), 300-314.

Collins, Gary R.(2008). Christian Counseling: a Comprehensive Guide. 한국기독교상담심리치료학회 역. **뉴 크리스천 카운슬링**. 서울: 두란노.

Corey, G., & Corey, M. S.(2001). *Groups Process & Practice*. Wadsworth Publishing Company.

Crabb, Lawrence (1975). *Basic Principles of Biblical Counseling*. Grand Rapids: Zondervan.

Crabb, Lawrence (1977). *Effective Biblical Counseling*. Grand Rapids: Zondervan.

Crites, J. O.(1969). *Vocational psychology*. New York: McGraw-Hill.

Crites, J. O.(1973). *Theory and research handbook for the Career Maturity Inventory*. Monterey, CA: CTB/McGraw-Hill.

Crites, J. O.(1981). *Career counseling: Models, mothods, and materials*. NY: McGraw-Hill.

Dawis, R. V., & Lofquist, L. H.(1984). *A psychological theory of work adjustment*. Minneapolis. MN: University of Minnesota Press.

Dinklage, L. B.(1968). *Decision strategies of adolescents*. Unpublished doctoral dissertation. Harvard University Graduate School of Education.

Fowler, James W.(1981). *Stages of Faith: The Psychology of Human Development and the Quest for Meaning*. San francisco: Haper and Row.

Freud, Sigmund (1917). *The History of the Psychoanalytic Movement*. NY: Nervous and Mental Disease Publishing Co.

Freudenberger, H. J.(1974). Staff burnout. *Journal of Social Issues*, 30(1), 159-165.

Friesen, G. & Robinson, J. R.(1980). *Decision Making and the Will of God: A Biblical Alternative to the Traditional View*. Portland, Ore.: Multnomah.

Gelatt, H. B.(1962). Decision making: A conceptual frame of reference for counseling. *Journal of counseling psychology*, 9, 240-245.

Ghiselli, E. E.(1977). The validity of aptitude tests in personnel selection, *Personnel psychology*, 26, 461-477.

Gibson, Robert L. & Mitchell, Marianne H.(1990). *Introduction to counseling & guidance, 3rd Ed.* NY: Macmillan Publishing Co.

Ginzberg, E.(1951). *Occupational choice: An approach to general theory*. NY: Columbia University.

Ginzberg, E., Ginsberg, S. W., Axelred, S., & Herma, J. L.(1951). *Occupational choice: An approach to general theory*. NY: Columbia University Press.

Goodstein, L. D.(1972). Behavioral views of counseling. In B. Stefflre & W. H. Grant(Eds). *Theories of counseling*. NY: McGraw-Hill.

Gottfredson, L. S.(1981). Circumscription and compromise: A development theory of occupational aspirations. *Journal of Counseling Psychology*, 545-579.

Gottfredson, L. S.(1996). Gottfredson's theory of circumscription and compromise. In D. Brown, L. Brooks, & Associates (Eds.), *Career choice and development*(3rd ed.). San Franscisco: Jossey-Bass.

Griffith Thomas, W. H.(1927). *Ministerial Life and Work*. The Bible Institute Colportage Association.

Guinness, Os(1998). *The Call*. Nashville, TN: Word.

Gysbers, N. C., Heppner, M. J., & Johnston, J. A.(1998). *Career counseling Process, issues, and techniques*(1st ed.). Boston: Allyn & Bacon.

Hair, J. F., Anderson, R. E., Tatham, R. L., & Black, W. C.(1995). *Multivariate Data Analysis with Reading*. Prentice Hall.

Harren, V. A.(1979). "A Model of Career Decision Making for College Students." *Journal of Vocational Behavior* 14, 119-133.

Hearly, C. C.(1982). *Career development Counseling: Counseling through life stages*. Boston: Allyn & Bacon.

Helen P. Moser, William Dubin & Irving M. Shelsky (1956). A Proposal Modification of the Roe Occupational Classification. *Journal of Counseling Psychology*, 3.

Herr, E. L., & Cramer, S. H.(1979). *Career Guidance and Counseling through the life span.* NY: Little Brown and Company.

Herr, E. L., & Cramer, S. H.(1984). *Career Guidance and Counseling through the life span.* Boston: Little Brown and Company.

Hershenson, D. B., & Roth, R. M.(1966). A Decisional Process Model of Vocational Development. *Journal of Counseling Psychology,* 13(3), 368-370.

Hilton, Hotema (1962). *Man's Higher Consciousness.* Kessinger Publishing.

Holland, J. L.(1985). *Making vocational choices: A theory of vocational personalities and work environments,* Englewood Cliffs, NJ: Prentice Hall.

Holland, J. L.(1985). *Self-directed search.* Odessa, FL: Psychological Assessment Resources, Inc.

Holland, J. L.(1985). *The Vocational Preference Inventory.* Odessa, FL: Psychological Assessment Resources.

Holland, J. L.(1992). *Making vocational choices: A theory of vocational personalities and work environments*(2nd ed.). Odessa, FL: Psychological Assment Resources.

Hoppock, R.(1976). *Occupational information.* NY: McGraw-Hill Book Company.

Howard & William Hendricks.(1999). *Building Character In a Mentoring Relationship As Iron Sharpens Iron.* 전의우 역, 철이 철을 날카롭게 하는 것같이. 2004, 서울: 요단 출판사.

Hull, Clark L.(1928). *Aptitude testing.* Yonkers-on-Hudson, NY: World Book Company.

Jeremy W. Kemp, Daniel Livingstone & Peter Bloomfield, R.(2009). SLOODLE: Connecting VLE tools with emergent teaching practice in Second Life. *British Journal of Educational Technology,* 40(3), 551-555

Jerry Edelwich (1981). *Burn Out.* Human Sciences Pr.

Keynes, J. M.(1936). *The General Theory of Employment, Interest and Money.* Palgrave Macmillan.

Kitson, Harry Dexter(1925). *The psychology of vocational adjustment.* J.B. Lippincott Company.

Klein, K. L., & Weiner, Y.(1977). Interest congruency as a moderator of the relationship between job tenure and job satisfaction and mental health. *Journal of Vocational Behavior,* 10, 91-98.

Knefelkamp, L. L. & Slepitza, R. (1978). *A cognitive-development model of career development: An adaptation of the Perry scheme. In C. A. Parker(Ed.), Encouraging Development in college students.* Minneapolis, University of Minnesota Press.

Krumboltz, J. D.(1994). The career beliefs inventory. *Journal of Counseling & Development*, 72, 424-428.

Krumboltz, J. D., & Baker, R. D.(1973). Behavioral counseling for vocational decision. In H. Borow(Ed). *Career guidance for a new age.* Boston: Houghton Mifflin.

Krumboltz, J. D., & Bergland, B. E.(1969). An optional grade level for career exploration. *Vocational Guidance Quarterly*, 18, 29-33.

Lent, R. W., Brown, S. D., & Hackett, G.(1994). Toward a unifying social cognitive theory of career and academic interest, choice, and performance. *Journal of Vocational Behavior*, 45, 79-122.

Lochrie, John S.(1989). Perry revisited A fresh look at Forms of Intellectual and Ethical Development in the College Years. *Studies in Higher Education*, 14(3), 347-350.

Maslach, Christina & Jackson Susan E.(1982). After effects of job related stress: Families as victims. *Journal of Organizational Behavior*, 3(1), 63-77.

Maslow, A. H.(1970). *Motivation and Personality*, 2d ed. NY: Harper.

Nunnally, J. G.(1978). *Psychomettric theory*(2nd ed.). NY: McGraw-Hill.

Oden, Thomas C.(1983). *Pastoral Theology*: Essentials of Ministry. HarperOne.

Osipow, S. H., Camey, C. G., Winer, J., Yanico, B., & Koschier, M.(1980). *The Career Decision Scale(3rd rev.).* Columbus, OH: Marsthon Consulting and Press.

Parrott, L.(1952). *How to Choose Your Vocation.* Grand Rapids: Zondervan.

Parrott, Leslie & Parrott, Les(1995). *The Career Counselor: Guidance for Planning Careers and Managing Career Crises.* Nashville, TN: Thomas Nelson.

Parsons, Frank(1909). *Choosing a Vocation.* Boston: Houghton Mifflin Company.

Patterson, C. H.(1964). Counseling Self-clarification and the helping relationship in H. Borow(Ed.), *Man in a world at work.* Boston: Houghton Mifflin.

Paul Stevens R. & Alvin Ung.(2010). *Taking Your Soul to Work.* Grand Rapids: Wm. B. Eerdmans Publishing Co.

Paul Stevens R.(2012). *Work Matters*. Grand Rapids: Wm. B. Eerdmans Publishing Co.

Pepinsky, Harold B.(1948). *The Selection and Use of Diagnostic Categories in Clinical Counseling*. APA by Stanford University Press.

Peter Bloomfield (2009). *What the Bible Teaches about the Future*. Evangelical Press.

Peterson, G. W., Sampson, J. P. & Reardon, R. C.(1991). *Career development and services: A cognitive approach*. Pacific Grove, CA: Brooks/Cole.

Roe, A.(1956). *The Psychology of Occupations*. New York: John Wiley.

Roe, Anne & Siegelman, Marvin (1964). *The Origin of Interests*. Washington. D.C.: American Personnel & Guidance Association.

Rogers, C. R.(1942). *Counseling and psychotherapy*. Boston: Houghton Mifflin.

Rogers, C. R.(1946). Recent research in nondirective therapy and its implications. *American Journal of Orthopsychiatry*, 16(4), 581-588.

Rogers, C. R.(1951). *Client centered therapy*. Boston: Houghton Mifflin.

Rogers, C. R.(1957). The necessary and sufficient conditions of therapeutic personality change. *Journal of Consulting Psychology*, 21(2), 95-103.

Rogers, C. R.(1961). *On Becoming a Person: A Therapist's View of Psychotherapy*. London: Constable.

Sampson, J. P. Jr., Peterson, G. W., Lenz, J. Gl, Reardon, R, C.(1992). A Cognitive approach to career services: Translating Concepts into practice. *The Career Development Quarterly, 41*(1), 67-74.

Sampson, J. P. Jr., Peterson, G. W., Lenz, J. Gl, Reardon, R, C., & Saunders, D. E.(1996). *Career Thought Inventory: Professional manual*. Odessa, Fl: Psychological Assessment Resources.

Savickas, M. L.(1997). Career adaptability: An integrative construct for life-span, life-space theory. *Career Development Quarterly*, 45, 247-259.

Schein, E. H.(1978) Career Dynamics: *Matching Individual and Organizational Needs*. Reading, Mass: Addison-Wellesley.

Sherman, D. & Hendricks, W.(1987). *Your Work Matters to God*. Colorado Springs: NavPress.

Spearman, Charles, C. (1910). Correlation calculated from faulty data. *British Journal of Psychology*, 3, 271 295.

Spurgeon, Charles H.(1965). *An All-round Ministry Addresses to Ministers and Students*. Banner of Truth Trust.

Stevens, R. Paul & Ung Alvin (2010). *Taking Your Soul to Work: Overcoming the Nine Deadly Sins of the Workplace.* Wm. B. Eerdmans Publishing Co.

Stevens, R. Paul (2012). *Work Matters: Lessons from Scripture.* Wm. B. Eerdmans Publishing Co.

Super, D. E.(1951). Vocational adjustment: Implementing a self-concept. *Occupations,* 30, 88-92.

Super, D. E.(1954). Career patterns as a basis for vocational counseling. *Journal of Counseling Psychology.* 12-20.

Super, D. E.(1957). *The psychology of career.* NY: Harper.

Super, D. E.(1972). Vocational development theory: Persons, position and processes. In J. M. Whiteley & A. Resnikoff(Eds.). *Perspective on vocational development.* Washington, DC: American Personal and Guidance Association.

Super, D. E.(1990). A life-span, life-space approach to career development. In D. Brown & L. Brooks (Eds.), *Career choice and development: Applying contemporary theories to practice*(2nd ed.). San Francisco: Jossey-Bass.

Super, D. E., & Knasel, E. G. (1981). Career development in adulthood: Some theoretical problems and a possible solution. *British Journal of Guidance & Counseling,* 9, 194-201.

Super, D. E., Starishesky, R., Matlin, N., & Jordaan, J. P.(1963). *Career development: Self-concept theory.* NY: College Entrance Examination Board.

Tiedman, D.V., & O'Hara, R.P.(1963). *Career Development: Choice and Adjustment.* New York: College Entrance Examination Board.

Tolbert, E. L.(1980). *Counseling for career development.* Boston: Houghton Mifflin Company.

Tolsdorf, C. C.(1976). Social Networks, Support, and Coping: An Exploratory Study. *Family Process,* 15, 407-417.

Tuckman, Bruce W.(1974). An age-graded model for career development education. *Journal of Vocational Behavior,* 4(2), 193 212.

Vernon G. Zunker (2002). Career Counseling: Applied Concepts of Life Planning, New Jersey : Prentice-Hall.

William G. Perry, Jr. & Robert W. White (1970). *Forms of Intellectual and Ethical Development in the College Years: A Scheme*. Holt, Rinehart and Winston, Inc.

Williamson, E. G.(1939). *How to counsel students*. NY: McGraw-Hill.

Williamson, E. G.(1950). *Counseling Adolescents*. NY: McGraw-Hill.

Zunker, V. G.(1994). *Career counseling: Applied concepts of life planning*. Pacific Grove, CA: Brooks/Cole.

찾아보기

저 자 소 개

오 윤 선
(ysoh@bible.ac.kr)

명지대학교 대학원(Ph.D)
미) Minnesota Theology Graduate School(D.C.C)
미) Regent University, School of Psychology & Counseling
    (Doctoral Program in Supervision)
한국성서대학교 상담학교수 · 학생상담센터장
한국복음주의 기독교상담학회장 역임(현, 편집위원장)
미) Regent University, 상담대학원 초빙교수 역임
중) 人民大學校 大學院 초빙교수 역임
현) MBC '생방송 오늘 아침' 상담자 전문가
현) KBS '굿모닝 대한민국' 상담자 전문가
현) 극동방송 '청소년 우리 꿈' 진행자
현) 기독교감독상담자
현) 서로사랑상담연구소 이사 및 지도교수

황 인 숙
(counbada@naver.com)

한국성서대학교 대학원(Ph.D)
현) 한국성서대학교 외래교수
현) 서로상담센터 교육팀장

Career Counseling
크리스천을 위한
진로상담

저자 · 오윤선 황인숙

초판 1쇄 펴낸날 · 2015년 8월 5일
초판 2쇄 펴낸날 · 2016년 1월 15일

펴낸이 · 조석행
디자인 / 편집 · 차순주 진미혜
펴낸곳 · 예영 B&P
등록번호 · 가제 제 17-217호(1998. 9. 24)
주소 · 02059 서울시 중랑구 용마산로 122길 12(망우동 354-43)
T.02)2249-2506 F.02)2249-2508

총판 · 예영커뮤니케이션
T.02)766-7912 F.02)766-8934

ISBN 978-89-90397-52-2   93180

값 18,000원

■ 잘못 만들어진 책은 언제든지 교환해 드립니다. ■